TEXTES DE LA RENAISSANCE
26

Œuvres spirituelles
1510-1516

Cet ouvrage a été publié pour la première fois en 1999
dans la collection *Textes de la Renaissance* dirigée par Claude Blum.

Gabrielle de Bourbon

Œuvres spirituelles

1510-1516

Édition critique par Evelyne Berriot-Salvadore

PARIS
CLASSIQUES GARNIER

Evelyne Berriot-Salvadore, professeure émérite de littérature à l'université Paul-Valéry – Montpellier III, s'intéresse à la place des femmes et à la littérature féminine au XVIe siècle. Nous lui devons *Les Femmes dans la société française de la Renaissance* (Genève, 1990) et *La Femme dans la médecine de la Renaissance* (Paris, 1994), ainsi que des éditions critiques de Gabrielle de Bourbon et Marie de Gournay.

Réimpression de l'édition de Paris, 1999.

ISBN 978-2-406-13264-6 (livre broché)
ISBN 978-2-8124-5459-2 (livre relié)
ISSN 1262-2842

INTRODUCTION

Si la renommée de Gabrielle de Bourbon a pu venir jusqu'à nous, c'est d'abord parce qu'elle fut l'épouse de Louis II de La Trémoille, le «chevalier sans reproche» dont Jean Bouchet glorifia les vertus et les hauts faits[1]. Cependant, la lecture attentive de la *Bibliothèque* de La Croix du Maine, qui consacre une notice à «cette dame d'un esprit et d'un jugement esmerveillable»[2], engagerait déjà à redécouvrir le témoignage du poète poitevin, là où il cerne la personnalité d'une grande princesse et d'une écrivaine dévote[3].

---

1 Jean Bouchet, *Le Panegyric du chevalier sans reproche,* Jacques Bouchet, Poitiers, 1527.

2 «Madame GABRIELLE de BOURBON, de la tres-illustre maison de Montpensier, femme de messire Loys de la Trimouille etc. Cette dame avoit un esprit et un jugement esmerveillable. Elle a composé en prose françoise, le Voyage du penitent, le Temple du saint Esprit, l'Instruction des jeunes pucelles, les Contemplations de l'ame devote sur le mystere de l'incarnation et passion de Jesus-christ. Elle florissoit l'an 1484, soubs Charles 8. roy de France. Ses œuvres ne sont encores imprimées. Jean Bouchet en fait mention en ses Annales d'Aquitaine, et au Panegyric du Chevalier sans reproche, nommé Loys de la Trimouille» (*Premier volume de La Bibliotheque du sieur de La Croix du Maine*, Paris, Abel l'Angelier, 1584, p.115).

3 Voir *Le Temple de bonne renommée* (Galliot du Pré, 1517), éd. Giovanna Bellati, Pubblicazioni dell'Università Cattolica, Milano, 1992, v. 4765 et sv.; *Le Panegyric, op.cit.*, fol.XLII «Comment le seigneur de la Trimoille fut appellé au service du Roy Charles huytiesme et comment on traicta le marier avec madame Gabrielle de Bourbon de la maison de Montpensier» et fol.LXXXVIII «Des mœurs, vertuz, gouvernement et forme de vivre de Madame Gabrielle de Bourbon»; *Le jugement poetic de l'honneur femenin et sejour des illustres, claires et honnestes dames*, Poictiers, 1536, Apologie du Traverseur; *Epistres morales et familieres du traverseur* (J. Bouchet et J. de Marnef, Poitiers, 1545), éd. J. Beard, Johnson Reprints Corporation, Mouton, 1969, Epistres familières 9, 10, 11; *Les Annales d'Aquitaine*, E. de Marnef, Poictiers, 1557, quarte partie, fol.203.

Gabrielle de Bourbon, qui apparaît dans les Archives des La Trémoille à travers un rôle pleinement assumé de princesse de Talmont, vicomtesse de Thouars, comtesse de Benon, dame de La Trémoille, de Craon, de Sully et de Rochefort, a laissé aussi des œuvres spirituelles dont on ne connaissait qu'une liste relevée par le panégyriste des La Trémoille: *Contemplation sur la nativité et passion de nostre seigneur Jhesucrist*; *Le chasteau du sainct esprit*; *Le viateur*; *L'instruction des jeunes filles.* On pouvait supposer la plupart de ces œuvres disparues, comme bien d'autres textes féminins que La Croix du Maine se plaît à rassembler à la gloire de la culture française et que le père Hilarion de Coste recueille à la louange des vertus chrétiennes[1]. En effet, un seul manuscrit, le ms. 978 de la Bibliothèque Mazarine contenant *Le voyage espirituel* et *Le fort chasteau*, signalé par R. de Maulde La Clavière à la fin du XIXe siècle[2], est indiqué dans les bibliographies et dictionnaires pour tout ce qui semble rester d'une œuvre considérée, le plus souvent, comme un exemple sans grand intérêt des allégories moralisantes alors à la mode[3]. Pourtant, en 1928, Charles Samaran, dans son dépouillement des *Archives de la Maison de La Trémoille* répertoriait, sous la côte 1 AP 220 du Chartrier de Thouars, un *Petit traicté sur les doulleurs de la passion du doulx Jesus et de sa benoiste mere*, composé par Gabrielle de Bourbon et enluminé par Quentin du Bourlabé. Notice qui passa inaperçue sans doute parce que les manuscrits littéraires conservés aux Archives Nationales ont peu attiré l'attention jusqu'à cette remarquable exposition, *La mémoire de la France,* où le *Petit traicté* de Gabrielle de Bourbon fut présenté au public[4]. Surtout, le

---

1 Hilarion de Coste établit sa notice sur Gabrielle de Bourbon essentiellement à partir de Jean Bouchet et de La Croix du Maine (*Les eloges et vies des reynes, princesses, dames et damoiselles illustres*, Paris, Sebastien Cramoisy, 1630, pp. 302-305).

2 R. de Maulde La Clavière, *Vers le bonheur! Les femmes de la Renaissance*, Paris, Perrin, 1898, pp. 604-605.

3 Voir, par exemple, *Dictionnaire de spiritualité*, T.6, col. 25, article de A. Derville.

4 *La mémoire de la France. Quarante ans d'enrichissement des Archives de France. Exposition organisée par la direction des Archives de*

dépouillement de Charles Samaran permettait de retrouver, dans le Chartrier de Thouars, de nombreuses pièces qui non seulement accréditent le témoignage de Jean Bouchet mais reconstituent aussi les éléments personnels qui présidèrent à l'expérience d'écriture de Gabrielle de Bourbon, expérience particulièrement significative dans ces années 1480-1520 de fermentation religieuse et de transition culturelle[1]. Ainsi les deux manuscrits conservés, le 978 de la Mazarine et le 1 AP 220 des Archives Nationales, correspondent bien à trois des quatre textes cités -sous des titres variables- par Jean Bouchet, et enregistrés, en plusieurs exemplaires, dans l'inventaire après décès de la princesse: *Le petit traicté* ou *Contemplation sur la nativité et passion de nostre seigneur Jhesucrist* ou *Contemplation de l'ame devote; Le voyage espirituel*, ou *Le viateur*, ou *Le voyage du penitent*; *Le fort chasteau*, ou *Le chasteau du saint Esprit* ou *Le Temple du saint Esprit.* Seule *L'instruction pour les jeunes filles*, que l'inventaire signale comme un «petit livre en pappier couvert de rouge»[2], a donc échappé jusqu'à présent à toutes les recherches; on peut espérer qu'une longue patience permettra la découverte de fonds d'archives encore inexplorés ou bien qu'un amateur curieux signalera, dans quelque collection privée, le manuscrit rouge portant les armoiries des La Trémoille et des Bourbon-Montpensier. N'est-ce pas, au reste, ce qu'il advint pour les deux manuscrits 1 AP 220 et 978? Sans doute doit-on, en effet, à l'Abbé Leblond, bibliothécaire durant la période révolutionnaire, la conservation dans les fonds de la Mazarine

France, Archives Nationales, Hôtel de Rohan, 1994; voir p. 100, notice n° 74 de Marie-Françoise Limon. Il faut signaler toutefois l'ouvrage de Jennifer Britnell, *Jean Bouchet*, Edinburgh University Press, 1986, qui signale et analyse les deux manuscrits pour mettre en lumière l'attitude partagée par la princesse et par Bouchet sur la question essentielle de la grâce et des œuvres (p.229-230).

1 Selon l'expression de Geneviève Hasenohr, dans «Aspects de la littérature de spiritualité en langue française (1480-1520)», *Revue d'histoire de l'Eglise de France*, tome LXXVII, n° 198, pp. 29-45.

2 «Ung petit livre en pappier couvert de rouge, intitullé dessus la couverture moderacion et affection et finissant d'honneur de toutes femmes, composé par mad. dame», Archives Nationales, 1 AP 219, *Inventoire des biens demeurez à Thouars*, fol.40v°.

du *Voyage espirituel*, prélevé dans un dépôt littéraire provenant des confiscations[1]; quant au *Petit traicté*, il n'est rentré dans les collections du duc de La Trémoille et donc dans le Chartrier de Thouars qu' en 1878, grâce à l'heureuse initiative d'un bibliophile[2].

1° UNE GRANDE PRINCESSE (C. 1460-1516)

Troisième enfant de Gabrielle de La Tour et de Louis de Bourbon, comte de Montpensier, de Clermont et de Sancerre, dauphin d'Auvergne, — fils de Jean 1er duc de Bourbon, et de Marie de Berry —, Gabrielle de Bourbon est ainsi la descendante de plusieurs générations de princes et de princesses, phares de la vie intellectuelle et politique de la fin du Moyen Age. De ses tantes et aïeules, Marie de Hainaut, Jeanne de Bourbon, Marie de Berry, Agnès de Bourgogne, et de sa mère, Gabrielle de La Tour, elle hérite déjà ce goût des livres et des manuscrits richement enluminés qui fait d'elle un exemple et un modèle de culture aristocratique[3]. Nièce et cousine par alliance d'Anne de Beaujeu, elle devient aussi, après la mort de Gabrielle de La Tour, en 1474, un instrument de la politique royale habilement conduite par la

---

1 L'Abbé Leblond, sous-bibliothécaire du collège Mazarin, puis nommé par le Directoire conservateur de la Bibliothèque Mazarine, enrichit le fonds de 50 000 volumes et 4000 manuscrits. Les listes des ouvrages qu'il choisit dans les dépôts existent encore et fournissent les certificats d'origine: on y lit le nom des La Trémoille. Voir A. Franklin, *Histoire de la Bibliothèque Mazarine et du palais de l'Institut,* Paris, 1901, p. 260-265; et *Biographie universelle*, Paris, L.G. Michaud, 1819, t.XXIII, p.488.

2 Voir plus loin la présentations des manuscrits.

3 Voir Léopold Delisle, *Le cabinet des manuscrits de la bibliothèque impériale*, Hildesheim, New York, 1978, Tome I, pp. 165 à 175; Léopold Delisle répertorie les manuscrits qui ont appartenu successivement à Marie de Hainaut, duchesse de Bourbon; à Jeanne de Bourbon, épouse de Charles V; à Marie de Berry; à Agnès de Bourgogne, épouse de Charles de Bourbon; à Jeanne de France, épouse de Jean II de Bourbon; à Anne de France, épouse de Pierre de Beaujeu, et à Suzanne de Bourbon, leur fille. Et A. de Boislisle, «Inventaire des bijoux, vêtements, manuscrits et objets précieux appartenant à la comtesse de Montpensier (1474)», in *Annuaire-Bulletin de la société de l'histoire de France*, 1880, T.XVII, pp. 269-309, qui donne la liste des deux cents livres constituant la librairie personnelle de Gabrielle de La Tour.

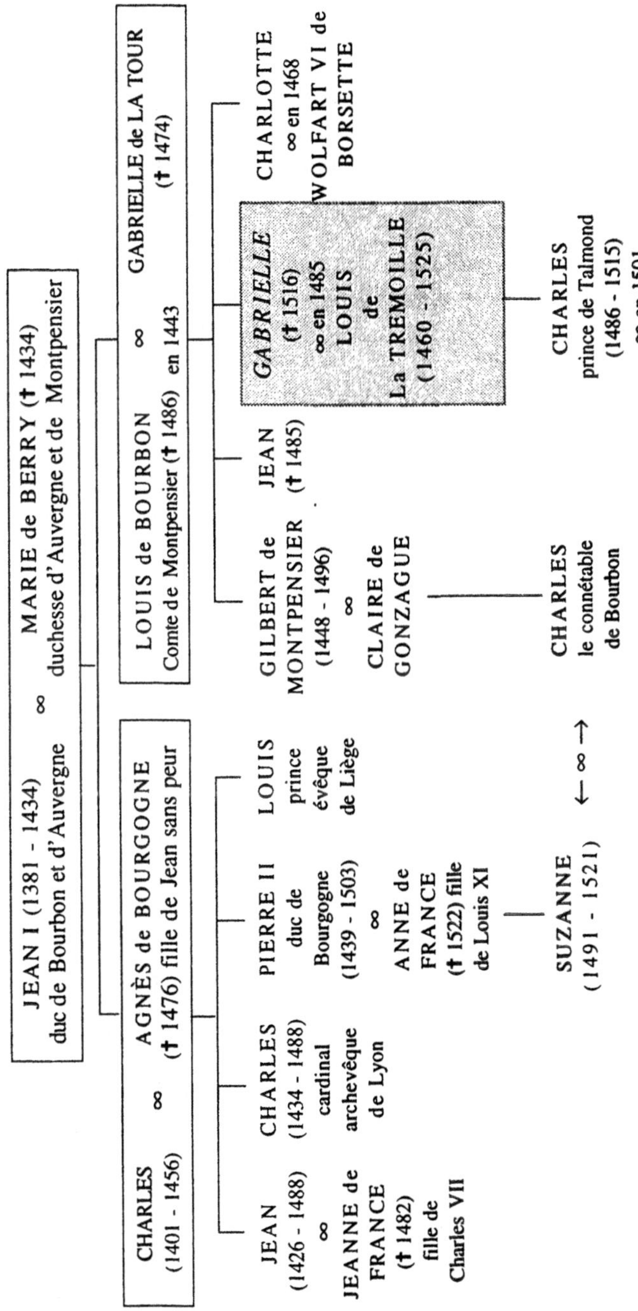
JEAN I (1381 - 1434) duc de Bourbon et d'Auvergne
∞
MARIE de BERRY († 1434) duchesse d'Auvergne et de Montpensier
CHARLES (1401 - 1456)
∞
AGNÈS de BOURGOGNE († 1476) fille de Jean sans peur
LOUIS de BOURBON Comte de Montpensier († 1486)
∞ en 1443
GABRIELLE de LA TOUR († 1474)
JEAN (1426 - 1488) ∞ JEANNE de FRANCE († 1482) fille de Charles VII
CHARLES (1434 - 1488) cardinal archevêque de Lyon
PIERRE II duc de Bourgogne (1439 - 1503) ∞ ANNE de FRANCE († 1522) fille de Louis XI
LOUIS prince évêque de Liège
GILBERT de MONTPENSIER (1448 - 1496) ∞ CLAIRE de GONZAGUE
JEAN († 1485)
GABRIELLE († 1516) ∞ en 1485 LOUIS de La TREMOILLE (1460 - 1525)
CHARLOTTE ∞ en 1468 WOLFART VI de BORSETTE
SUZANNE (1491 - 1521)
← ∞ →
CHARLES le connétable de Bourbon
CHARLES prince de Talmond (1486 - 1515) ∞ en 1501 LOUISE de COËTIVY
FRANÇOIS

fille de Louis XI. Anne de France soucieuse, en effet, de s'assurer durant sa régence la fidélité des grands du royaume propose à Louis II de La Trémoille d'épouser Gabrielle de Bourbon, descendante de Saint Louis à la 7e génération. Jean Bouchet qui donne aux circonstances du mariage une coloration très romanesque ne laisse pas cependant d'en souligner d'abord les motivations politiques:

> Charles VIIIe de ce nom, filz unique du feu roy Loys XI, fut couronné roy de France à l'aage de quatorze ans, la jeunesse duquel donna occasion à ambicion de diviser d'avec luy les princes de son sang [...]. Toutesfois madame Anne de France, seur du roy et espouse du seigneur de Beaujeu, de la maison de Bourbon, laquelle avoit le gouvernement de la personne du roy, se doubtant de ces entreprises, y pourveut; et dès l'année du trépas dudict roy Loys, voulant gaigner princes et seigneurs [...], et voyant le jeune seigneur de La Trimoille prosperer en biens et en toutes vertuz appartenans à ung chief de guerre et conducteur de chose publique, et qu'il avoit merveilleux vouloyr de servir la roy et le royaulme, le fist mettre aux estatz du roy et luy parla de le marier avec mademoyselle Gabrielle de Bourbon, fille du comte de Montpensier. Le mariage estoit moult beau et honneste car ladicte Gabrielle estoit descendue du roy sainct Loys.[1]

Louis de La Trémoille, qui tente alors de recouvrer la vicomté de Thouars, autrefois confisquée par Louis XI[2], voit

---

1 *Le Panegyric, op.cit.*, fol.XLII (T.IV, ch.XII, p. 425 in *Nouvelle collection de Mémoires pour servir à l'histoire de France*, éd. MM. Michaud et Poujoulat, Paris, 1837)

2 Louis II de la Trémoille est né en 1460 de Louis 1er et de Marguerite d'Amboise, fille de Louis d'Amboise, vicomte de Thouars. Après la mort de son père, il sollicite la restitution de la vicomté de Thouars que le roi avait confisquée sous prétexte que Louis d'Amboise, beau-père du seigneur de La Trémoille, était du parti du duc de Bretagne. Ce n'est qu'après la mort de Louis XI, en 1483, que Louis II obtient justice (voir *Mémoires ou recueil de diplômes, chartes, notices et autres actes authentiques pour servir à l'histoire du Poitou*, par Dom Fonteneau, Ms. Fonds Mazet de la Bibliothèque Municipale de Poitiers, Tome XXVI, fol. 487 à 531, et L. Sandret, *Louis II de La Trémoille le chevalier sans reproche, d'après le panégyrique de Jean Bouchet et d'autres documents inédits*, Paris, Librairie de la Société bibliographique, 1881)

aussitôt les avantages d'une alliance qui lui assure, mieux encore, la faveur royale. Et sans qu'il soit besoin de cet épisode «courtois» développé par Jean Bouchet où Louis, séduit par le portrait de Gabrielle, veut la rencontrer sous un déguisement d'emprunt, pour d'abord obtenir d'elle un consentement, le contrat est dressé le 28 juillet 1484 et les noces célébrées en «grand magnificence», à Escolles, en Auvergne, le 9 juillet 1485[1]. Les époux s'installent au château de Bommiers, dans l'Indre, où naît, en avril 1486, leur fils unique, Charles, prince de Talmont, filleul du roi Charles VIII.

Des pensées et des sentiments de Gabrielle de Bourbon à l'époque de son mariage, on ne sait rien d'autre que ce qu'en imagine l'auteur du *Panegyric*, à travers une attitude guidée par «honte virginale» et par «humilité», et à travers cette épître supposée à Louis de La Trémoille où s'exprime surtout le désir de ne «mesprandre» ni envers les hommes, ni envers Dieu[2]. De fait, le portrait de Gabrielle porte déjà les traits d'une haute dame qui connaît les devoirs de son état; les comptes du château de Thouars, où le couple s'installe, après la restitution, par Charles VIII, des terres autrefois confisquées à Louis d'Amboise, montre au reste le souci de Louis de La Trémoille d'assurer un train de maison qui représente également l'éclat des deux familles[3]. Il suffirait alors, pour

---

1 Archives Nationales, Chartrier de Thouars, 1 AP 217; Dom Fonteneau, *op.cit.*, T. XXVI, p. 533 «An 1484 28 juillet. Contrat de mariage de Louis II de La Tremoille avec Gabrielle de Bourbon»; voir aussi *Les La Trémoille pendant cinq siècles,* Nantes, 1897, T.II, p. 107. Gabrielle de Bourbon, âgée de plus de vingt-cinq au moment de son mariage, — car dite «fille émancipée naturelle et légitime» de Louis de Bourbon-Montpensier— reçoit en dot la somme de vingt mille livres tournois.

2 *Le Panegyric, op.cit.*, voir fol. XLIIIv° «Epistre du jeune seigneur de La Trimoille à madame Gabrielle de Bourbon sa future espouse», et fol. XLVv° «La response que fist madame Gabrielle de Bourbon à l'honneste epistre».

3 En 1486, Louis de La Trémoille fait le règlement des dépenses de sa maison: 200 livres par mois pour les dépenses ordinaires et 100 livres pour les dépenses extraordinaires de Monseigneur; 200 livres par mois pour

imaginer la vie de Gabrielle de Bourbon, épouse d'un jeune et ambitieux seigneur de vingt-cinq ans, de relire *Le livre des trois vertus* de Christine de Pizan, ou bien *Les enseignements d'Anne de France à sa fille Suzanne*[1]. La jeune princesse, alliée à un seigneur de «bon et hault lieu», doit répondre à une double exigence morale et sociale: par sa douceur et son humilité, elle offre un «patron» de vertu chrétienne et, par chacun de ses actes, elle signifie le prestige de son lignage et de son rang. Mais le Chartrier de Thouars conserve heureusement des traces plus directes de la personnalité d'une princesse qui, très tôt, est la maîtresse de l'importante seigneurie des La Trémoille. En effet, peu de temps après son mariage, Louis II quitte son château pour accompagner Charles VIII dans la guerre de Bretagne, puis dans la conquête de Naples et de la Sicile; lors de l'avènement de Louis XII, en 1498, il est un glorieux capitaine qui s'illustre, aux côtés de son fils Charles, dans les campagnes du Milanais. Aussi Gabrielle de Bourbon, durant les trente années de son mariage, est-elle le plus souvent seule pour conduire les affaires domestiques et représenter, dans son fief, la toute-puissance des La Trémoille:

> Elle estoit si magnanime que bien se contantoit estre la plus part du temps privée des plaisirs et doulceurs de mariage, et dormir seule en ennuy et regret, à ce que son espoux, en servant le roy et s'emploiant aux affaires du royaume et du bien public, acquit honneur et louange. Elle amoit trop mieulx le rapport luy avoir fait louables armes que tout l'or du monde; elle estoit liberalle et magnifique en conviz, tapisseries, vaisselle d'or et d'argent, comme à sa maison appartenoit, sans superfluité[2].

---

les dépenses ordinaires et 100 livres pour les dépenses extraordinaires de Madame; 400 livres par an pour les gages des officiers de Monseigneur et Madame.. Voir L. Sandret, *op.cit.*, et Archives Nationales, 1 AP 201, Comptes de la maison 1470-1490.

[1] Christine de Pizan, *Le livre des trois vertus*, éd. C.C. Willard et E. Hicks, Champion, Paris, 1989 (conseils à la «haute princesse»); *Les enseignements d'Anne de France*, éd. A.M. Chazaud, Moulins, 1878.

[2] *Le Panegyric*, *op.cit.*, fol. LXXXVIIIv°.

Les centaines de lettres et quittances, écrites ou signées de la main de Gabrielle, montrent assez que Jean Bouchet outre à peine la louange et que *Le Panégyric*, malgré son titre, a parfois valeur de témoignage. Entourée de huit gentilshommes, de seize serviteurs, de six demoiselles et de trois servantes, la dame de Thouars suit de très près les comptes que lui présente régulièrement Simon de La Ville, son chargé d'affaires; rien n'échappe à sa vigilance: les gages de ses gens, payés à la Noël et à la Saint-Jean, l'état de ses terres, les difficultés de ses serviteurs. Ses lettres et ses interventions dans la gestion des domaines disent que, pour elle qui a lu peut-être les *Enseignements d'Anne de France*[1], la grandeur aristocratique se mesure aussi dans une «magnanimité» tout éclairée par la conviction religieuse: on la voit se préoccuper des malheurs de ses paysans qu'elle sait parfois soulager par une aumône, par une exemption de redevance[2]; à tel vieux serviteur qui s'inquiète de ne plus pouvoir satisfaire à sa tâche, elle prend la peine d'écrire quelques mots rassurants:

> Touchant ce que vous dites qu'on se pourvoie d'un autre receveur, et que ne pourriez plus servir à cause de votre vieillesse, il ne faut pas que disiez cela. Car pour ce que vous avez longtemps et bien servi, l'on ne vous voudrait pas changer, et êtes bien encore pour servir...[3]

Les comptes, les lettres, les témoignages montrent aussi combien elle prend à cœur l'éducation de son fils Charles

---

1 Anne de Beaujeu aurait offert ces *Enseignements* à sa fille en janvier 1504 ou 1505, il n'est donc pas invraisemblable que Gabrielle de Bourbon en ait eu connaissance.

2 Voir, par exemple la lettre à Gabrielle Lamaure, du 18 novembre 1498 par laquelle elle lui fait don de deux setiers de seigle pour l'aider à vivre (cité par L. Sandret, *op.cit.*, p.97); et lettre du 17 novembre 1498 au receveur de Sully pour décharger un métayer «pour pitié et aumosne qu'avons eu de luy pour la baterie de gresle qui y a esté en ceste dite année...» (*Les La Trémoille pendant cinq siècles*, *op.cit.*, t.II, p.51); et A.N. 1 AP 201.

3 Lettre du 22 juin 1510 au vieux receveur des La Trémoille (L. Sandret, *ibid.*)

dont le *Temple de bonne renommée*, dressé par Jean Bouchet, loue le courage, la vertu mais aussi des talents poétiques et un goût des lettres cultivé dès l'enfance[1]. Enfin, la correspondance qu'elle entretient avec son époux, retenu par le service du roi, ne dément en rien les traits les plus saillants de sa biographie: mère attentive à l'éducation intellectuelle et morale de son fils Charles, puis de son petit-fils François, épouse dévouée, soucieuse de la gloire humaine autant que de la gloire «céleste» de son «seigneur», dévote princesse dont la foi engage tout le comportement[2].

---

1 Voir également *Le Panegyric* (fol. LXXXXV°): «Or estoit madame Gabrielle de Bourbon pleine de bon sçavoir et elegante en composicion prosaïque, qui selon le jugement de Chrisipus en son livre de l'institution des enfans donna ung naturel instruict a monsieur Charles son fils». La Croix du Maine affirme qu'il composa quelques poèmes en français (*La Bibliothèque*, *op.cit.*, p. 49)

2 Voir, par exemple, A.N. 1 AP 218, Pièce 3, Lettre olographe de Gabrielle de Bourbon, vers 1496, à Louis de La Trémoille: «Monseigneur mon mary, je vous requyer que pour Dieu, mon amy, que je sache de vous novelles, et par omme quy vous ay veu, car depuys quetes party, je ne veu omme quy may dyt quy vous ay veu. Y me sanble que Plesensse ne vous sert de gyeres, et se me seret gran plesyr quy me vynt raconter de vous novelles. Dieu par sa grasse les me douen byen bones. Mon amy, vostre fys fet tres bonne chere, Dieu mersy, o quel je prye quy vous douen, Monsegneur mon amy, tout se que desyres. Fet de la men de selle a quy poves commander comme a selle qui tant vous ayme, set vostre tres humble et tres obeyssante mygnone G. de B.. Voir également la lettre d'avril 1500, transcrite par L. Sandret (*op.cit.*, pp. 84-86), dans laquelle Gabrielle se réjouit de la victoire de Louis de La Trémoille sur Ludovic Sforce, à Milan, qu'elle reçoit comme une grâce divine: «Monseigneur mon ami, je ne sais comment je dois assez rendre grâce à Dieu et à sa benoiste Mère, de la belle et honorable victoire qu'il vous a donnée. Hélas! mon mignon, mon ami, je vous assure que je crois que Nostre-Dame ne fut plus remplie de joie le jour de dimanche que je le fus samedi quand je vis [...] que vous étiez en très bon état de votre personne et que, à votre très grand honneur, la guerre était finie. Et, loué soit Dieu! Monseigneur mon ami, vous êtes le plus heureux gentilhomme de France et moi la plus heureuse femme, lorsque j'aurai le bonheur de vous bientôt revoir. Je suis sûre, Monseigneur mon ami, que vous reconnaissez bien celui de qui tout vient et lui en rendez la louange, comme c'est raison. Et de mon côté, je ne m'en saurai jamais assez acquitter, toutefois, je mettrai bonne peine d'y faire mon devoir...»

2° UNE DÉVOTE PRINCESSE

> Cette dame estoit dévote et pleine de grand religion, sobre, chaste, grave sans fierté, peu parlant, magnanime sans orgueil, et non ignorant les lettres vulgaires. Tous les jours ordinairement assistoit aux heures canonialles, oyoit la messe et disoit ses heures dévotement sans ypocrisie; elle se delectoit sur toute chose à ouyr parler de la Saincte-Escripture, sans trop avant s'enquérir des secretz de théologie [...] Jamais n'estoit oiseuse, mais s'emploioit une partie de la journée en broderie et aultres menuz ouvrages appartenans à telles dames et y occupoit ses damoiselles dont avoit bonne quantité et de grosses et riches et illustres maisons. Et quant aucunesfoiz estoit ennuyée de telz ouvrages, se retiroit en son cabinet fort bien garni de livres, lisoit quelque histoire ou chose moralle ou doctrinale. Et si estoit son esprit ennobly et enrichy de tant bonnes sciences, qu'elle emploioit une partie des jours à composer petitz traictez à l'honneur de Dieu et de la Vierge Marie et à l'instruction des damoiselles[1].

Ce portrait, sur lequel s'attarde Jean Bouchet avec une intention didactique suffisamment explicite[2], peut déjà intéresser par le modèle ainsi proposé à l'édification des dames, mais il mérite également une autre lecture dans la mesure où il renvoie, comme un miroir, à une existence singulière que, par bribes, les archives livrent encore. Gabrielle de Bourbon, on l'a dit, n'est pas seulement occupée à la prière et aux «travaux mulièbres» que symboliserait ce bijou trouvé dans ses coffres: «une petite quenoille d'or et une petite fuzée pendant à une petite chesne d'or esmaillée de blanc et noir»[3]. Sans doute consacre-t-elle une partie importante de son temps à l'administration des domaines et à la renommée d'une maison qui, pour elle, porte l'honneur des La Trémoille et des Bourbon: on la voit, au moment où Louis de La Trémoille, investi de la charge d'amiral de Guyenne,

---

1 *Le Panegyric*, *op.cit.*, fol. LXXXVIIIv° et sv.

2 «La forme de vivre de celle noble dame vault bien estre réduicte à mémoyre, pour la doctrine des dames qui pourront lire cy-dedans.» (*ibid.*)

3 A.N. 1 AP 219, fol. 21v°.

veut accroître de ses deniers la force maritime du royaume, s'intéresser à la construction du navire qui portera son nom, *La Gabrielle*[1]. On la voit, dans la chambre haute ou dans l'oratoire du château de Thouars, en grande dame entourée des portraits qui illustrent son nom: Louis de Bourbon-Montpensier, son père; Gilbert de Montpensier, son frère; Charles de La Trémoille, son fils; Louis et elle-même «estant jeunes»; le roi Charles VIII, à cheval à la bataille de Fornoue[2]... On la retrouve aussi préoccupée sans cesse par l'éducation intellectuelle et morale de ce fils unique dont elle conserve pieusement, après sa mort à la bataille de Marignan, en 1515, l'*A.B.C.*[3] sur lequel il apprit en même temps les rudiments de la lecture et les commandements de Dieu[4]: la charge de former un jeune prince lettré et valeureux, le souci de l'unir à une illustre famille — il épouse, en 1501, à l'âge

---

1 Après le retour d'Italie, en 1495, Louis II est récompensé par Charles VIII: nommé premier chambellan, il est ensuite investi de la charge d'amiral de Guyenne. Voir L. Sandret, *op.cit.*, p.68 et A.N. 1 AP 201.

2 A.N. 1 AP 219 «Inventoire des biens demeurez à Thouars du decès de Gabrielle de Bourbon» (9 janvier 1516 a.s.), fol. 31-35 «les objets trouvés dans l'oratoire près du cabinet de la chambre neuve».

3 Les inventaires des grandes princesses comportent fréquemment ces *A.B.C.*, ouvrages de dévotion qui pouvaient comprendre un abécédaire, suivi des psaumes sur lesquels on continuait les exercices de lecture. Voir G. Doutrepont, *La littérature à la Cour des ducs de Bourgogne*, Slatkine reprints, Genève, 1970, p.197.

4 *Ibid.*, fol.40 et sv. «Les livres de la voulte haulte»: «Ung ABC en parchemyn qui estoit à monsieur le prince». Dans l'inventaire de Gabrielle de Bourbon se trouvent également les livres qui étaient «en l'escolle de monsieur le Prince»(fol.89v°): *de civitate dei*, un grand *Catholicum*, les *Decretales*, *Incipiunt nove constituciones domini Clementis pape cum domini Johannis Andre*, *Commentaires d'Henri Boyer sur les Decretales*, *Henri Boyer, un grand decret*, *Libellus... modum legendi*, *Consilia Federici de cenis*, *Casus longi*, Nicolas de Lire (en latin), *Guydonis Juvenalis*, *Petri Marci interpretacio in officia Ciceronis*, 4 livres de Virgile, *Les cent nouvelles*, *Bucoliques*, le *Donnest* en latin, *Operam olim*, *unes sommes* de Tartaret, *Livre de gramoyre* commençant «maleolus», un livre avec plusieurs traictez, *Ricardi de sancto victore*, Lactance, un livre appelé *Gressime*, un livre de Lucan, un Dictionnaire, un Doctrinal, *libro intitulato Aquila*, *La fleur des commandemens de Dieu*, *de l'avenement de l'Antechrist*, *Les Croniques de France*, un livre sur les *Decretales* signé C. Roger, Jehan Froissart, *Croniques de France* (m.s.), un livre de Lucain, *Le Medecin de l'ame* (m.s.), *Alexandre le Grant*, *Les triumphes* de Petrarque.

de 17 ans, Louise de Coëtivy, comtesse de Taillebourg[1] —, le soin à donner alors au dernier héritier des La Trémoille, François, né en 1502, occupent sans doute bien d'autres heures de la princesse.

D'ailleurs, les objets les plus familiers qui demeurent d'elle, après que la mort lui a enfin permis de rejoindre son fils Charles, animent les scènes évoquées par Bouchet: dans la chambre neuve, les coffres pleins d'écheveaux de soie, de patrons de broderie, de velours attestent encore la présence de «Madame», habillée de noir[2], qui, avec ses «damoiselles», brode une tapisserie pour l'église du château. Non loin de là, dans la «voulte haulte», dans le «cabinet de la chambre neuve» et dans l'«oratoire», les tableaux et les livres témoignent d'une relation étroite entre l'environnement quotidien et le cheminement spirituel de la princesse dont les *Œuvres* offrent le reflet.

Les livres inventoriés en 1516, dans les biens propres de Gabrielle restés à Thouars après son décès, manifestent en premier lieu, il est vrai, la fonction culturelle d'une grande dame: comme Anne de Beaujeu, comme Suzanne de Bourbon, elle se doit de posséder une «librairie» qui honore l'éclat de sa maison. Au reste, n'a-t-elle pas eu, durant son enfance au château d'Aigueperse, en Limagne, le bel exemple de sa mère, Gabrielle de La Tour, qui jusqu'à sa mort s'est occupée d'enrichir une bibliothèque personnelle, comptant quelque deux cents volumes[3]? Les livres de Gabrielle de Bourbon pourraient alors, comme son château ou ses armoiries, n'être que la marque héréditaire d'un puissant lignage. Pourtant, ils sont autrement significatifs de ses choix plus intimes, puisque de l'importante librairie d'Aigueperse,

---

1 Voir le contrat de mariage du 7 février 1501 dans Dom Fonteneau, *op.cit.*, p. 563.

2 L'inventaire après décès compte une dizaine de robes de velours, satin, damas ou camelot; toutes sont noires, avec quelquefois des parements blancs. On note aussi un manteau de renard.

3 Voir l'inventaire de la bibliothèque de Gabrielle de La Tour dans *Annuaire-Bulletin de la société de l'histoire de France*, 1888, T.XVII, pp. 297-309.

léguée à son frère aîné, Gilbert de Montpensier, elle n'a pu conserver que quelques titres seulement[1].

La trentaine de volumes, rassemblés par Gabrielle, laissent une place modeste à la littérature de divertissement mondain, juste ce qui est nécessaire, sans doute, pour satisfaire aux raffinements qui prévalent dans une cour aristocratique et dont une princesse doit donner l'exemple par sa conversation «honneste, courtoise et amyable», aussi bien que par sa générosité envers les poètes[2]; on trouve ainsi deux romans — le IIe et dernier volume imprimé de *Lancelot du lac*[3], un exemplaire imprimé de *Giron le cortois avec la devise des chevaliers de la table ronde*[4]—, quelques recueils de poésie —*Les triumphes* de Petrarque[5], un manuscrit papier de *Ballades et rondeaux, Le jardin de plaisance*[6], *Le vergier de*

---

1 La bibliothèque fut ensuite léguée au fils de Gilbert, Charles, le connétable de Bourbon; on la retrouve, en effet, pour l'essentiel, dans l'inventaire dressé en 1507, toujours au château d'Aigueperse, puis en 1523 au moment de la confiscation des biens du connétable par le roi de France. Les quelques volumes disparus, entre l'inventaire de 1474, à la mort de Gabrielle de La Tour, et celui de 1507, se retrouve, selon nous, dans la collection de Gabrielle de Bourbon.

2 *Les enseignements d'Anne de France*, *op.cit.*, p. 31 et 101: «Par quoy on ne peult les sçavans trop honnorer pour les vertus qu'ilz ont. Et si vous leur faictes plaisir, ilz le vous rendront au double en honneur et renommée.»

3 La première impression, 5 parties en 2 volumes, paraît à Paris, chez Jean du Pré en 1488.

4 *Guiron le courtois*, roman arthurien en prose, connût un grand succès à la fin du Moyen Age, comme l'atteste la trentaine de ms. conservés; la famille Coëtivy, à laquelle fut allié Charles, le fils de Gabrielle, possedait un *Lancelot* et un *Guiron le courtois*, enluminé par Jean Haincelin. Le roman est partiellement édité, cinq fois, entre 1501 et 1532.

5 La première adaptation en vers français des *Triumphes* est de Jean Robertet, secrétaire de Jean II de Bourbon. La bibliothèque de Moulins, saisie en 1523, lors de la trahison du connétable de Bourbon en possédait un manuscrit richement enluminé. Voir F. Avril et N. Reynaud, *Les manuscrits à peintures en France, 1440-1520*, Bibliothèque Nationale, Flammarion, 1993, p. 354, n° 197. La première édition des *Triumphes*, dans une traduction de G. de La Forge date de 1514.

6 Une des plus importantes anthologies de la poésie courtoise depuis Guillaume de Machaut jusqu'aux «grands rhétoriques»; le recueil est publié en 1501 chez Antoine Vérard.

honneur[1], et *La danse macabre* «parchemyn ecrit à la main aux armes de Mons. et feue Mad.»[2]. Les ouvrages d'histoire où les romans épiques, qui portent toute la mémoire des valeurs aristocratiques, ne sont pas absents: les *Croniques de France* en 3 volumes[3], *Les grans cronicques* «en papier escript en molle»[4], *La mer des histoires* en 2 volumes[5], *les Croniques de Gaguyn*[6], un *Manuscrit faisant mencion de troys filz de roys de France, d'Escoce et d'Engleterre*[7]. On trouve aussi ces textes de l'Antiquité latine que Philippe de Mézières ou Jean Gerson recommandaient déjà pour l'édification morale d'un prince: *le 4e et 5e livre manuscrit de Valere Maximus*[8], les *Commentaires de Jules Cesar, le 1e et 2e volume de Tite Live*[9], et encore, en deux exemplaires, *Les Epistres* d'Ovide.

Cependant, les deux-tiers de la bibliothèque sont constitués d'ouvrages d'enseignements moraux et de spiritualité. On ne s'étonne certes pas de voir, chez la petite-fille de Marie de Berry, un très beau manuscrit de Christine de Pizan, *Le livre des troys vertuz*, écrit en lettres rouges[10], pas

---

1 *Le vergier d'honneur* d'Octavien de Saint-Gelais, publié par Michel Le Noir en 1505.

2 *La danse macabre des hommes* et *la danse macabre des femmes*, attribué à Martial d'Auvergne; sur le succès de ce texte, popularisé par le cycle de gravures imprimées par Guyot Marchant en 1485, voir F. Avril et N. Reynaud, *op.cit.*, p.279.

3 La première édition, en trois volumes, paraît à Paris, chez Pasquier Bonhomme, en 1476.

4 Le manuscrit porte la date de «mil cincq cens quatorze au moys d'avril apres Pasques».

5 *La mer des histoires*, à Paris, chez Pierre Le Rouge, en 1488; à Lyon, chez Jean dupré en 1493...

6 Le *Compendium de origine et gestis francorum* de Robert Gaguin, chez Pierre Le Dru, 1495 (traduit en 1514).

7 Il s'agit du *Roman des trois fils de roi* dit aussi *Histoire royale* et *Chronique de Naples*; Agnès de Bourgogne, Jeanne de France, puis Pierre de Beaujeu en ont possédé un manuscrit (voir P. Paris, *Les manuscrits de la bibliothèque du roi* , «Les livres de Jeanne de France, duchesse de Bourbon», n°6766)

8 Sans doute, *Les faits des Romains.*

9 *Les gestes romaines de Tite Live* traduites par Robert Gaguin, première édition française en 1504.

10 Christine de Pizan avait dédié *L'epistre de la Prison de vie humaine* à Marie de Berry qui venait de perdre son père, Jean de Berry;

plus qu'on ne saurait être surpris d'y trouver *Les trois tapisseries*[1] ou *Le livre de Jacques Legrant*, autrefois dédié à son aïeul Jean de Berry[2], et qui provient peut-être de la bibliothèque de Gabrielle de La Tour, tout comme ce manuscrit papier de *L'estrif de vertuz et de fortune*[3] et ce *Songe de la Pucelle*[4]. Mais les ouvrages religieux, qui occupent la première place dans la bibliothèque, caractérisent plus évidemment une tendance spirituelle. On connaît le rôle que jouèrent les livres de prières dans le développement d'une piétié intériorisée et individualisée: la princesse possède six *payres d'heures*, dont plusieurs richement «hystoriées», des *Oraysons*, et un *Missel* aux armes de Louis et Gabrielle de La Trémoille... Toute la collection est en effet orientée vers une littérature de spiritualité et d'ascétisme, en langue vernaculaire, qui laisse peu de place à la théologie doctrinale: on peut trouver des ouvrages en latin et la *Cité de Dieu* d'Augustin dans «l'escole» de Charles, mais Gabrielle, en matière de dogme, semble se contenter de l'*A.B.C. des simples gens* de Jean Gerson et de *La vie des Peres en français*. En revanche, elle recueille tous ces traités ascétiques, ouvrant la voie à la méditation des laïcs: le *Livre des saincts anges*[5], *L'eguiyen d'amour*[6], le *Prologue sur la maniere de contemplacion*, *Le livre des doulleurs*, *L'infessional des*

Jeanne de Bourbon, sœur de Louis XI possédait un exemplaire du *Livre des trois vertus;* Anne de Beaujeu possédait également des manuscrits de Christine de Pizan...

1 La *Declaration des trois tapisseries,* ouvrage anonyme dédié à Philippe le Bon, a pour thème un débat à la cour de Vénus entre Jeunesse et vieillesse; honneur; la condamnation de souper et de banquet (voir G. Doutrepont, *La littérature française à la cour des ducs de Bourgogne*, Slatkine reprints, Genève, 1970, p.254.

2 Il s'agit vraisemblablement du *Livre des bonnes mœurs*, que Jacques Legrand dédia à Jean de Berry.

3 Le livre de maistre Martin le Franc (imprimé en 1519).

4 Ces trois livres, des «Bonnes mœurs», de «Fortune et infortune», du «Songe de la Pucelle», sont présents dans l'inventaire après décès de Gabrielle de La Tour, en 1474, mais ont disparu de l'inventaire du connétable en 1507.

5 S'agit-il du *de vita angelica* de François Ximenez, qui proviendrait alors de la bibliothèque de Gabrielle de La Tour?

6 *L'aiguillon d'Amour de saint Bonaventure*

peches mortelz, un manuscrit *touchant le faict de Nostre Dame*, la *Seconde partie des meditations sur la grant vie de Jhesu Crist*[1]. *Les Epistres de S. Paul*, *Le Colliege de sapience*[2], *Le Mistaire de la resurection de nostre seigneur Jhesu Crist*[3] et plusieurs autres petits livres de dévotion, signalés par leur *incipit* et *explicit*, finissent enfin de marquer les prédilections de la princesse[4]...

Les lectures de Gabrielle suffiraient déjà à comprendre le caractère d'une spiritualité toute tournée vers la méditation christique et mariale; les tableaux et tapisseries qui constituent son décor familier traduisent aussi la nature d'un sentiment religieux où l'image joue une fonction essentielle. La cinquantaine de tableaux, retrouvés dans sa chambre, son cabinet et son oratoire, donnent la même place à la contemplation de la *vita Christi* que l'âme dévote regarde par la médiation de la Vierge Mère: pour une seule représentation de la Trinité et une seule de «Dieu en chese», on compte quatre tableaux du «Crucifiement Nostre Seigneur», un retable de «Nostre Dame tenant son enfant», avec «au milieu et alentour le mystère de la passion», cinq représentations de la Véronique, quinze tableaux de la Vierge et l'enfant, dix de

---

1 *Les méditations* attribuées à saint Bonaventure.

2 S'agit-il, en réalité, de l'*Horloge de sapience* de Henri Suso, dont le succès auprès des laïcs est attesté par le nombre important des manuscrits conservés?

3 Il peut s'agir de la 4ᵉ journée du *Mystere* d'Arnoul Gréban, dont Gabrielle de La Tour possédait aussi un exemplaire, ou de la *Resurrection* d'Eloi du Mont -imitateur d'Arnoul Gréban-, ou bien encore d'un texte anonyme qui est une traduction des derniers chapitres des *Méditations* du pseudo-Bonaventure. Voir E. Roy, *Le mystère de la Passion en France du XIVᵉ au XVIᵉ siècle*, Slatkine reprints, Genève, p. 249 et 304-305.

4 Archives Nationales, Chartrier de Thouars 1 AP 219 *Inventoire des biens demeurez à Thouars du deces de feue madame Gabrielle de Bourbon, ledit inventaire commencé le 3 decembre 1516 et fini le 9 janvier suivant*, fol. 40 et sv. 1 AP 219 est un recueil factice relié au XIXᵉ siècle par le duc de La Trémoille; il contient 157 f. concernant les affaires de Louis et Gabrielle de Bourbon. P. Marchegay, dans l'espoir que le duc projetterait une édition, a laissé plusieurs transcriptions qui se trouvent dans la même layette et dans 1 AP 221.

la Vierge seule, deux représentations de la sainte famille[1]. Sur les murs qui l'entourent, dans ses coffres à livres ou dans le «cabinet secret» de sa mémoire, Gabrielle de Bourbon trouve le même décor spirituel; lorsqu'en 1507, elle décide, avec Louis de La Trémoille —venu prendre repos entre deux campagnes—, de remplacer l'église collégiale tombant alors en ruine, c'est pour faire construire auprès de son château une chapelle dédiée à Notre-Dame[2]. S'il ne reste rien aujourd'hui du bâtiment achevé en 1510[3], les descriptions conservées soulignent encore les choix de Gabrielle; construite sur le modèle de la Sainte-Chapelle, la collégiale Notre-Dame devait être richement décorée: le vitrail de la fenêtre principale, montrait «Monseigneur» présenté par Saint Louis et par sainte Catherine, et «Madame» présentée par sainte Anne et l'archange Gabriel; sur les vitraux du chœur, étaient représentés «une Nativité Nostre Seigneur» et «un Trespassement Nostre Dame»; aux murs de la chapelle étaient suspendus deux tableaux, l'un de Notre-Dame, l'autre de saint Gabriel[4]. Et partout devaient apparaître les monogrammes L et G, avec la roue, devise de Louis, et également ce «ceinturon d'espérance», la devise des Bourbon qui se retrouve de si nombreuses fois dans les objets personnels et dans l'œuvre de Gabrielle: *Espoir en Dieu, c'est ma devise*[5].

---

1 A.N. 1 AP 219, f. 31-35. On compte, en outre, des tableaux de Notre-Dame accompagnée de saint Jean et saint Pierre, ou de saint Jean-Baptiste et saint Jacques, et une représentation de saint Grégoire.

2 Ce culte est d'ailleurs celui de la maison de Bourbon; c'est sous le vocable de «Notre-Dame» que l'ordre de l'Espérance avait été fondé. Marie de Berry lui rendait une dévotion particulière. Voir La Mure, *Histoire des ducs de Bourbon ou des comtes de Forez*, éd. de Chantelauze, 1868, T.II, et P. Champion, T.I., p.190 et sv.

3 La «Bulle d'érection du chapitre de la sainte chapelle de Thouars» par le pape Léon X date du 8 janvier 1515 (1514 a.s.). Voir Dom Fonteneau, *op.cit.*, p.593.

4 Voir Hugues Imbert, *Histoire de Thouars*, Niort, L. Clouzot, 1871.

5 Par exemple, parmi les tableaux pendus dans son cabinet: «un tableau de boys où est l'ymaige nostre dame portant son enffens, bordé de sainctures d'esperances à G et L.» Voir surtout, plus loin, le manuscrit du *Voyage espirituel*. Cette ceinture ou ceinturon d'esperance qui avait étonné

Ainsi, dans les dix dernières années de sa vie, Gabrielle de Bourbon offre un exemple significatif d'une piété qui peut s'analyser dans un vécu, tout autant que dans une œuvre. Le sentiment religieux s'exprimant dans l'agencement de son espace quotidien, dans ses choix de lecture, dans sa correspondance privée comme dans son œuvre, inspire son testament, dicté le 23 novembre 1516, une semaine avant que la mort l'emporte, le 30 novembre 1516. Il mérite d'être lu, au moins partiellement, comme le dernier pas de son «voyage spirituel»:

> Au nom du Pere et du Filz et du Sainct Esperit, Nous Gabrielle de Bourbon, femme espouse de hault et puissant seigneur monseigneur Loys de La Tremoille, conte de Guines et de Benon, vicomte de Thouars et prince de Thalmond, à tous ceulx qui ces presentes verront salut.
> Savoir faisons que nous considerons qu'il n'est chose plus certaine que la mort ne plus incertaine que heure d'icelle, et que chacun compren et comprenne, pour le salut et remede de son ame, luy estant en son bon sens et discretion, doit ordonner de ses biens, non voullans aller de ce siecle de vie à trespassement sans faire testament, ordonnons notre testament et derniere voulenté en la maniere que s'ensuyt.
>
> [les soins de l'âme et l'ordonnance des obsèques]
> Premierement nous recommandons notre ame quant elle departira du corps à la saincte Trinité, à la glorieuse Vierge

---

Hugues Imbert dans son *Histoire de Thouars* (Niort, 1871) est en réalité une devise des Bourbon qui a pour origine l'ordre du Chardon et de Notre-Dame, institué en 1370 par Louis II, duc de Bourbon (A. Chassant et H. Tausin, *Dictionnaire des devises historiques et héraldiques*, Paris, 1878, T.I p.93.) Le Musée de Moulins conserve un écusson des Bourbon, provenant de la chapelle de Moulins, où l'on voit les lettres A (Anne) et P(Pierre) avec le ceinturon portant la devise *Espoir en Dieu* (voir P. Pradel, «Le premier édifice de la Renaissance en France», *Mémoires de la Société nationale des Antiquaires de France*, neuvième série, tome IV, 1969, Paris, pp.243-258. On peut lire aussi dans les *Balades contre Bourbon:* «Victoire ou mort par désespoir a pris/ Le Cerf vollant, qui jadis au pourpris/ Des fleurs de liz vivoit en asseurance;/ Mais la ceinture, escripte d'Espérance,/ Rompue il a par son crisme et mespris» (A. de Montaiglon, *Anciennes poésies françaises*, T. IX, Paris, 1865, p.212).

Marie, à monseigneur sainct Michel, à monseigneur sainct Gabriel et à toute la cour celestiel de paradis.
Item nous eslisons nostre sepulture en l'eglise Nostre Dame du chasteau de Thouars auprès de feu nostre filz Charles de La Tremoille que Dieu absolle.
Item voullons et ordonnons estre dit et celebré pour l'entretennement de salut de nostre ame, le nombre de dix mil messes, reservé ce qu'en a esté dit dudit nombre depuis qu'avons commancé à faire ce present testament jusques à present et qu'en sera dit jusques au jour de nostre decès, que entendons qui soient dudit nombre

c'est assavoir de la Trinité	deux cents
du Sainct Esperit	mil
de la nativité nostre Seigneur	deux cens
du nom de Jhesus	cinq cens
de la comparucion nostre Seigneur	deux cens
de la croix et de la passion	deux cens cinquante
de la resurrection nostre S.	deux cens
de S. Michel	deux cens cinquante
de S. Gabriel	cent
des anges	deux cens cinquante
de la conception Nostre Dame	cinq cens
de l'annonciation N. D.	cinq cens
de la visitation N. D.	cinq cens
de la purification N.D.	cinq cens
de l'assumption N.D.	cinq cens
de Nostre Dame de pitié	cinq cens
de salve sancta parens	cinq cens
de S. Jehan Baptiste	cent
de S. Jehan l'evangeliste	cent
des martirs	deux cens
des confesseurs	deux cens
de Saincte Barbe	cent
de S. Catherine	cent
des trespassez	quinze cens

Et entendons que après la fin de chacune messe du Sainct Esperit soit dit *veni creator* à genoulx.
A la fin de chacun messe de Nostre Dame, une commemoration de Nostre Dame, c'est assavoir *Salve regina /Ave Maria stella* ou autre à la devotion de ceulx qui diront

lesd. messes. Et aussi après chacune messe des trespassez ung *de profondis*.
Item voullons et ordonnons estre dit une vigilles des trespassez à nostre obseque.
Item voullons et ordonnons que le jour de nostre obseque et enterrement y ait neuf pauvres vestuz de blanc, c'est assavoir robbes, chausses, chapperons, bonnez [...] lesquelz tiendront chacun une torche alentour de nostre corps durant que l'on fera le service. Et au regard des autres pauvres qui seront vestuz de noir, nous entendons qu'il y en ait deux cens qui porteront nostre corps du lieu où il sera prins jusques au lieu de nostre sepulture [...].
Et touchant le drap qui sera mis sur nostre representation publicque, en telles solempnitez des obseques se font plusieurs vanitez et pompes mondaines qui sont de peu de prouffict à l'ame, nous n'entendons point qu'il y ait de drap damas, seullement velloux noir ou autre drap noir.

[Les aumosnes]
Item voullons et ordonnons le jour de nostre obseque estre donné et distribué en aumosne jusques au nombre de cinquante septiers de blé en pain de six deniers. Et si faire ne se peult en ung jour sera donné le jour en suyvant ou autres jours.
Voullons et ordonnons que toutes nos debtes seront paiées.
Item nous vollons donner en aumosnes [aux cordeliers et jacobins, quarante livres tournois].
Item voullons et ordonnons que nos serviteurs soient entierement payez de leur gaiges jusques à l'eure de nostre trespas et en outre que lesd. soient payez davantage, à chacun une année de leurdit gaiges à la raison de ce qu'ils ont acoustumé avoir. Et en outre, s'il plaist à monseigneur nostre espoux que ceulx de nos serviteurs dont il ne se servira, qui se retireront en leurs maisons, auront leur vie durant la moitié des gaiges qu'ilz ont acoustumé avoir.
Item nous donnons à ceulx et celles qui s'ensuyvent en faveurs des bons et agreables services qu'ilz nous ont faictz ce qui s'ensuit [...]

Marguerite de La Tousche[1]	250 livres

[1] Demoiselle de la maison de Gabrielle, Marguerite de La Tousche, dame de Puyboillard, signe, en 1512, une quittance de vingt livres tournois pour ses gages d'une année (A.N. 1 AP 201, pièce 82)

Jehanne du Boys[1] 250 livres
et dix livres pour une fille de ladite du Bois qui se payeront quand elle sera religieuse et non autrement.

Marguerite de Pierre vive[2]	250 livres
Anthoinette Monsabrier	200 livres
Marion Pepine[3]	30 livres
Marie Baucherelle	15 livres
A la norrice de feu nostre cher filz	50 livres

Item donnons à toutes les filles demoiselles qui sont en nostre service, qui ne sont mariées, à chacune deux cens livres pour avoir les habillemens [...]

Aux trois garçons de cuisine, à chacun 30 livres

Pour marier ou mettre en religion 30 filles, 700 livres.

Item voullons qu'il soit tenu et entretenu à l'estude cinq enffans de relligion [...].

Item voullons qu'il soit mis à mestier cinq enffans, chacun durant troys ans et estre payé pour chacun dix livres [...]

[le leg]

Item nous donnons à nostre petit filz François de La Tremoille de noz bagues jusqu'à la valeur de 2000 livres[4].

Et touchant [les meubles et acquetz] nous voullons qu'ilz demeurent à monseigneur nostre espoux ou cas qu'il nous survive.

[Dans le cas contraire] les donnons à nostre petit filz François de La Tremoille.

Donné et faict ou chasteau de Thouars dudit lieu de Thouars, le dimanche vingt troisiesme de novembre, l'an mil cinq cens seize.[5]

---

1 Jehanne du Bois signe, le 2 février 1512, une quittance de vingt livres pour ses gages de l'année écoulée.

2 Marguerite de Pierre Vive signe, en juin 1511, une quittance de dix livres pour ses gages d'une demie année.

3 Femme de chambre de Madame, Marion Pepine, veuve de feu Thomas, reçoit, en juillet 1511, quatre livres pour ses gages de demie année, puis la même somme en février 1512; le notaire signe pour elle la quittance.

4 L'inventaire compte 130 bagues et bijoux.

5 Testament de Madame Gabrielle de Bourbon, épouse de Louis de La Trémoille, pièce 65, 1 AP 217.

3° LE FOYER SPIRITUEL DE LA PRINCESSE

D'après les *Annales d'Aquitaines*, Gabrielle de Bourbon, qui délivre avec son testament une ultime leçon de piété mariale, d'humilité et de charité, composa «sa vie durant» des petits traités «contemplatifs et consolatifs de l'âme» à l'honneur de Dieu[1]. Pourtant, les manuscrits conservés de ses œuvres ont été transcrits et enluminés durant les six dernières années de sa vie, entre 1510 et 1516, et vraisemblablement ont été composés durant la même période. Au reste Jean Bouchet, qui entre au service de Louis de La Trémoille seulement en 1510, ne peut être valablement entendu que pour cette époque où la princesse, suffisamment prudente et modeste pour ne pas se mêler «des hauts secrets de theologie», consultait son conseiller:

> Et si estoit son esprit ennobly et enrichy de tant bonnes sciences, qu'elle emploioit une partie des jours à composer petitz traictez à l'honneur de Dieu, de la Vierge Marie et à l'instruction des damoiselles.[...] Qui sont toutes choses si bien composée qu'on estimeroit estre plus ouvrage de gens de grans lectres que composicion de femme, voire et si n'estoit aucunement presumptueuse car elle fasoit tousjours veoir et visiter ses compositions à gens de hault et bon savoir, comme je sçay par ce que de sa grace me bailloit la charge de les faire amander.[2]

Quoi qu'il en soit, les préoccupations religieuses et littéraires de Gabrielle de Bourbon ne datent pas du soir de sa vie. En invoquant ce témoignage, on a parfois souligné l'influence de Jean Bouchet sur les compositions de la princesse mais on n'a guère jusqu'alors cerné le milieu dans lequel elle évolua avant son mariage avec Louis II de La Trémoille.

---

1 Jean Bouchet, *Annales d'Aquitaines*, *op.cit.*, fol. 203.

2 Jean Bouchet, *Le Panegyric, op.cit.*, fol.LXXXIX. A propos des fonctions exactes de Jean Bouchet auprès des La Trémoille, voir Auguste Hamon, *Un grand rhétoriqueur poitevin, Jean Bouchet 1476-1557?*, Slatkine reprints, Genève, 1970, ch. II, p. 33 et sv.

Geneviève Hasenohr, en étudiant la littérature de spiritualité des années 1480 à 1520, a montré l'intérêt que présenterait un bilan des écrits édifiants qui furent alors dédiés à des princesses et à des grandes dames, pour déceler certes les foyers les plus actifs de la vie intellectuelle et spirituelle à l'aube de la Renaissance, mais également pour mieux cerner ce qu'il convient en effet de nommer «une pastorale du laïcat féminin»[1]. Or on connaît bien déjà le rôle que joua, à cet égard, Jehan Henry, archidiacre d'Ouche, conseiller du roi, président de la chambre des enquêtes et proviseur de l'hôtel-Dieu, qui consacra l'essentiel de son œuvre à l'édification des femmes, en quête d'un modèle de vie, dans le cloître ou dans le siècle. Préoccupé d'abord par ses fonctions, il encouragea les religieuses de l'abbaye fontevriste de la Chaise-Dieu-du-Theil dans leur volonté de réforme, avec plusieurs traités allégoriques, guides de vie contemplative[2], puis il composa, à l'usage des «sœurs blanches» de l'hôtel-Dieu dont il fut le proviseur entre 1470 et 1482, un *Livre de vie active* pour exalter la mission charitable des hospitalières[3]. Cependant Jehan Henry tout en illustrant ainsi l'attention nouvelle accordée à l'enseignement spirituel des religieuses, n'enferme pas son message dans une «religion», il en appelle aussi aux grandes dames pour offrir un exemple de vie laïque modelée par une dévotion intériorisée. Sans connaître assez sa biographie pour pouvoir préciser les liens qui le rattachent aux grandes familles du royaume, il est possible néanmoins, grâce aux dédicaces de ses ouvrages, de rapprocher Jehan Henry du château d'Aigueperse et du foyer culturel où grandit Gabrielle. En effet, parmi les ouvrages offerts à des religieuses, on note

---

1 Voir G. Hasenohr, *op.cit.*, p. 39.

2 *Le livre de reformation utile et profitable pour toutes religieuses*, Paris, Jehan Petit, s.d., dédié à l'abbesse Marie de Bretagne; *Le livre d'instruction pour religieuses novices et professes*, Paris, Jehan Petit, 1516, dédié à une novice Marie Gastarde; *Le livre de consolation sur la joyeuse meditation de la nativité de Jesus*, Paris, Jehan Petit, s.d., dédié à toutes les religieuses de la Chaise-Dieu.

3 Voir Marcel Candille, *Etude du livre de Vie active de l'hotel Dieu de Paris, de Jehan Henry*, Paris, S.P.E.I., 1964.

encore *Le jardin de contemplacion*, écrit à la demande de l'abbesse du couvent des clarisses urbanistes d'Aigueperse qui avait été fondé, en 1423, par Marie de Berry et par Jean de Bourbon. Cela ne suffirait pas sans doute à souligner son attachement aux Bourbon, s'il ne dédiait encore à Jeanne de France, épouse de Jean II de Bourbon, *La gesine Nostre Dame*, et peu de temps après, à Gabrielle de Bourbon, un *Livre de meditation sur la reparation de nature humaine;* deux ouvrages qui poursuivent le même but: offrir une contemplation des mystères de la nativité pour émouvoir les cœurs «à l'exercice des œuvres de vie active sur terre»[1].

Lorsqu'il s'adresse à «Mademoiselle Gabrielle de Bourbon, fille de très hault et puissant prince Monsieur le conte de Montpensier», Jehan Henry est, sans doute, un écrivain religieux qui, après bien d'autres, montre la voie de l'imitation de Jésus-Christ[2], mais également —et c'est ici l'intérêt de son propos— il est un serviteur du roi et des grands qui connaît bien les exigences du monde, légitimées par un ordre social d'origine divine: appartenant lui-même à la petite noblesse, conseiller du roi, président de la chambre des enquêtes, il sait que les «sollicitudes mondaines» viennent souvent mettre obstacle à la quête essentielle, celle des «merites et conquestz spirituels». Si Gabrielle de Bourbon a besoin d'un guide pour atteindre «le plus noble estat et le plus parfaict qui soit en ceste vie mortelle», autrement dit «celuy qui plus approche par imitation et conformité de vie à la vie du souverain roy des roys», c'est justement parce qu'elle est une grande dame déjà retenue par les devoirs de son état:

---

1 *La gesine nostre dame*, Bibliothèque Nationale, Ms. français 1866 (imprimé en 1506 sous le titre *Le pelerinage de Nostre Dame*); *Le livre de meditation sur la reparation de nature humaine*, Paris, Jehan Petit, s.d.

2 Voir l'article que J. Chaurand consacre à la vie, aux œuvres et à la spiritualité de Jehan Henry dans le *Dictionnaire de spiritualité*, T. 7, c.259-263.

> Et pource que le droit de nature et commandement de Dieu vous contraignent à faire residence continuelle au service de monseigneur vostre pere, par quoy ne povez ainsi que voulsissiez bien aller de huis en huis mendier et tendre la main aux riches et opulentes maisons de dame Pauvreté, mere de religion.[1]

Jehan Henry, tout en feignant de récuser le rôle d'intermédiaire que veut lui confier Gabrielle, offre en réalité une leçon qui pourra éclairer sa vie et, plus tard, ses œuvres. Encore qu'il soit impossible aux laïcs de se dérober aux charges sociales qui sont les leurs, ils peuvent faire appel, pour poursuivre malgré tout leur cheminement spirituel, à un précieux serviteur, celui que Jehan Henry sollicite toujours lorsqu'il est retenu par ses affaires mondaines et qu'il nomme Méditation. Le procédé allégorique, cher aux écrivains de la fin du Moyen Age, n'a certes rien de neuf et n'invite à aucune réflexion théologique sur les différents états de la vie spirituelle, mais il se présente néanmoins sous une forme propre à séduire une princesse de haut rang. La dévotion de Gabrielle est évoquée, en effet, comme un blason nobiliaire, avec une «escuelle» portant «armes de larmes semées par devotion en ung beau champ que virginité avoit tout rempli de belles, blanches et odorantes fleurs de lis»; le symbole de la pureté et de la chasteté s'inscrit ainsi dans les armoiries même des Bourbon-Montpensier: fier d'azur à trois fleurs de lys.

Alors qu'il s'agit surtout d'une mystique affective où les spéculations théologiques ont peu de part, Jehan Henry fait de la nativité l'épisode central de cette élévation spirituelle. Dans la pure tradition bernardine et franciscaine, le pèlerinage de l'«âme dévote» suit les pas de la Vierge pour découvrir d'abord l'humanité du Christ. Comme il avait offert à Jeanne de France une méditation sur *La gesine Nostre Dame*, grâce à sa rencontre avec «ung pellerin qui venait de Bethleem»[2], il

---

1 *Le livre de meditation*, *op.cit.*, préface à Gabrielle de Bourbon.

2 «En retournant de matines à ceste sacrée nuyt de Nouel, ay rencontré ung pellerin qui venoit de Bethleem, lequel avoit accompagné la

présente à Gabrielle le «recit et proces verbal du rapport que fist Meditation au retour de son voyage de Bethleem». Par l'émotion ressentie devant le spectacle attendrissant de Marie, jeune fille «humble», «attrempée», «honneste», cheminant pour mettre au monde dans un misérable lieu «le plus bel enfant que oncques Dieu formast», l'entendement peut s'élever à l'intelligence de ces choses angéliques. L'âme, ravie dans la contemplation, peut alors aller au-delà du «regard charnel» pour entendre les mélodieux accords de la musique céleste qui permet la communion mystique: l'union de la terre avec le ciel, de la créature avec le créateur, de la nature humaine avec la nature divine en la personne du fils de Dieu[1].

Le motif du pèlerin présent dans les œuvres de Jehan Henry rejoint évidemment toute une tradition de la littérature religieuse mais il porte ici un enseignement peut-être plus précis: comme la Vierge est intermédiaire entre l'âme dévote et le Christ, comme le pèlerin est intermédiaire entre l'événement et le récit de l'auteur, comme Méditation est intermédiaire entre la partie basse et la partie haute de l'âme, la grande dame, dédicataire de l'ouvrage, peut être à son tour intermédiaire entre la parole de Dieu et les simples âmes féminines qui aspirent à fervente dévotion. Dans cet enseignement religieux, les princesses et les grandes dames jouent sans doute un rôle exemplaire dont elles ont parfois pleinement conscience. Jehan Henry présente ses deux

---

glorieuse Vierge Marie, mere de Jehucrist, en sa gesine. Et jasoit que icellui pelerin se guermentast fort de tirer droit en son pais, toutesfoiz par importunes requestes l'ay ung peu de temps detenu en ma secrete chambre de meditation solitaire pour estre par luy informé de tous les sacrés misteres qui ont esté fais en ceste saincte nuyt en laquelle est né le soleil de divine justice, affin de vous communiquer ce que j'en pourrois sçavoir à l'augmentation de vostre fervente devotion» (Ms. français 1866, fol.1)

1 *Le livre de meditation*, *op.cit.*, in fine, «L'acteur». On voit ici combien Jehan Henry reste proche de saint Bernard, aussi bien par la place qu'il accorde à la Nativité dans sa méditation sur la rédemption que par le rôle donné à la Vierge, modèle de l'âme-épouse (cf. par exemple *Traité des louanges de la Vierge Mere,* in *Saint Bernard,* textes choisis et présentés par Etienne Gilson, Plon, 1949, p.55 et sv.)

méditations comme des œuvres de commande, l'une écrite à la suggestion de Jeanne de France, l'autre de Gabrielle de Bourbon.

Le regard et la parole entretiennent un rapport étroit et complémentaire aussi bien pour l'édification de la dédicataire que pour celle du lecteur. Comme dans un retable ou dans l'enluminure d'un livre d'heures où le donateur est représenté pour dire sa relation privilégiée avec le mystère divin, Jehan Henry, dans ses préfaces, évoque d'abord la pieuse image de ses dédicataires: Jeanne de France dans sa chapelle richement ornée qui écrit de «dévotes lettres» au Seigneur, Gabrielle de Bourbon tenant son «escuelle», emblème de noblesse et d'humilité tout à la fois, qui exprime son désir des biens spirituels.

L'enseignement de Jehan Henry est alors une réponse à la question que pose la spiritualité des laïcs: peut-on, dans le siècle et sans trahir les devoirs de son état, «vivre à l'imitation des maisons de religion»? Dans la lignée des *Méditations de la vie du Christ* du Pseudo-Bonaventure ou des sermons de Jean Gerson, Jehan Henry dégage d'abord de l'Incarnation une leçon d'humilité à l'usage d'une grande princesse[1]. A l'exemple du Christ qui, «sans diminucion de sa majesté excellente», a voulu descendre en si bas et pauvre état, Gabrielle de Bourbon peut conserver en elle la grandeur d'une lignée royale et l'humilité d'un mendiant spirituel:

> Car ja soit que soies de la plus noble maison qui soit sur terre, c'est assavoir de la tres ancienne maison de France et encores en vous la noblesse de vertus et de bonnes meurs passe la noblesse de ligne, et aussi ja soit que n'ayez Dieu mersy point de necessité, touteffois en vous conforment à l'umilité du roy des roys, seigneur des seigneurs, nostre saulveur et redempteur, estes condescendue au bas estat de

---

1 Cf. S. Bonaventure, *Les méditations de la vie du Christ*, trad. H. de Riancey, Paris, 1852, ch.VII et Jean Gerson, *Six sermons inédits*, éd. L. Mourin, Paris, Vrin, 1946, Quatrième sermon *Pour la Noël*, p. 251 et sv.

> mendicité ouquel vous repputes indigente et souffreteuse des biens spirituelz.[1]

Le portrait tout de grandeur et d'humilité que dessine Jean Bouchet, bien des années après, lorsque Gabrielle est devenue la vicomtesse de Thouars, ne délivre pas une autre leçon: à la fois «vertueuse» et «notable», la vie de la descendante de Saint Louis est le modèle d'une quête, une *imitatio Christi*[2]. Après avoir tendu son «escuelle» à Jehan Henry, Gabrielle confie sa «ceinture d'espérance» à un autre guide pour la conduire dans une voie pleine d'obstacles. Jean Bouchet est convié à jouer ce rôle aussitôt entré au service des La Trémoille: il sera à la fois, semble-t-il, un procureur de confiance pour les affaires de Louis et de Gabrielle, un conseiller littéraire apprécié par leur fils François féru de poésie, et un pèlerin spirituel que Gabrielle déléguera d'abord sur des routes où elle craindrait de s'égarer.

Dès 1510, en effet, le procureur poète offre trois de ses *Epistres familieres*[3], à «ma Dame Gabrielle de Bourbon» qui se veulent leçon significative des aspirations spirituelles de la princesse: ne les avoue-t-il pas comme une œuvre de commande pour un «cler esprit» qui «s'esjouyt quand il veoit quelque escrit parlant de Dieu»[4]? La topique de l'hommage efface évidemment, sous la plume de Bouchet, la terminologie franciscaine qui émaillait de discours de Jehan Henry: l'image de la «mendiante spirituelle» se transforme en celle d'une noble hôtesse toujours désireuse d'accueillir les messagers de la parole divine. Les trois épîtres doivent alors répondre à cette attente. La première, «faisant mention de

---

1 *Le livre de meditation*, *ibid.*

2 «Et si ses faictz estoient espanouys / Tous chrestiens en seroient resjouys / Car sa vie est vertueuse et notable...» Jean Bouchet, *Le Temple de bonne renommée*, éd. G. Bellati, Milan, 1992, v. 4765 et sv.

3 Voir la chronologie des *Epistres* dans l'étude de Jennifer Britnell, *Jean Bouchet*, Edinburgh University Press, 1986, p. 284.

4 J. Bouchet, *Epistres morales et familieres du traverseur*, Johnson Reprints Corporation, Mouton, 1969, Epistre IX faisant mention de triple paix.

triple paix», emprunte aux sermons de Jean Gerson[1], pour montrer l'enjeu de cette exigence spirituelle: la «paix superieure», celle qu'on acquiert en se délivrant des péchés et qui assure la «paix interiore» entre l'âme et le corps, et la «paix exteriore» avec son prochain. Mais la deuxième épître, envoyée «en la personne de l'ame qui rescrit à son amy par amours Jesus, par le bon ange», dit cependant, à travers le thème de la fiancée déchue, tombée sur le «fumier» du monde, enfermée dans un «bordeau», toute la difficulté de l'ascension spirituelle pour une âme dévote prisonnière de son corps et des exigences mondaines. La troisième épître «envoyée par l'acteur a ladicte Vicomtesse de Thouars en la personne de la triumphante Royne des cieulx, ma Dame Marie, qui rescrit à Nature humaine les douleurs qu'elle a supportées en la passion de son filz Jesus, nostre saulveur et redempteur» indique alors, dans la tradition de la spiritualité ascétique, le moyen d'échapper aux pièges du monde: contempler et suivre la Vierge consentante dans sa destinée de mère et d'épouse du Christ.

Jean Bouchet marque ainsi, pour celle qui le retient «aux gages», les trois étapes nécessaires de cet itinéraire spirituel: bien en comprendre le but —la «paix supérieure»—; en connaître le principal obstacle —les «souillures» de la créature pécheresse—, et choisir le meilleur des guides, la miséricordieuse Vierge-Mère. L'enseignement que reçoit ainsi Gabrielle, dans ces années où Bouchet fréquente l'abbé d'Angles, Jean d'Auton, reste dans la lignée de la mystique cistercienne illustrée par les nombreux *pèlerinages de vie humaine* dont le poète exploite les thèmes. On peut alors, avec quelque certitude, rattacher les trois œuvres de la princesse, le *Petit traicté des doulleurs*, *le Voyage espirituel* et *Le fort chasteau*, à cette même quête spirituelle qu'elle entreprend

1 Voir, notamment, *Mansionem apud eum faciemus*, *Sermon pour la Pentecôte*: Paix de Conscience est la dame qui retient le «bon hôte», le Saint-Esprit, dans son «hostel» parce qu'elle a su le nettoyer de «tout ce qui lui pourrait desplaire» (in *Six sermons inédits de Jean Gerson*, éd. L. Mourin, Paris, Vrin, 1946, premier sermon, l. 41).

avec l'aide de Jean Bouchet, chargé de soumettre ses compositions «à gens de hault savoir»[1] et chargé également d'en faire enluminer les manuscrits[2]. L'expérience d'écriture de Gabrielle de Bourbon apparaît alors, en elle-même, comme une autre étape de ce difficile cheminement spirituel, où l'humilité conduit à la connaissance de soi et à la charité. Sans doute, bien des mystiques, au XIIIe et au XIVe siècles, ont-elles laissé trace de leur expérience, mais leur parole prophétique ou parole d'une «âme enlevée à elle-même» répond à la voix divine dont elles se croient habitées. Au XVe et au début du XVIe siècle, les grandes dames, les princesses qui écrivent des œuvres de spiritualité, y voient en même temps l'instrument d'une ascèse personnelle et d'une édification pour «les simples personnes»[3].

4° LES ŒUVRES DE GABRIELLE DE BOURBON

Sans doute parce qu'elle connaît le devoir d'enseignement que lui confère son rang social, Gabrielle de Bourbon, à l'exemple d'Anne de Beaujeu, compose un petit livre à l'usage des femmes de sa maison: *L'Instruction des jeunes filles,* dont seulement l'*incipit* et l'*explicit* sont aujourd'hui conservés[4]. Mais plus encore que d'une mission moralisatrice, c'est d'une mission religieuse qu'elle se sent investie, en offrant plusieurs ouvrages «à la louange de Dieu». L'intention de Gabrielle est claire, elle l'annonce dès

---

1 Voir J. Bouchet, *Le Panegyric, op.cit.*, fol.LXXXIXv°; peut-être s'agit-il de l'abbé d'Angles, Jean d'Auton, que le poète poitevin fréquente dans ces années là.

2 J. Bouchet est en relation avec l'enlumineur poitevin Merevache, chargé de plusieurs livres de la princesse; voir M. Marchegay, *Lettres missives du XVIe siècle,* Niort, 1881, n° 6, p.10 et L. Sandret, *op.cit.*, p.93.

3 Nous avons repris ici les éléments d'une étude que nous avons fait paraître dans *La Bible et ses raisons. Diffusion et distorsions du discours religieux (XIVe-XVIIe s.)*, Publications de l'Université de Saint-Etienne, 1996, p.77-95.

4 Voir *Inventaire*, A.N. 1 AP 219: «Ung petit livre en pappier couvert de rouge intitullé dessus la couverture *Moderacion et affection* et finissant *d'honneur de toutes femmes*, composé par mad. dame».

l'introduction de son premier *Petit traicté des doulleurs de la Passion* :

> Pour tousjours esmouvoir les cueurs à devotion m'est prins vouloir de mectre par escrit quelques petites contemplations sur certains poins de la douloureuse passion du doulx Jesus.(fol.2)

Au-delà de son incompétence, volontiers reconnue dans une œuvre de «simple» femme, elle affiche cependant une volonté, qui suppose dominées les deux autres facultés de l'âme, mémoire et entendement[1]. D'emblée, elle se situe ainsi dans le sillage des *Méditations sur la vie du Christ* du Pseudo-Bonaventure qu'elle a pu lire, autrefois, dans la bibliothèque maternelle, à Aigueperse, et qu'elle possède aussi dans sa propre collection. Mais, surtout, elle a parfaitement assimilé les leçons de son maître spirituel Jehan Henry et particulièrement, sans doute, *Le livre de Meditation* qu'il lui a offert avant son mariage avec Louis de La Trémoille. Elle choisit alors la même forme allégorique pour conduire la méditation du lecteur, guidé par le Cueur contemplatif sur le chemin du Calvaire.

La conquête des «bons esprits» s'organise dans la mise en scène même du mystère auquel l'Ame, spectateur-acteur, est conviée à prendre part. Connaissant bien le *Mystère de la Passion* d'Arnoul Gréban ou celui de Jehan Michel, pour les avoir lus[2] ou peut-être vu représentés[3], Gabrielle de Bourbon montre successivement sept tableaux de la Passion:

---

1 Voir saint Augustin, *Les confessions*, Livre X, ch. VIII à XXVII, Paris, A. Desrez, 1835.

2 L'inventaire de la bibliothèque de Gabrielle de La Tour, en 1474, compte un manuscrit de *La Passion Nostre Seigneur;* et l'inventaire des biens de Gabrielle de Bourbon un *Mistaire de la Resurection de nostre seigneur Jhesu Crist.*

3 Il serait certes tentant de penser que Gabrielle ait pu assister, en 1486, à Poitiers, à cette représentation par «mysteres et personnages» de «la Nativité, Passion et Resurrection nostre seigneur Jesuchrist», qu'évoque Jean Bouchet dans les *Annales d'Aquitaine* (éd.1557, fol. 168). Mais dès lors que le chroniqueur note la somptuosité du spectacle et l'affluence de gentilshommes et de damoiselles venus de tout le Poitou et des pays

- La maison de Marie, à Jérusalem, avant la Cène (fol.2v°-3v°)
- Jésus et les apôtres dans le jardin de Gethsemani; l'arrestation (fol.4-5)
- Jésus chez Anne (fol.5-7v°)
- Le portement de croix sur le chemin du Calvaire (fol.8-9v°)
- La crucifixion (fol.10-18)
- La maison de la Vierge durant la mise au tombeau (fol.18v°-19v°)
- La résurrection (fol.20-21)

Dans ce spectacle, l'image sollicite davantage que la parole et les injonctions du Cœur contemplatif sont là pour orienter le regard à l'intérieur du tableau: «Arreste toy ici...», «Regarde bien la devote compagnie...», «Regarde ta maistresse, mere de Dieu...», «O Ame devote, vien t'en icy et tu verras...». A la manière de saint Jean dans *Le mystere de la Passion* de Jean Michel, le Cœur contemplatif intervient ici pour apprendre à voir, de «l'oeil de l'entendement», le plus significatif d'une composition scénique: le baiser de Judas, les injures des faux juges, Marie au pied de la croix[1]. La parole explicative semble inutile devant la force de la vision; Gabrielle, à plusieurs reprises, coupe toute glose puisqu'«en maints livres» on peut la trouver déjà. Ce n'est pas par l'argumentation de la raison, par une «leçon», que le Cœur contemplatif veut entraîner l'Ame dévote:

> Si tu as besoing de la haulte science de contemplation, vien au pied de la saincte croix car à une heure bien exploictée, tu y aprendras plus que en ung an oyant la leçon de tous les theologiens du monde.(fol.21)

---

circonvoisins, on peut supposer qu'il n'aurait pas manqué de nommer les seigneurs de Thouars s'ils avaient honoré le spectacle de leur présence.

1 Cf. Jean Michel, *Le mystère de la Passion (Angers, 1486)*, éd. Omer Jodogne, J. Duculot, Gembloux (Belgique), 1959: saint Jean, chargé par Nostre Dame, de suivre Jésus dans ses tribulations, est aussi le récitant qui souligne le sens du mystère, p. 297, 301, 332...

Gabrielle de Bourbon illustre parfaitement cette relation entre des traités dialogués destinés, en principe, à une lecture privée et un genre dramatique où la représentation visuelle doit suffire à établir la vérité du dogme[1]. Au centre de «l'hystoire», se trouve le Christ en croix sur lequel le regard, par la force de la mémoire et de la volonté, doit revenir sans cesse[2] pour découvrir le sens du mystère:

> O Ame devote, vien à cest heure, regarde de bien près ton amy, nostre maistre et redempteur, mectz en ton entendement la portrecture de son tant digne visage qui est la plus belle qui oncques fut ne ne sera. (fol.15)

Le regard, la vision qui sont ici des expressions du cheminement spirituel se confondent avec un autre motif essentiel, celui des larmes. Jehan Henry n'adressait-il pas le *Livre de Meditation* à celle dont les armes portaient un champ de lys semé de larmes de dévotion? Dans toute la littérature spirituelle, les larmes sont «eau de vie», promesse de joies éternelles, de rencontre avec l'époux céleste. La dialectique de l'amour, entre douleur et plaisir, s'exprime ici dans le lexique et les métaphores, multipliant les antithèses («joie et compassion», «fondre comme neige au soleil»).

Pourtant, devant les scènes de la Passion, les sens corporels, offusqués par les «vapeurs mondaines», n'aperçoivent d'abord qu'un pauvre homme blessé et humilié. La réaction de l'Ame dévote peut apparaître comme une sorte de mise en garde devant les découragements qui saisissent les laïcs sur le chemin de la conversion:

> Icelle douleurs m'ont tellement contristée que oncques puis ne peuz prendre repos ne joye [...] car le meschant corps où je suis enfermée ne se contente point de moy. (fol.22)

---

1 Voir H. Rey-Flaud, *Le cercle magique. Essai sur le théâtre en rond à la fin du Moyen Age*, Paris, Gallimard, 1973, p.262, et G. Hasenohr, «Aspects de la littérature de spiritualité», *op.cit.*, p. 44.

2 Voir fol.19, l'Ame dévote se retire en son cabinet secret pour bien mettre en sa mémoire tout ce qu'elle a vu. Sur le rôle de la mémoire, voir saint Augustin, *Les confessions*, livre X, ch.XVII «Que la mémoire est une chose admirable mais qu'il faut encore chercher Dieu au-dessus d'elle».

Les nombreuses images, empruntées à la fauconnerie — haute vollerie, essemer —, traduisent tout autant une aspiration spirituelle[1] que le statut social de l'auteur et de ses destinataires. La voie contemplative suppose une «haute science» que les «lisants» ne possèdent pas davantage que l'Ame dévote. C'est pourquoi, sans doute, Gabrielle de Bourbon oriente autrement, dans la deuxième partie du traité, son pèlerinage mystique. L'Ame dévote, en effet, plongée dans un combat intérieur qui la dévoie, sollicite une leçon plus récréative, puisqu'elle n'est pas assez parfaite pour profiter d'une contemplation où il n'y a «que matiere de douleur». Le lecteur, après avoir vu la Vierge dans ses douleurs, est alors entraîné dans le mystère de ses joies, également en sept tableaux:

- L'Annonciation (fol.23v°-28)
- La Visitation (fol.28v°-30v°)
- La Nativité (fol.31-33v°)
- L'Adoration des bergers et des rois mages (fol.34-36)
- Le mont de Syon (fol.36v°-38)
- Le Trespassement Nostre-Dame (fol.38v°-41)
- L'Assomption (fol.41v°-46)

Lié à la dévotion mariale, le thème de la Nativité permet à Gabrielle de Bourbon, en suivant l'exemple de Jehan Henry, de proposer une «meditation joyeuse», plus efficace pour émouvoir et captiver ses lecteurs ou lectrices trop endurcis dans les «gelées mondaines». Le regard, qui était sans cesse sollicité dans la première partie du traité, ne peut être un truchement suffisant pour comprendre le mystère, car la lumière du Christ éblouit les sens terrestres:

---

1 Ces images de «l'envol de l'âme» sont très fréquentes chez Jean Gerson; voir, par exemple, *La montaigne de contemplation,* in *Œuvres complètes,* éd. Mgr Glorieux, Paris, 1966, VII, p.16-56, 11: «Que l'amour mondaine est à oster premièrement [...] car cest amour est comme gluz qui empesche les esles spirituelles de l'ame qu'elle ne puisse soi eslever haut».

> Mon oeil ne le puyt regarder à son aise tant est resplandissant. (fol.40)[1]

L'Ame, troublée par le combat que se livrent son corps et son cœur, exige alors une lecture didactique des tableaux qu'elle n'a pu comprendre par la contemplation: «Cueur, ce n'est pas assez de veoir, mais dy moy»... Les injonctions du Coeur contemplatif ne sont plus «regarde», mais «écoute». Dans la veine des allégories de Jean Bouchet, Gabrielle de Bourbon met alors en scène les vertus, dont elle explique la signification morale dans le discours prêté au Coeur contemplatif. A chaque moment du mystère, l'Ame semble s'arrêter devant une image dont elle ne sait encore recevoir le message, et, finalement, c'est «l'enseignement» exposé par les différents personnages qui parvient à l'éclairer. Ainsi, grâce aux dialogues, la fonction de chacune des vertus est découverte et le sens des prophéties bibliques dévoilé, tandis que les commentaires du Coeur achèvent d'expliquer chaque élément visuel de la contemplation. L'ouïe, endoctrinée par la médiation de Raison, est alors ouverte à la musique céleste. Reprenant un des procédés des Mystères, l'auteur ponctue les scènes avec des évocations musicales. De tableau en tableau, l'Ame est envoûtée par de «doulx chants angelicques», par «la doulceur de chants et d'instruments de toutes armonyes». Au terme de la contemplation des joies de la Vierge, l'Ame dévote, si elle a surmonté les obstacles que son «entendement humain» mettait à son ascension spirituelle, n'est pas encore parvenue au bout de la voie. L'épilogue du *Petit traicté* annonce l'œuvre à venir:

---

[1] On retrouve ici un thème essentiel chez saint Bernard par exemple; l'oeil charnel a besoin d'ombre car la lumière de l'Esprit l'éblouirait; l'Ame-épouse peut enfin voir le Christ lorsque, dégagée des sens, elle le considère dans sa divinité: «Car tout de même que la lumière répand en vain ses rayons sur les yeux d'un aveugle, ou de celui qui les tient fermés, *de même aussi, l'homme animal ne comprend rien dans les choses de l'esprit de Dieu* (I Cor., 2)» (*Saint Bernard, Textes choisis et présentés* par E. Gilson, Plon, 1949, Sermon I sur *Le Cantique des Cantiques*, p.202-203)

> Ame devote, mamye, il fault semer avant de recueillir. (fol.45)

La contemplation des douleurs et des joies de la Vierge qui fait naître le désir spirituel, c'est à dire Bon Vouloir, n'est qu'une première étape dans la quête religieuse entreprise par Gabrielle de Bourbon. *Le Voyage espirituel entreprins par l'Ame devote* illustre alors une idée essentielle de la tradition spirituelle: l'âme humaine qui a aperçu les beautés de la cité céleste est en exil sur terre et n'aspire qu'à retrouver le lieu perdu. Utilisant, après bien d'autres, le procédé de la vision pour justifier la suite donnée à son premier traité, «l'Acteur» transcrit alors le récit de l'Ame dévote dont l'itinéraire conduit à ce même royaume dont le *Petit traicté* a déjà évoqué les splendeurs dans le tableau du triomphe de la Vierge. La continuité entre les deux œuvres est en effet soulignée d'emblée:

> Ame devote, je te recognoys bien et remercie de ce qu'il te plaist de m'en faire la grace de sçavoir tes secretz. Je t'ay maintesfoiz veue avecques le Cueur contemplatif... (fol.1v°)

Si désormais le Coeur contemplatif n'est plus le guide commentateur du voyage, c'est que l'Ame a déjà franchi une étape; la mémoire et l'entendement ont fait naître la volonté et le désir:

> Et pour te donner à entendre ledit voyage, il est vray, quand par le moyen de Bon Vouloir, je fuz deliberée de querir la noble cité de Bon repos, en laquelle avoys aultrefoys esté avecques le Cueur contemplatif... (fol.1v°)

Le Coeur contemplatif, qui n'intervient plus explicitement, doit être cependant considéré comme présence spirituelle ou comme consubstantiel de l'Ame. Les miniatures du manuscrit autorisent cette interprétation puisqu'elles représentent, aux côtés de l'Ame dévote, le Coeur contemplatif, comme dans le *Petit traicté*, corps rouge et vêtements dorés.

Durant ses sept étapes, le voyage est une psychomachie où s'affrontent, par la force du verbe et des images, les tentations d'un monde aristocratique[1] et l'espérance du royaume éternel:

- les préparatifs du voyage (fol.1v°-5v°): l'Ame devote, en compagnie de Bon Vouloir, Esperance et Force.
- 1ère journée (fol.5v°-11v°): la rencontre avec les messagers du Monde, Ypocrisie, Dissimulation, Presumption, Amour de soy et Vayne Gloire.
- 2ème journée (fol.12-15): l'entrée en scène de Cognoissance; la rencontre avec Auctorité de court et Faincte devotion; la nuit chez Mesprisance des biens mondains.
- 3ème journée (fol.15-18v°): la rencontre avec Barat, Plaisir mondain et Vayne Pensée; la nuit chez Perseverance et Virginité.
- 4ème journée (fol.19-21): le combat avec Faulx Rapport, sergent des brigands du Monde; la nuit chez Patience et Silence.
- 5ème journée (fol.21v°-23): le spectacle des malheurs et injustices du Monde; la rencontre avec Gormandise et Friandise; la nuit chez Abstinence et Sobrieté.
- 6ème journée (fol.23v°-26v°): la rencontre avec le faux hospitalier, Presumption de soy et avec le Monde; la nuit chez Charité.
- 7ème journée (fol.26v°-29): la traversée du Port de Salut, guidée par Foy; l'accueil à la cité de Bon Repos; le mariage mystique.

Dans la tradition de ces itinéraires allégoriques, dont le *Songe du vieil pèlerin* de Philippe de Mézières ou le *Pelerinage* de Guillaume de Digulleville ne sont que les

---

1 Les tentations du Monde apparaissent dans des figurations significatives d'un idéal courtois et aristocratiques; cf. Christine de Pizan, *Le livre des trois vertus*, éd. C.C. Willard, E. Hicks, Champion, Paris, 1939, I, 3 «Ci devise la maniere des temptacions qui pevent venir à haute princesse».

exemples les plus connus, le *Voyage espirituel* apparaît cependant comme une volonté de transfigurer le signe de reconnaissance des Bourbon, «Espoir en Dieu», présent tout au long du récit, en une expérience spirituelle intime. La devise exprime alors ici tout à la fois la personne publique et la personne privée[1].

Le mariage mystique sur lequel s'achève le *Voyage* semble infléchir l'itinéraire de Gabrielle de Bourbon vers une spiritualité qui ne peut plus guère s'accommoder de la dévotion des laïcs. Au terme du *Petit traicté* et du *Voyage*, la seule inquiétude qui demeure, en effet, est celle qui s'exprime chez tous les mystiques: la crainte de ne pouvoir conserver l'amour de l'Epoux divin. C'est ce que Gabrielle de Bourbon nomme, dans son ultime composition, *Le fort chasteau pour la retraicte de toutes bonnes ames*, «la bonne jalousie de l'amour de Dieu». Pour l'Ame «enivrée d'amour», recommence une conquête inspirée du rituel courtois dans ses procédés et du *Cantique des Cantiques* dans sa signification. La visite du château ne se fait plus par l'intermédiaire de l'Ame dévote. Ici, le «je» de l'auteur et le «je» du narrateur se confondent comme si, parvenue au terme de son itinéraire, Gabrielle portait en elle l'Ame dévote, toujours accompagnée du Coeur contemplatif, qui à nouveau prend la parole (fol.36v°) pour inviter les bonnes âmes à visiter ces saints lieux. Le *Fort chasteau* est décrit en douze moments, nombre qui évoque déjà la cité céleste[2]:

- Les fondations du château (fol.31v°-32)
- L'ordonnance du château (fol.32v°-33)
- Les capitaines et portiers (fol.33v°)

---

1 Sur cette double utilisation de l'emblématique, dès la fin du Moyen Age, voir C. de Mérindol, «Le livre peint à la fin du Moyen Age, support privilégié d'une politique dynastique, familiale ou personnelle», *Pratiques de la culture écrite en France au XVe siècle*, Actes du colloque international du C.N.R.S. 1992, éd. M. Ornato et N. Pons, Louvain-La-Neuve, 1995, p. 499-514.

2 Le nombre douze est en effet celui de l'Apocalypse (21, 12; 21, 14).

- L'extérieur de la sainte chapelle (fol.33v°-35)
- L'intérieur de la sainte chapelle (fol.35v°-36v°)
- Le réfectoire (fol.37-38)
- Les chambrettes des bonnes âmes (fol.38-38v°)
- Le portail des salles d'étude; la leçon de Foy (fol.39-41)
- La leçon d'Esperance (fol.41-41v°)
- La leçon de Charité (fol.41v°-42v°)
- Le jardin (fol.43-44v°)
- L'échauguette de l'artillerie (fol.45-45v°)

Le plan du château, avec ses quatre corps de bâtiment et ses sept tours renvoie certes à une représentation traditionnelle de la Jérusalem céleste, dans la littérature allégorique aussi bien que dans l'iconographie[1]. Néanmoins, l'ordre descriptif choisi par Gabrielle de Bourbon marque la cohérence intérieure d'une œuvre considérée comme un triptyque. Si dans le *Petit traicté* la narration ne suit pas chronologiquement les épisodes de la vie du Christ pour adopter l'ordre d'une contemplation où la Passion est commencement, dans le *Fort chasteau,* de même, la description s'attache d'abord à l'édifice central, la sainte chapelle qui porte la devise du Christ-Pellican et qui permet ensuite le cheminement vers le jardin de délices. Pourtant Gabrielle de Bourbon, tout en traduisant par les images et le vocabulaire son désir d'envol mystique, n'oublie pas sa mission didactique. Le *Chasteau* illustre également le précepte que la composition du *Petit traicté* soulignait: il ne suffit pas de voir, il faut entendre. Le lecteur doit alors admirer le bel édifice du *fort chasteau* mais écouter aussi les leçons des trois vertus théologales. L'intention est au reste clairement cernée: il s'agit, sans se départir d'une prudence hautement louée par Jean Bouchet, de rappeler aux «pauvres femmeletes et simples gens» (fol.39v°) les principaux articles de la foi et la valeur de la charité chrétienne fondée sur l'imitation de Jésus-Christ. Foy, Espérance, Charité montrent ainsi les trois degrés de la méditation, pour les âmes

1 La figure quadrangulaire provient d'une interprétation littérale de l'Apocalypse de Jean: «Civitas in quadro posita est», 26, 16.

«commençantes», «persévérantes» et «parfaites», selon une terminologie empruntée à Jean Gerson.

Ecrivant non pour des religieuses mais pour les jeunes femmes de sa cour, Gabrielle de Bourbon laisse en somme apparaître, dans le *Petit traicté*, dans le *Voyage* et dans le *Fort chasteau*, les deux obstacles à la dévotion des laïcs: les tentations mondaines et la séduction mystique. Son triptyque est traversé par une tension, figurée par l'opposition entre les «lacs du monde» et la «ceinture d'espérance», qui finalement ne peut se résoudre que dans l'image du «tribut» et de «l'envol»: les parfaites sont celles qui ont laissé leur «méchant corps» en terre ou bien ont suivi Virginité là où n'entrent plus les princes du monde. L'œuvre spirituelle de Gabrielle de Bourbon illustre sans doute le succès d'un enseignement qui fait de la dévotion féminine le meilleur instrument de la dévotion des laïcs, mais en même temps elle en dessine les limites dès lors qu'elle traduit aussi la difficile conciliation entre un ordre social et une exigence spirituelle.

5° LES MANUSCRITS

A. *Petit traicté sur les doulleurs de la passion du doulx Jesus et de sa benoiste mere*

Registre de parchemin du début du XVIe siècle, 46 f., 30 x 20 cm.; 21 miniatures, lettres ornées.
Archives Nationales, archives de la maison La Trémoille, chartrier de Thouars, 1 AP 220.
Sur le premier feuillet, on lit: «Ce livre a este compose par Gabriele de Bourbon femme de Lois de La Tremoille vicomte de Thouars. Comme dict Bouchet en ses annales d'acquitaine feuillet 203».
f.1v°: grande peinture, représentant l'auteur à sa table de travail; à ses pieds l'écusson des La Trémoille et des Bourbon-Montpensier.
«Cy commence ung petit traicte sur les doulleurs de la passion du doulx Jesus et de sa benoiste mere pour lesquelles voir et santir le .♥. contemplatif amene avecques soy lame devote»

f. 21: fin de la première partie du traité sur les douleurs.
f. 21v°: début de la deuxième partie sur les joies de la Vierge.

Le texte est écrit à pleine page; la justification tracée et souvent visible n'a pas toujours été respectée. On distingue deux écritures: une bâtarde assez négligée (f.1 à 38v°) et une bâtarde plus serrée et régulière (f.39-46v°).

Le premier copiste ne ponctue pas, alors que le deuxième utilise le point, suivi d'une majuscule, pour marquer la respiration du texte.

Les corrections, ratures et erreurs sont assez nombreuses rendant quelquefois le texte incompréhensible:

- f.7v°, le texte est interrompu à la moitié du feuillet
- f.13v°, un mot a été raturé sans que la correction exacte ait été reportée
- f.14v°, le texte est interrompu au milieu d'une phrase qui ne trouve pas suite au f.15; il manque vraisemblablement une page du manuscrit
- f.17v° et 19v°, les miniatures ont été interverties
- f.20v°-21, le texte est à nouveau interrompu; il manque quelques mots
- f.36v°-38, les noms des personnages du dialogue n'ont pas été rubriqués et les espaces sont restés blancs.

Le manuscrit, qui porte le cachet de Serrant[1] aux feuillets 1 et 2, est entré aux Archives Nationales, par dépôt en 1934, puis par dation, en 1978[2]. Il est accompagné d'une lettre du 30 avril 1878, adressée à M. Sardret qui doit servir d'intermédiaire si le duc de la Trémoille souhaite se porter acquéreur de deux manuscrits en vente, un livre d'heures du XVe siècle et *Le petit traicté* de Gabrielle de Bourbon:

> Le plus important de ces mss. est un in f° sur vélin, d'une cinquantaine de feuillets, il y a vingt miniatures dont

1 Les archives des La Trémoille comportent deux parties: le chartrier de Thouars et le chartrier de Serrant, devenu par alliance propriété des La Trémoille en 1830.

2 Voir *La mémoire de la France. Quarante ans d'enrichissements des Archives de France. Exposition organisée par la direction des Archives de France,* Archives Nationales, Hôtel de Rohan, Février-Avril 1994, p. 100, n° 74, notice de Marie-Françoise Limon.

> plusieurs ont souffert. Il est contemporain ou à peu près du livre d'heures d'Anne de Bretagne. D'après une note écrite au recto du premier feuillet, le texte serait l'œuvre de Gabrielle de Bourbon, femme de Louis de La Trémoille.

Sous la côte 1 AP 220, on trouve également plusieurs quittances signées Quentin du Bourlabé, enlumineur à Paris en la cité, dont une du 2 mai 1516 où il «confesse avoir eu et receu de mons^r maistre Estienne Ferron procureur en parlement la somme de treze livres VII sols pour avoir enluminé et hystorié unes heures appartenantes à ma dame de La Tremoille, esquelles heures y a quatorze grandes hystoires garnies de vignettes alentour a champ d'or [...] et neuf petites histoires carrez...». Charles Samaran voyait dans cette pièce le prix fait pour l'enluminure du *Petit traicté*[1], mais le décompte et la description des miniatures obligent à penser qu'il s'agit plutôt d'un marché pour l'enluminure d'un livre d'heures appartenant à la princesse, comme le précise au reste la quittance.

B. Le voyage espirituel entreprins par l'ame devote pour parvenir en la cité de bon repoux

Registre de parchemin du début du XVIe siècle, 45 f., 30,5 x 19,5 cm., 22 miniatures, lettres ornées.
Bibliothèque Mazarine, Ms. 978
f.1: sous la miniature, l'écusson des La Trémoille et des Bourbon-Montpensier (parti, au un écartelé, aux un et quatre d'or à un chevron de gueules accompagné de trois aigles d'azur -La Trémoille-, au deux d'or semé de fleurs de lys d'azur -Thouars-, au trois losangé d'or et de gueules -Craon-, au deux de France à une bande de gueules -Bourbon-Montpensier-[2]

---

1 Charles Samaran, *Archives de la Maison de La Trémoille*, Paris, H. Champion, 1928.

2 *Catalogue des Manuscrits de la Bibliothèque Mazarine*, Tome I, p. 473; Charles Samaran et Robert Marichal, *Catalogue des manuscrits en écriture latine portant des indications de date, de lieu ou de copiste*, Tome I, CNRS, 1949, p. 273. Pour les armoiries, voir Anselme, *Histoire généalogique et chronologique de la maison royale de France*, Paris, 1726,

Le manuscrit comprend deux parties:
f.1 à 29v° *Le voyage espirituel*
f.30 à 30v° feuillet blanc
f.31 à 45v° *Le fort chasteau pour la retraicte de toutes bonnes ames fait par le commandement du glorieux sainct esperit*

Le texte est écrit à pleine page, d'une seule main, dans une écriture bâtarde assez soignée et régulière. Les titres sont rubriqués.

Le scribe n'emploie pas la ponctuation de manière régulière, mais utilise le point pour marquer une respiration, quelquefois les deux points comme ponctuation forte (f.5, f.18v°) et un point d'interrogation (f.17v°).

Entre le f.11v° et le f.12, le texte est interrompu; il manque vraisemblablement une page.

Aucun élément ne permet ici d'identifier l'enlumineur chargé de la décoration du manuscrit. Les quittances et lettres conservées dans les archives de Thouars indiquent toutefois deux artistes qui travaillent, entre 1510 et 1516, pour Gabrielle de Bourbon:

- Quentin du Bourlabé, enlumineur à Paris
- P. Merevache, peintre poitevin dont Scevole de Sainte-Marthe composa l'épitaphe[1]. Jean Bouchet le présenta, vers 1510, à Gabrielle de Bourbon pour son expérience de peintre d'armoiries mais aussi pour son talent «à la pourtraicture du fer et de la plume». Le 19 décembre 1516, il signe une quittance de 34 livres 13 sols qui lui sont versés pour avoir réalisé 556 écussons lors des obsèques «de feue haute et puissante dame madame Gabrielle de Bourbon»[2].

Tome I, p. 314 Comtes de Montpensier; Tome IV, p.167 Louis II sire de La Trémoille. Et M. Pecqueur, in *Bulletin d'information de l'Institut de recherche et d'histoire des textes,* n° 9, 1960, p. 78.

1 Voir M. Dreux du Radier, *Bibliothèque historique et critique du Poitou*, Paris, 1754, Tome V, p.210-211.

2 Voir P. Marchegay et H. Imbert, *Lettres missives originales du seizième siècle, tirées des Archives du duc de La Trémoille*, Mémoires de la Société de statistique, sciences, lettres et arts du département des Deux-Sèvres, 2e série, Tome XIX, Niort, 1881, p.10-11, lettre n° 6.

6° ETABLISSEMENT DU TEXTE

Nous avons suivi le plus fidèlement possible la leçon des manuscrits, en nous conformant cependant à certaines règles communément admises pour l'établissement des textes du Moyen Age et du XVIe siècle.

1° Nous avons développé toutes les abréviations. Outre les bares de nasalisations, elles concernent:

- les adverbes en -ment (développés par analogie: voir b.31v° «nullement»); après (aps)
- les pronoms possessifs (développés nostre, vostre... par analogie avec les autres cas: voir b.41v°, 42...)
- l'expression ledit, ladite, lesdites..., tantôt abrégée, tantôt écrite «ledit» ou «ledict» (développée ledict suivant la graphie adoptée le plus souvent)
- les préfixes par-, pro-, pre-, pri.
- les conjonctions et relatifs que et qui
- le pronom indéfini chascun, tantôt abrégé, tantôt écrit «chascun» ou «chescun».

2° Nous avons désagglutinés les mots attachés seulement pour distinguer les homonymes (plus tost et plustost; puisque et puis que...) mais nous avons laissé relié l'adjectif ou l'adverbe avec le tres- qui le précède. Les apostrophes ont été introduites, selon l'usage moderne.

3° Nous n'avons pas modifié l'orthographe, respectant les différentes graphies pour un même mot, ou pour les noms de personnes. Ainsi le scribe emploie de façon indifférente c et s devant les voyelles a, e, i (se pour ce); s ou z en finale. Il est parfois très difficile de distinguer le c du t et le s long du f et, dans certains cas, il a fallu faire un choix (toutesfoiz; leccon). Nous avons indiqué par des crochets [ ] les lettres ajoutées, et par des parenthèses ( ) les erreurs manifestes du copiste. Le signe // marque une page ou des mots manquants.

4° Pour faciliter la compréhension du texte, nous avons néanmoins

- accentué les finales en -é (-é, és ou, ées, éent)

- placé un accent grave sur les finales en -à (jà, desjà, voilà) ou pour distinguer les homonymes (a/à; là/la; ou/où).
- dissimilé i/j et u/v
- distingué c et ç

5° Avec le même souci, nous avons introduit une ponctuation selon l'usage moderne. En ce qui concerne les majuscules, employées indifféremment par le premier copiste du Ms. 1 AP 220, ou après le point de respiration par le deuxième copiste du Ms. 1 AP 220 et par celui du Ms. 978, nous les avons supprimées pour les utiliser seulement en début de phrase et à l'initiale des noms de personnes.

6° Afin de rendre plus claire la forme dialoguée du texte, transcrit en continu par le copiste, nous avons introduit des alinéas.

ARCHIVES NATIONALES

CHARTRIER DE THOUARS 1 AP 220

Petit traicté sur les doulleurs de la Passion du doulx Jesus et de sa benoiste mere

Gabrielle de Bourbon à sa table de travail
1 AP 220 (f.1v°)

/f.1/
Ce livre a esté composé par Gabriele de Bourbon femme de Lois de la Tremoille, viconte de Thouars, comme dict Bouchet en ses Annalles d'Acquitaine, feuillet 203.

/f.1v°/
*/Miniature 1/**

Cy commence ung petit traicté sur les doulleurs de la Passion du doulx Jesus et de sa benoiste mere pour lesquelles voir et santir le Cueur contemplatif amene avecques soy l'Ame devote.

/f.2/
*/Miniature 2/**

Pour tousjours esmouvoir les cueurs à devotion, m'est prins vouloir de mectre par escript quelques petites contemplations sur certains poins de la douloureuse passion du doulx Jesus, ainsi que le Cueur contemplatif m'enseigne, combien que c'est une chose de quoy je me sçay tresmal aider que de mectre telle chose par escript[2]. M */f.2v°/* ais par

* Miniature n°1: Gabrielle de Bourbon à sa table de travail. Au sommet des colonnes formant le cadre, deux anges: l'un porte les monogrammes de Louis et de Gabrielle, l'autre tient la roue, emblème de Louis de La Trémoille. Face à Gabrielle, la croix surmontée de son emblème: la ceinture avec la devise «Espoir en Dieu». Au pied de la croix, les armoiries des La Trémoille et des Bourbon-Montpensier.

* Miniature n°2: Gabrielle, en robe rouge et manteau bleu, embrasse le Christ portant une longue robe grise; à gauche de la scène, une table recouverte d'un tapis vert et surmontée d'un dais rouge, sur laquelle est posée un livre ouvert. Dans la partie supérieure, une architecture à colonnes s'ouvre sur un paysage; au premier plan, le Cueur contemplatif, portant une tunique dorée sur un corps rouge avec des ailes, et l'Ame devote portant une robe bleue.

2 Cette humilité est certes un rite littéraire à la fin du XVe siècle (voir Henri Guy, *Histoire de la poésie au XVIe siècle*, Paris, Champion,

son commandement, et aussi me confiant de l'aide du Sainct Esperit, tireray avant, auquel je supplie treshumblement qu'il me face la grace de faire euvre qui soit à sa louenge et à la consolacion des bons esperitz qui ce petit traicté liront.

Or doncques, pour commancement, je ouys le Cueur contemplatif qui disoit ainsi:

O Ame devote, je te prie que de l'oeil de ton entendement[1] tu regardes ta maistresse, mere de Dieu et dame de tout le monde, laquelle sachant que son cher enfant estoit hay des juifz et tellement que, quelque honneur qu'on luy eust fait le dimanche en la cité de Jherusalem[2], nul pour la crainte des maistres de la loy ne luy avoit ozé donner à boyre ny à menger, pourquoy s'en retournoit à sa bonne mere et comme homme estoit las et travaillé. La bonne dame et sa compaignée se penoient de le servir de leur povoir. Arreste toy icy, Ame devote, et mectz ton entente à bien diligemment escouter les humbles et piteuses requestes que la mere fait à l'enfant, en luy disant:

O mon treschier filz, tu sçaiz comme ses perverses gens ont si grant envie sur toy qu'ilz ne quierent que à te faire mourir, parquoy je te requiers, mon doulx enfant, que tu ne vueillez plus aller en la cité.

Regarde cy le doulx Jhesus qui doulcement escoute sa mere et pour luy donner un peu de consolacion, sachant la grant douleur que pour sa mort qui estoit prochaine elle devoit souffrir, luy dist:

Ma treschere mere, tien toy toute seure que pour le jour de demain te tiendray compaignie et te consolleray à mon povoir.

1968, T.I, p.75), mais elle est particulièrement attendue dans la préface d'une œuvre féminine (cf. Christine de Pizan, *Cy commencent les Epitres du Debat sus le Rommant de la Rose,* La premiere epistre à la Royne de France, l'an 1401, in E. Hicks, *Christine de Pisan, Jean Gerson, Jean de Montreuil... Le débat sur le roman de la Rose*, Paris, Champion, 1977; ou bien Anne de Graville, *Le beau romant des deux amans Palamon et Arcita* (1521), éd. Y. Le Hir, PUF, 1965, «A la Royne»), et plus encore évidemment lorsqu'il s'agit d'un traité réligieux.

1 On retrouve ici la distinction habituelle, chez Jean Gerson, entre *oculus carnis* et *oculus rationis*. Voir, par exemple, *Tractatus de oculo*, in *Opera*, III, 483. Voir infra p. 103, note 1.

2 Matthieu, 21; Luc, 19; Jean, 12.

L'Ame devote et le Cueur contemplatif
Gabrielle de Bourbon et le Christ
1 AP 220 (f.2)

pour tout acomplir les escriptures. Dame devote
regarde ta maistresse qui tant est bonne entre les bras
de son enfant pasmee mectz toy en toy devoir de luy
faire service. Va querir de leau de vie pour luy arro
uzer le visage Comme

Cueur contemplatif et que appelles tu eau
de vie le cueur. Iappelle leau de vie celle que
distilleras de tes yeulx car je suis en telle
creance que nulle creature ne gectra larme
pour la compassion de la mere et de lenfant que
ceste eau ne soit cause de luy donner vie eternelle
Remectz en ta memoire les vertuses et tant devotes

La leçon du Cueur contemplatif
1 AP 220 (f.3)

Dequoy la dame eut grant joye qui guieres ne luy dura car le landemain le bon Jhesus luy declaira toutes les paines et douleurs qu'il devoit prochaynement endurer, ausquelles estoit necessité qu'elle participast */f.3/* pour du tout acomplir les escriptures[1].

O Ame devote, regarde ta maistresse, qui tant est bonne, entre les bratz de son enfant pasmée. Mectz toy en ton devoir de luy faire service, va querir de l'eaue de vie pour luy arouzer le visage. *//*[2]

*/Miniature 3/**

O Cueur contemplatif, et que appelles tu eau de vie?

Le cueur

J'apelle l'eau de vie celle que distilleras de tes yeux, car je suis en telle creance que nulle creature ne gectra larme pour la compassion de la mere et de l'enfant que ceste eau ne soit cause de luy donner vie eternelle[3]. Remectz en ta memoire les piteuses et tant devotes */f.3v°/* requestes que la mere fait à l'enfant et les piteables refuz que l'enfant fait à sa mere, dequoy je me tais pour cause de briefveté. Aussi je ne fais nulle doubte que tous devotz cueurs ne les ayent dedans escriptes. Regarde bien la devote compaignye qui, toute la

---

1 Cf. *Le Mystère de la Passion* de Jean Michel, éd. O. Jodogne, p. 254-255, Tierce journée; *Le Mystère de la Passion* d'Arnoul Gréban, éd. J. Subrénat, p. 254, Deuxième journée. Les adieux émouvants de Jésus à sa mère, qui dans les *Méditations* du Pseudo-Bonaventure ouvrent la Semaine Sainte, ont inspiré de nombreux artistes à la fin du XVe siècle (voir, par exemple, Albert Dürer, in E. Mâle, *L'art religieux de la fin du Moyen Age en France,* Paris, A. Colin, 1969, p. 49.)

2 Titre effacé au dessus de la miniature.

* Miniature n° 3: Dans une salle ouvrant sur un paysage, le Cueur contemplatif, debout, s'adresse à l'Ame devote, vêtue d'un grand manteau bleu, assise, un livre sur les genoux.

3 Cette «eau de vie» est, chez Jean Gerson, «eau de dévotion» (*Sermon sur le Saint Esprit*, in *Six sermons français inédits de Jean Gerson*, éd. Louis Mourin, Paris, Vrin, 1946, p. 47, l. 385-391) ou bien «eau des larmes» qui éteint le «feu ardant» du péché (*Sermon pour la commémoration des défunts*, l. 187). L'eau est symbole de componction (Rois, VII, 6) ou de salut (Apocalypse 21, 17).

journée et toute la nuytée, eurent tant de devotes parolles, plaines de douleurs, pleurs et gemissemens, veoir ensemble les deulx tant parfaictes creatures, c'est Dieu et homme et la mere vierge, qui sont en si grant douleur, et tout pour nous donner joye sans fin si en nous ne tient. O comme est dur le cueur de la creature qui veult bien contempler ceste piteuse journée, ensemble le tant doulant departement, s'il ne sent de pitié et de compassion voyant le Seigneur qui baise sa mere en luy disant le dernier adieu.

Je m'arreste avecques la dame qui est tant desolée que plus ne peult. Et après mains pleurs et souspirs, je priz hardiesse de parler à elle et me mis à genoulx, les mains joinctes, en luy disant:

Helas, madame, combien que bien sçay qu'il ne m'apartient de me enhardier de vouloir te consoller, car tu es la dame de toute consolacion, toutesfoyz, pour la grant douleur que je voy que tu as de la departie de ton Dieu et filz, me fait pencer que tu as oublié la derniere requeste que tu luy fiz, laquelle il t'a accordée, qui est assez pour amoderer ton dueil. C'est que demain, vous et luy, disgnerez ensemble d'une viende. Or donc, madame et ma maistresse, prenez si vous plaist confort jucques à demain et te plaise de me donner congié de suyvre ton filz de lieu en aultre affin, quant viendra au disgner où je me rendray, je te sache dire ce que auray veu de ton enfant[1].

Et la tant humble dame respondit:

Cueur, ton confort m'est bien agreable. Et la douleur que je voy que tu as pour moy allege la mienne, et soyes certain que toy et tous devotz cueurs */f.4/* qui donnes guerison aux mallades, vie sans mort et jeunesse sans vieillesse, et joye sans fin, qui te pourroit suffisamment louer, certes, il n'est possible à toutes les langues humaines.

Et remectz à vous tous, cueurs devotz, que chascun en son endroit en face son povoir car d'icy m'arrester n'est pas mon intencion mais m'en voys, après mon Dieu, au jardin. Et

---

1 Dans le *Mystère de la Passion*, c'est saint Jean qui suit Jésus et rapporte à Notre-Dame les différents épisodes de l'arrestation, après la Cène et la fuite des apôtres.

me suis tant avancé que je me suis mis en la compaignie de Pierre, Jehan et Jacques[1], affin que mieulx peusse veoir ce que faisoit mon seigneur, et aussi ce qu'on luy feroit. Et pour mieulx m'acquiter de la promesse par moy faicte à la benoiste mere, j'ay dilligemment regardé ou lieu où estoit mon Dieu et mon seigneur, et ay veu chose de grant douleur et compacion. Car il estoit à genoulx, en priant Dieu son pere, si tresafflict et douloureux que, pour la grant engoisse qu'il souffroit, decouroit grant abondance de sang et eau de son precieulx et digne corps, en proferant les parolles en la passion escriptes, c'est: *Mon pere, s'il est possible, que je ne souffre pas ceste passion si doloreuse car de la penser mon ame en est triste jucques à la mort.*[2]

Le Cueur contemplatif

O Ame devote, viens aider à porter la douleur de ton seigneur et amy, et te souvyenne de ce que dit sa bonne mere, que tous ceulx qui pleurent ses douleurs luy aident à la porter. Et luy disons par grant ardeur d'amour: Helas, mon Dieu, nous sçavons bien que toutes choses te sont possibles, parquoy treshumblement te supplions, le Cueur contemplatif et l'Ame devote, qui sommes icy davant toy, nous faire ceste grace de fondre tous en larmes, aussi bien que fait la neige au souleil, pour la douleur que te voyons porter et qu'il te plaise en amoindrir la tienne. Helas, et pourquoy ne plorons nous? Car les anges qui sont creatures pures pleurent, et pour eulx ilz n'endurent pas ceste payne mais pour nous, pauvres enfans d'Adam[3].

---

1 Les trois apôtres présents lors de la transfiguration du Christ: Matthieu 17, 1; Marc 9, 2; Luc 9, 28.

2 Matthieu 26, 36-46; Marc 14, 32-42.

3 Le don des larmes (cf. saint Augustin, *Les Méditations*, Paris, A. Desrez, 1835, ch. XXXVI, p. 267), et la métaphore qui l'exprime dans l'opposition eau/feu solaire sont essentiels, évoquant à la fois le Christ-Soleil de saint Bernard (*Sur le Cantique des Cantiques*, sermon XXI «de l'excellence de la vision divine») et l'union parfaite de sainte Catherine (*Dialogue de sainte Catherine de Sienne*, éd. E. Cartier, Paris, 1855, Tome I, «de la Prière», ch. LXXXVIII «Des larmes qui se rapportent aux différents états de l'Ame»).

Or escoute encores et tu oyras commant le bon */f.4v°/* enfant Jesus s'acorde de faire la voulenté de son pere.

O pauvres pecheurs, icy avons grant matiere de joye et de douleur ensemble, de joye en tant qu'il s'acorde souffrir mort par laquelle nous est rendue vie, et grant compassion de la douleur qu'il endure et de celle qu'il est deliberé de endurer de sa propre volenté, et tout pour nous. Pourquoy, comme un bon capitaine, s'est venu presenter davant ses ennemis en leur demandant: *Que querez vous?* Et tous, à une voix, vont dire *Jesus de Nazareth*. Je laisse tout le demourant, car l'on le trouve assez en escript, et me vueil un peu arrester à ce qu'il a dit si doulcement: *Si vous me querez, vous m'avez trouvé.*[1]

Regarde comment il se laisse baiser au traistre Judas et, qui plus est, l'apelle son amy. O doulx Jhesus et appelles tu ton amy celluy que tu scez qui t'a delaissé et qui te livre à mort? Et luy monstrez signe de tresgrant amour en le baisant, qui nous est tresgrant confort car, à toute heure que nous nous vouldrons retourner à luy, il ne nous fera point pis qu'il vouloit faire au traistre et desloyal Judas s'il se fust venu rendre à sa misericorde. Venons doncques à luy, et nous acompaignons de dame Esperance car elle faillit au traistre Judas[2]. Helas, il ne seuffre toutes ses douleurs que pour nous, pourquoy nous devons doubter que le plus grant plaisir qu'il puisse avoir, c'est de veoir le fruict de sa passion florir en nous.

O Ame devote, empruntons, toy et moy, toute l'eau de la mer[3] pour plorer tant de douleurs que tu verras ceste nuyt et

---

1 Jean 18, 4-8.

2 Dans la *Passion* d'Arnoul Gréban, Judas est accompagné par dame Desesperance, fille de Lucifer (3e journée, p. 317-321), qui est en quelque sorte l'envers de la fille de Dieu, Misericorde, dans la tradition du *Procès de Paradis* (Jean Gerson, *Sermon de la Conception de Nostre-Dame*, *op.cit.*, p. 392 et sv.). Mais «Espérance» est aussi la devise de Gabrielle de Bourbon.

3 Cette image renvoie encore au don des larmes mais aussi à l'intercession mariale, puisque que Marie est «mer»; cf. *Passion* de Jean Michel, p. 255: «Ne m'appelés plus que Marie/ C'est a dire mer tres amere/ Car j'ay amertume de mere/ Et suis en mer d'amaritude».

tout landemain jucques à nonnes souffrir à ton bon seigneur Jesus[1]. Car dedans mon cueur ne dedans ton corps, n'y a honneur souffisante pour respendre en larmes selon le merite de la cause. Faisons ce qui est en nous et davantaige ayons */f.5/* ardent desir de faire mieulx, si nous est de par le souffrant promis.

O Ame devote que feras tu icy? Auras tu paour de ses tant faulx et perverses gens? Seras tu tant reffroidie de l'amour que tu as à ton amy que, comme Pierre, tu t'arrestes avecques la chambariere au feu[2]? Non, non, va avant, suis ton seigneur, prens courage en pensant au fruict que tu auras d'endurer payne pour celluy qui l'endure pour toy. Et voy bien commant il endure toutes choses paciemment, sans murmurer. Regarde commant il est decraché, souffleté et poussé, voire souvant et jucques à terre, en luy arrachant les cheveulx et sa barbe, tellement que sa grant beaulté ne paroissoit desjà plus[3]. Ne fais pas comme Pierre, ne le regnie pas. Au moins, quelques aultres maulx que tu luy ayes faictz, dy luy: Helas, mon Dieu, je ne t'ay point delaissé ne regnié, mais t'ay tousjours suyvy et tenu pour mon seigneur et maistre. Plaise toy, mon doulx Jesus, de ne delaisser ce pauvre cueur qui tant fort t'aime et desire encores plus fort amer si luy estoit possible. Mectz bien en ton entendement toutes les allées et venues qui luy font faire toute nuyt.

Je vis comme l'on menoit mon seigneur chez Anne. Je fiz tant que je y entray et vy comme le deloyal evesque s'est mys en siege sacerdotal.

O simoniacle et malheureux homme! Et te ose tu mectre en siege davant celuy qui est le souverain evesque, qui a fait toutes les loix et en ung moumant les peult toutes deffaire et toy avec. O bon Jesus, je te supplie, ne cache point tant ta

---

1 A la neuvième heure, c'est à dire à 3 heures de l'après-midi, selon le système antique où la journée commence à 6 heures du matin.

2 Le premier reniement de Pierre: Jean 18, 16-18.

3 Matthieu 26, 67-68; Marc 14, 53-65; Luc 22, 63-65. Ces sévices donnent lieu à des scènes très réalistes dans les Mystères: en accentuant, jusqu'au burlesque, le comportement des «tyrans», elles soulignent la dignité du Christ dans l'humiliation. C'est la leçon qu'en tire ici Gabrielle de Bourbon.

divinité et que en faces saillir quelque petit raiz affin de confondre toute ceste maleureuse compaignye, laquelle est deliberée de te livrer tous les tormens desquelz elle se sçaura adviser, et jà y a */f.5v°/* bien commancé, et tu t'en retourneras à ta doulente mere car j'ay tousjours ouy dire, et ainsi le croy, que une seulle goute de ton precieux sang est assez suffisante pour rachater tout l'umain lignage.

Helas, mon seigneur et mon Dieu, tu en as desjà tant respendu que l'on ne sçauroit estimer combien de goutes car, en allant après toy, je voy la trasse du sang qui saute de tes precieulx pieds pour les pierres et maulvais chemins là où ilz te ont fait passer et, à cest heure, je le voy sortir en grant quantité, par le nez et par la bouche, pour les coups de poing et souffletz que l'on te donne.

*/Miniature 4/**

Je escoutay et oy que Anne l'interroga de sa doctrine, et le benoist Dieu respondit ainsi doulcement que l'on treuve escript en la Passion[1], et soudaynement je vy q'un maulvais larron luy donna ung /soufflet/[2]

/f.6/
*/Miniature 5/**

Helas, mon seigneur et mon Dieu, je te voy en ceste coulonne, lié de grosses cordes, dequoy il n'estoit jà besoing car s'il ne t'eust pleu, tu n'y eusse jà esté mis.

O maulmaulvais tirans, comme osez vous mectre la */f.6v°/* main à celluy qui est Dieu, et qui tant de biens vous a faictz et

---

* Miniature n° 4: Le Christ est à genoux devant un personnage assis, portant vêtements royaux —bleu, rouge, blanc—. Derrière le Christ, un groupe dont se détache un soldat vêtu de vert, levant un bras menaçant.

1 Jean 18, 23: «Si j'ai mal parlé, montre où est le mal; mais si j'ai bien parlé, pourquoi me frappes-tu?»

2 Leçon douteuse.

* Miniature n° 5: Le Christ, vêtu seulement d'une cape, est présenté à ses juges; ses mains sont attachées et son corps est couvert de gouttes de sang. Dans la partie supérieure, deux scènes montrent la flagellation du Christ; les bourreaux portent des hauts de chausse et des pourpoints polychromes.

Le Christ devant Anne
1 AP 220 (f.5v°)

Le Christ et ses bourreaux
1 AP 220 (f.6)

tant de maulx vous peult faire, car toutes choses sont en sa puissance.

Voy comment tant de coups de courgées luy ont donné que, en son tant beau digne et precieulx corps, n'y avoit lieu que tout ne fust plain de playes.

Le Cueur contemplatif

O Ame devote, frotons nous, toy et moy, en ceste coulonne affin que soyons paincts de ce precieulx sang qui pour nous est respendu. Et escoute icy: après que ton Dieu a esté batu, et tant que les parvers tirans n'en povoient plus, ilz luy ont voulu faire honneur et luy ont baillé une robe de pourpre, en le faisant seoir en ung siege pour luy mectre la couronne dessus son tant digne et precieulx chef. Helas, c'estoit bien raison qu'il eust couronne car c'est le roy des roys, mais ceste couronne ne sembloit celle qu'on baille aux roys du monde mais estoit d'espines poignantes qui luy perçoient jucques au serveau[1]. O qui sçauroit estimer la grant douleur que souffroit ton Dieu, ton seigneur et ton amy, il n'est nulle pareille!

O Ame devote, ceste contemplacion que devroit elle faire à tous bons loyaulx amys de Jhesus couronné? Certes, c'est assez pour nous faire mourir de mille mors, s'il estoit possible de tant de mors pour douleur mourir. Le traistre juge, Pilate, après qu'il eut ainsi Jesus fait adouber pour satisfaire aux desloyaulx juifz, le print par la main et leur presenta, en disant: *Voicy l'omme.*[2]. O traiste, tu dis vray que c'est l'homme mais tu ne dis pas tout, car c'est Dieu, c'est le roy des roys, aussi tu le scez bien car tu l'as couronné mais non pas comme il appartient, car toutes les pierres precieuses qui sont au monde */f.7/* ne sçauroient estre assez suffisantes pour luy la faire, et tu luy as faicte d'espines poignantes qui l'ont navré jucques à la mort, et tu dis *voicy l'homme* que j'ay si bien chastié qu'il ne vous fera plus de mal. Voyez le digne

---

1 Cf. *Passion* de Jean Michel, p. 366: «Regardés les espines poindre.../ Ils sont si dures et poingnantes/ qu'il en entre, je ne sçay quantes/ Jusques au fin fons du cerveau.»

2 Jean 19, 5.

visage gros et enflé pour la douleur du chief, aussi de coups de poing et des souffletz, et autres tormens. Regarde son corps si tresbien batu et flagellé qui ne luy est demouré peau dessus luy, pourquoy je dy encores *voicy l'homme.*

O toutes ames devotes et tous cueurs qui desirez contempler ceste benoiste passion de vostre espouz, seigneur et amy Jhesus, regardez le bien de l'oeil d'amour et de douleur, et pences que c'est celluy le plus beau qui fut jamais et sera, le miroer des anges, celle face tant digne que en la voyant est toute la joye et consolacion des bieneureux.

Certes en te voyant tel que je te voy à cest heure, ce n'est pas consolacion mais toute pitié et douleur, et grant horreur de te veoir si difforme. Helas, Ame devote, et que te pourray je plus dire? Celuy si tresbel a voulu estre, de sa propre voulenté, tellement pour nous atourné que on le tenoit plus vil que ung mesel. Regarde bien le chief enclin, les oeilz plains de larmes et tout couvert de sang, et le tout porté si paciemment que il ne dit une seulle parolle de vengence[1]. Helas, prenons icy exemple, si aultre chose ne proffitons en ceste contemplacion, au moins proffitons à avoir pacience et d'endurer en ce monde toutes choses pour l'amour de luy qui pour nous tant a enduré[2].

Or escoute et oyez grant bruyt du pervers peuple qui encores n'est contant mais dit à haulte voix: *Ostez le, ostez le et le crucifiez*[3]. Helas, helas, et ne vous suffist il pas de le veoir en l'estat qu'il est? Aussi bien est il mort, et fault il qu'il endure enco */f.7v°/* res le torment de la croix? Il n'y a remede, il est jugé, la sentence en est gectée. Que feras tu doncques, pauvre ame pecheresse? Va veoir si tu pourras rachater de mort ton amy et si le juge le te vouldra donner à espoux. Demande luy de grant affection, en grant criz et lamentacions, et si autre chose n'y puys faire, presentons nous

---

1 Là encore, le texte suit de très près la *Passion* de Jean Michel (cf. p. 310 et 396).

2 Cf. *L'Imitation de Jésus-Christ par Frère Jean Gerson*, Paris, A. Desrez, 1835, Livre II, ch. 1, p. 413: «Si vous ne savez pas vous élever à la contemplation des choses célestes, arrêtez-vous à la Passion de Jésus-Christ et demeurez avec plaisir dans ses plaies sacrées.»

3 Jean 19, 15.

tous deulx à souffrir le torment de la croix pour luy. Et si nous summes reffusez, allons après et nous y mectons de volunté[1], comme luy de fait, si on ne nous veult recevoir. He traistre juge, tu as lavé tes mains et pences tu estre nect de ce faulx jugement? Je te dis que toutes les eaues du deluge, ne toutes celles qui ont esté despuis, ne te sçauroient laver de la grant soilleure qui est en ton ame d'avoir livré l'innocent à mort. //[2]

/f.8/ O Ame devote, vien t'en après et tu verras choses tant fortes à croyre que si tu ne l'avoye veu à payne le croyras tu, car si la force de cent hommes estoit toute en ung corps si ne sçauroient ilz endurer ce q'un seul endure et endurera jucques à la mort. Regarde commant la grant croix luy est mise sur les espaules. Helas, mon Dieu, mon seigneur inocent, on te fait pis que à ceulx qui ont desservy la mort, car on les mayne en une charreste jucques au gibet et on le te fait porter sur tes dignes espaulles. Et comme est il acompaigné de deux larrons. Helas, ma bonne maistresse, et que direz vous à cest heure quant, au son de la trompete et au cry du peuple, vous estez venue? Recongnoistrez vous vostre tant doulx enfant? Je croy que non[3]. Et je le vous monstreray, madame, car ainsi comme je vous avoye promis, je l'ay tousjours suivy et, à cest heure, je me rend en vostre compaignie pour porter ma part des douleurs que endureriez.

La doulce dame me dist:

O Cueur contemplatif, mon amy, je te prie, monstre moy mon enfant. Lequel est ce de ces troys?

O ma tant reverante dame et maistresse, commant le te oseray je monstrer car je sçay bien que le cueur te partira de douleur quant le verras? C'est celluy, madame, que tu voys qui a la plus grant croix à porter et qui a la couronne d'espines sur son chief et la robe de pourpre. C'est celluy qui

---

1 L'une des trois facultés, selon saint Augustin; voir supra Introduction, p. 38, note 1.

2 Page inachevée: il manque une partie du texte.

3 Dans la *Passion* de Jean Michel (p. 393), c'est encore saint Jean qui montre à Notre-Dame son «cher enfant», méconnaissable tant sa face est «diffamée».

a le visage si plain de toutes infections qui luy ont esté gectées, ensemble le sang meslé parmy. C'est celluy qui a tant esté batu que, despuys le plus hault du chief jucques à la plante des piedz, n'y a place si grande qu'on y peust assoir le bout du doyt, que tout ne soit plain de playes. C'est celluy qui est tant afflict et tormenté qu'il n'en peult plus.

/f.8v°/
*/Miniature 6/**

Quant la doulente dame vit son filz ainsi piteusemant et cruellemment debouté, entre les bras de Jehan, Magdalayne et ses seurs, se laissa choir toute pasmée, voire de telle façon que je cuydoye, moy, pauvre Cueur, avoir perdu ma maistresse[1]. O Ame devote, vien icy et me ayde à relever nostre bonne dame et maistresse. Arreste */f.9/* toy icy car certes il y a assez cause, et mectz bien en ta penssée la tant dolente et piteuse assemblée de la mere et de l'enfant, et ne mectz point en doubte que le gleve de douleur, qui perce le cueur de la Vierge mere, perça celluy de l'enfant si tresengoisseusement que toutes les grans douleurs qu'il avoit par cy davant endurées ne luy estoient pas plus griefves à porter que la grant douleur qui sceut que sa bonne mere enduroit. Voicy doncques ta maistresse pasmée et ton maistre et seigneur tombé à terre, tant pour la douleur de sa tant loyalle mere que aussi pour le poisant faix qu'il avoit de la croix. Helas, voy commant les traistres tirans le relievent en tirant une grosse corde qui luy avoient parmy le corps liée et, pour plus tost le

* Miniature n° 6: Le Christ, en robe grise, portant la croix, est tiré par un de ses bourreaux qui tient un fouet; deux cavaliers surveillent. En arrière plan, un château devant lequel on aperçoit le Cueur contemplatif et l'Ame devote observant la scène.

1 Rien dans les Evangiles canoniques n'atteste cet épisode emprunté aux auteurs mystiques de la fin du Moyen Age qui, parallèlement aux trois reniements de Pierre, aux trois dépouillements de Jésus, notent trois pamoisons de la Vierge: sur le chemin du Calvaire, lors de la crucifixion et après la descente de croix. Le motif, souvent exploité dans l'iconographie du XVe siècle, disparaît dans la deuxième motié du XVIe siècle, après que le Concile de Trente a rappelé les termes de Jean (19, 25), le seul évangéliste à mentionner la présence de la Vierge près de la croix.

Le portement de croix
1 AP 220 (f.8v°)

Le chemin de croix
1 AP 220 (f.9v°)

faire relever, luy baillent de grans et pesants coups de bastons tout ainsi qu'on feroit à une rude beste.

O dame, encores te prent il bien d'estre pasmée, au moins ne vois tu pas ceste douleur que seuffre ton enffant! Helas, madame, pren cueur, il n'est pas encores mort, il parle et quelles parolles! Sont ce parolles de courroux pour les maulx qu'on luy fait? Non, non, mais nous aprent d'avoir et porter toutes noz advercitez paciemment, en disant: *Vous qui par la voye passez, regardez s'il est douleur semblable à la mienne*[1].

Helas, mon Dieu, mon seigneur, c'est bien raison d'endurer pour toy, puisque tu endures pour nous. He mon Dieu, je m'esbais d'une chose, c'est que tu ne dis quelque mot de confort à ta tan[t] aimée mere qui tant est pour toy tormentée, et tu parles aux filles de Hierusalem et tu ne parles point à elle[2]. Mais je croy qu'on ne te donne pas le loisir car je voy bien que, à force, on te fait tirer avant. Et la bonne dame, après qu'elle fut revenue, se mect en son devoir de luy aider à port */f.9v°/* er la croix. Helas, elle est maintesfoiz reboutée lourdement et tousjours va après, et moy aussi, pauvre dolent Cueur contemplatif, qui point ne la lairra. Et tant sommes venuz que summes au mont de Calvaire.

*/Miniature 7/**

Ou quel lieu l'euvre de nostre redempcion devoit estre consumée. Et tu verras la tant digne personne, c'est Jesus, filz de la Vierge, qui est despoillé tout nud, qui estoit la troisiesme foiz qu'il avoit esté despouillé depuis l'heure qu'il fut prins. */f.10/* Helas, helas, quel douleur et engoisse à ce despoillement, car desjà le precieulx sang qui estoit tout

---

1 Cf. *Passion* de Jean Michel, p. 393: «... Vous qui passez par la voye ancienne,/ Arrestez vous, pensez parfondement/ S'oncques doleur fut pareille a la myenne...»

2 Luc 23, 28-31: «Jésus dit: filles de Jérusalem, ne pleurez pas sur moi! Pleurez plutôt sur vous-mêmes et sur vos enfants.»

* Miniature n° 7: Le Christ, tombé à terre sous la croix, est battu par des soldats portant des vêtements bigarrés et tachetés; à droite de la scène, la Vierge, vêtue de bleu, est pâmée entre les bras de Jean et des saintes femmes.

reffroidy se tenoit à la robbe, et tout ainsi qu'on escorche ung pauvre aigneau, ainsi à ceste heure fut escorché le doulx et paisible aigneau, Jhesus, sans dire mot et tout cela en la presence de sa dolente mere. O madame, va acoller ta doulce portée, ton chier enfant Jhesus, et je te aideray, de ma puissance, de l'oter d'entre les mains de ses tant mauldictz et pervers juifz.

O moy, pauvre Cueur contemplatif, m'aprochay avecques la dame playne de douleur et vis, à celle heure, une si grant pitié que je cuyday, sans remede, de douleur mourir.

Escoute, escoute, Ame devote, ce que je te diray et pour jamais en ayes souvenance. Je vy la bonne mere qui voyant son tant amé et seul filz tout nud, maulgré toute la presse, fit tant qu'elle vint acoller par derriere et, d'ung des couvrechefz de sa teste, le saignit pour luy couvrir ses sacretes parties, et moy, dolent Cueur, l'acolloye par les jambes avecques Magdalayne[1]. Mais les traistres sans pitié le nous arracherent d'entre les mains et gecterent la bonne dame, qui si fort le tenoit, à terre bien felonneusement tant qu'elle estoit presque morte.qJe la laissay en la compaignye de Jehan et les autres, et fy tant que je vins jucques auprès de nostre seigneur et vy comme ses chambellains, qui toute nuyt avoient esté avecques luy, luy apprestoient son lit pour y prendre son dernier repos. O vous, toutes ames devotes qui ames nostre seigneur, Dieu et amy, si voulez sçavoir quel estoit son lit, je vous dy qu'il n'estoit pas de duvet, ne de plume grosse, ne de matras, ne de paille.

L'Ame devote

Ha Cueur contemplatif, dy donc de quoy il estoit.

Le Cueur

Helas, de quoy? Ce n'estoit pas ung lit de camp où */f.10 v°/* se reposent aujourduy les pauvres charoignes plaines de pechez. C'estoit ung travail voire pire que ceulx où l'on mect

[1] Ce geste de la Vierge couvrant la nudité du Christ provient des *Meditationes vitae Christi* du Pseudo-Bonaventure (trad. H. de Riancey, Paris, 1859, ch. LXXVIII, p. 386).

les chevaulx bien rebelles, c'estoit le fust de la saincte croix lequel estoit si estroict qu'il failloit mectre les bratz estanduz et les piedz l'un sur l'autre, et voy là son lit sur lequel ilz le coucherent si rudement que merveilles fut que tous les os ne furent derrompuz.

O Ame devote, venons encores unesfoiz faire nostre devoir à nous presenter d'estre mis en ceste vraye croix pour luy, en disant:

O juifz pervers et plains de toute iniquité, plaise vous de nous prendre en lieu de nostre maistre qui est innocent, qui tant avez tormenté, et souffise vous pour ceste foiz. Faictes le demourant de vostre maulvaise volenté à nous car plus volentiers l'endurerons que de le voir plus endurer, et le rendez à sa tant dolente mere laquelles de ses propres robbes l'envelopera et l'emportera en sa maison. S'il vous a fait quelque desplaisir, vous l'avez bien chastié et tellement qu'il n'est possible à nature humaine de le remectre en santé. Helas, la bonne dame ne vous fit jamais desplaisir, ayez pitié d'elle et faictes de nous vostre volenté, car mieulx aymons mourir que de veoir tant endurer nostre seigneur, nostre maistre, nostre frere et singulier amy.

Helas, les cruelz plains d'iniquité ne firent compte de noz requestes mais ont tousjours perseveré de mectre affin leur mallicieuse intencion. Et quant ay veu que aultre chose ne povoye faire pour le filz, suis revenu à la mere laquelle j'ay trouvée demye morte. Et en grant honneur et reverance, luy ay dit:

Helas, madame, je te supplie qu'il te plaise toy retirer en ta maison car de povoir plus faire secours à ton doulx enfant, n'y a remede. Voicy l'Ame devote et moy qui avons fait toute nostre efforce de le cuyder retirer pour le vous apporter */f.11/* et nous summes offertes d'endurer le torment de la croix pour luy mais il n'y a eu remede, parquoy, madame, ma bonne maistresse, si nous volez croire, vous vous retirerez car vous ne sçauriez porter la douleur que vous auriez de veoir le torment et paine que ces faulx juifz sont encores deliberez de luy faire et sans mercy.

Et la dame nous respond:

Je vous sçay bon gré de ce que vous vous estes voulu mectre en torment pour espargner celluy de mon filz, mais le conseil que me donnez n'est pas raisonnable que je habandonnasse en sa necessité mon Dieu et celluy qui m'a faicte et celluy que j'ay faict. Mais je te prie que tu m'aides d'aller jucques au lieu où il est, ou va encores à luy et revien à moy[1].

O moy, pauvre dolent Cueur, par le commandement de la dame, voys au lieu où j'avoye laissé mon Dieu et voy douleur sur douleur, je vous dy innestimable.

O vous tous, vrais amateurs de Dieu, je vous appelle à mon ayde, venez à moy m'aider à plorer la pitié de vostre Dieu et le mien, car je ne puis satisfaire selon la cause ne aussi selon le myen desir. Voyez comme l'on tire, à cordes, bratz et jambes pour venir aux trous qu'ilz avooyent faictz de la croix, et tellement l'on tire que tous ses os se sont desjoinctz l'ung de l'autre, et ce peu de peau qui estoit demeurée entiere ont toute dessirée.

/f.11v°/
/Miniature 8/[*]

N'oyez vous pas les grans coups de marteaulx qu'ilz frapent sur les groz et mal agutz clos, pour percer à force les dignes mains et piedz[2]? Il n'est creature vivante qui sceust

---

1 Dans la *Passion* de Jean Michel (p. 391), Notre-Dame refuse de la même manière le conseil donné par Marie Jacobe de ne pas aller plus loin, et c'est alors Joseph d'Arimathie qui la conduit parmi la foule.

* Miniature n° 8: Le Christ mis sur la croix; les quatre bourreaux — deux liant les pieds, les deux autres clouant les mains— portent des vêtements bigarrés ou rayés. Dans la partie supérieure, deux scènes: à gauche, des personnages s'emparent du Christ nu; à droite, la Vierge —ou l'Ame devote?— soutient le Christ, tandis que le Cueur contemplatif baise ses pieds.

2 Mêmes détails sur les clous mal «acointés» chez Jean Michel, chez Gréban ou chez Mercadé; ils ont pour source un texte apocryphe de saint Anselme (*Dialogus beatae Mariae et Anselmi de Passione Domini*, *Patrologie latine*, T. CLIX, c. X de Crucifixione, p. 282), largement exploité aussi par le Pseudo-Bonaventure.

La crucifixion
1 AP 220 (f.11v°)

comprendre en soy la grant engoisse que à celle heure là souffrit le */f.12/* doulx Jesus. Helas, madame, si vous oyez ces grans coups fraper, j'ay grant peur que le cueur vous partira parmy en pensant à la grant destresse et douleur que seuffre vostre tant doulce et debonnaire portée, Jhesus, car, sans point de doubte, toutes les douleurs ensemble que ont souffert les martirs ne sont point à comparer à celle que souffroit le bon Jhesus en l'etachant à la croix.

Et quant ilz eurent fait à leur plaisir, car Dieu le pere qui tant nous amoit ne donnoit nul empeschement qu'ilz ne fissent à leur volenté et tout pour nostre salut[1].

O mon Dieu, vous estes delaissé de vostre pere et tous voz disciples s'en sont fouiz, et de vostre mere, elle vous vouldroit bien ayder mais elle n'a pas le povoir, pourquoy il n'y a remede, il fault que vous obeissez à vostre pere jucques à la mort.

Or doncques les faulx desloyaux meurtriers, à force de gens et d'engins, droissent et croix et corps tout ensemble, et la laisserent cheoir dedans le pertuis qu'ilz avoient fait, une si grant secousse pour tousjours faire plus grant douleur au crucifié[2]. Alors couroyent nouveaulx ruysseaulx de ce tant precieulx sang royal des pertuys aux mains et piedz, et ce peu de sang qui estoit demouré s'en alloit en grant habondance par là.

O je ne sçay plus que faire, car je voy bien que nul remede je ne puis donner à la grant douleur que seuffre mon Dieu. Il fault que je m'en tourne à ma maistresse, car l'enseigne est levée que chascun peult veoir, et le bon hoste est là qui a le chief enclin et les deulx bras tenduz pour doulcement nous recevoir. Et si a souffert estre percé le tonneau en plusieurs lieulx, là où est le bon vin rouge, et nul n'en sera reffuzé d'en avoir ses plains vaisseaux, mais qu'on

---

1 Voir Paul, Ep. aux Hébreux 2, 9-12.

2 A partir du XIVe siècle seulement, la crucifixion est ainsi représentée, car les auteurs du Moyen Age imaginaient le supplice du Christ comme il était pratiqué chez les Anciens: on commençait par dresser la croix, puis on y clouait le condamné (voir E. Roy, *Le mystère de la Passion en France du XIVe au XVIe siècle*, Slatkine reprints, Genève, p. 91).

les porte bien lavez et nectz, mais qu'il n'y ait */f.12 v°/* nulle maculle. Helas, il n'y a brevage ne licqueur si plaisante que ceste là, car il donne une si tresgrant doulceur à tous ceulx qui en veullent bien user car, à toute heure et en ce monde et en l'autre, il les rendra clercs et plaisans, et grans dons de grace qu'ilz en recevront, c'est d'avoir joye sans fin.

A il fault que je retourne à madame. Et quelles novelles luy aporteray je de son enfant? Certes, les plus piteuses du monde. Si fault il luy obeir. Je m'y en vois donc, pauvre Cueur, si tresserré de douleur qu'il n'est possible de plus, et voys à elle tremblant comme la feuille en luy disant:

Ha ma maistresse, helas, commant te diray je les piteuses nouvelles? Voys tu point ceste enseigne levée? Helas, c'est la saincte croix, là où pend ton Dieu, ton filz, ton pere et ton espoux. S'il te plaist de venir au pied de ladicte croix, je te tiendray compaignie, mais j'ay paour que tu demeures comme luy. Mais il n'y a remede qu'il ne meure et bien tost.

Quant la dame me oyt commença à dire:

O toy, Cueur contemplatif, et vous tous autres mes bons amys qui m'avez tenu compaignie jucques icy, faictes moy ce plaisir de me porter jucques au pied de la croix où pend mon doulx enfant. Encores me sera le plaisir plus grant si vous me pouvez monter jucque à luy, affin que je le baisasse encores unesfoiz vif.

Helas, en toutes ces piteuses et doulentes parolles fut portée la desolée mere jucques au pied de la croix et, sans doubte nulle, toutes les douleurs que toutes les meres ont portées pour leurs enffans et toutes celles que, depuis celle heure jucques à la fin du monde, elles porteront ne sont que petiz desplaisirz envers la douleur que la tant bonne dame enduroit de veoir son Dieu et son enfant ainsi tout nu, */f.13/* hault monté, ataché à gros clouz à la croix.

O Ame devote, escoute que dit nostre maistresse, car après qu'elle fut ung peu revenue de ses pamoisons, commença à dire:

O mon Dieu, mon seigneur et mon filz, je sçay que toutes choses te sont possibles, toutesfois pour la grant amour que tu as à nature humayne de laquelle il t'est pleu te revestir dedans le ventre virginal de moy, ton ancelle et indigne mere, et, quelque requeste que te aye faicte[1], tu n'as voulu que ton corps fust espargné mais, las, de tous poincts habandonné au plaisir de tes ennemis. Je te supplie, mon filz, qu'il te plaise permectre que je soye mise et actachée auprès de toy, au moings je soubtiendray ta pauvre teste qui n'a lieu où elle se puisse reposer et, de mes lermes, te arrouseray ton visage et tireray tant les mamelles, qui tant doulcement te ont allecté, que encores en sauldra il quelque peu de laict pour arrouser ta langue qui est tant alterée. Et, en ce que je pourray, je te allegeray ta payne, au moins la myenne en sera plus tost finye pour la mort qui trop me sera cruelle de me laisser languir en vivant après toy.

La bonne dame faisoit ses lamentacions et pleurs si trespiteux que nul ne l'oyoit qu'il n'en eust pitié innestimable. Mais pource qu'en mains livres les complainctes d'elle sont escriptes, je m'en tais pour ceste heure[2].

Le Cueur contemplatif

O Ame devote, il fault bien icy te arrester. Regarde contre mont, tu verras ton Dieu qui pour toy est en la geayne et destresse de la mort. Regarde contre bas, tu verras ta maistresse, la bonne(re) mere, au pied de la croix que toutes les douleurs que l'enfant sentoit corporellement, sans doubte nulle, elle les sentoit en son ame et en son cueur.

Helas, mon seigneur et mon Dieu, vous este là si tormenté sans l'avoir desservy, et je suis sabas en ce monde qui dessers pour mes grans desmerites, */f.13 v°/* grandes pugnicions, et je ne puis endurer une injure à moy dicte à bonne cause, et tu en

---

[1] Référence implicite aux quatre requêtes de la Vierge à son fils, avant son départ pour Jérusalem (*Méditations* du Pseudo-Bonaventure, ch. LXXII), popularisées par les prédicateurs et par le théâtre: cf. *Les quatre requestes de Nostre Dame a Jesus*, Passion française de 1398, cité par E. Roy, *op. cit.*, p. 257-260.

[2] Même procédé de renvoi aux textes de dévotion les plus répandus: ici les nombreuses versions des *Lamentations* mariales (voir A. Wilmart, *Auteurs spirituels et textes dévots du Moyen Age*, Paris, 1932, p. 505-536; et H.P.J.M. Ahsmann, *Le culte de la sainte Vierge et la littérature française du Moyen Age*, Utrecht, 1930, ch. I).

endures tout plain qui sont sans cause, tant du maulvais larron que des aultres traistres qui ne pevent estre saoullez de te mal faire, encores tu prie pour eulx et as les bratz tenduz pour les recevoir à misericorde. Tu reçois le bon larron à mercy et tout plain d'autres. Helas, mon bon Dieu, plaise toy recevoir ce pauvre Cueur contemplatif, et te plaise de ne le degecter de ta compaignie.

Ainsi que je faisoie ma requeste à mon doulx Jesus, je vis sa mere que ardeur d'amour avoit faicte lever contre mont, et tenoit accollée la croix, et du sang qui decouroit avoit le visage tout tainct. Et disoit:

Mon filz, mon filz, vous parlez au larron et non pas à moy, et priez Dieu, vostre pere, pour ceulx qui tant de maulx vous font. Helas, mon amy, prie pour ta tant lasse et doulente mere, s'il ne te plaist que je meure à cest heure, ce que je desire sur tout, au moins requier luy que mes douleurs //[1]

Cueur contemplatif, mon amy, il me souvient bien que tu me dis que je devoye bien prandre confort de la promesse que mon enfant m'avoit faictes, c'est de disgner aujourduy à une table. Helas, helas, doulente, c'est bien vray, nous mengeons d'une viende cuyte en eau d'amertume, lardée de souspirs et gemissemens. O generacion humayne, que ton rachapt me couste chier!

Quant je oy madame ainsi lamenter de plus en plus, ne sceu que dire, fors de me laisser cheoir à ses piedz en luy suppliant d'avoir patience en pensant au grant fruit qui viendra de ceste passion. Et la bonne dame, qui plus debout ne se peut tenir, se vint seoir au pied de la croix, les yeulx en hault où son bon */f.13bis/* esperit estoit aussi. Et le bon enfant qui si doulcement regardoit sa bonne mere, ne fault pas mectre en doubte que la douleur qu'il sçavoit bien

---

1 Le texte ici interrompu par une erreur du copiste —le mot «douleur» copié une deuxième fois a été raturé sans que la correction soit portée— fait sans doute référence à la quatrième requête de la Vierge à son fils: s'il ne peut lui accorder de mourir la première, au moins qu'il fasse qu'elle soit insensible comme Pierre et qu'elle n'ait aucune connaissance de sa mort et passion. Voir supra p. 73, note 1.

qu'elle enduroit luy estoit aussi forte à porter que la sienne propre.

Ainsi que estions tous ensemble assis au pied de ladicte croix, oymes comme à haulte voix le bon seigneur commença à faire son testament et, en le faisant, n'oblia pas celle qui tant luy touchoit au cueur, c'est sa bonne mere, car il la recommanda à Jehan, son cousin et tant amé disciple, en disant:

Femme, voy là ton enfant, Jehan, voy là ta mere, je la te recommande et baille en garde.

Helas, madame, et que dictes vous? Estes vous contente de vostre filz qui vous appelle *femme*[1]? De moy, je le treuve bien estrange, aussi fois je de ce qu'il vous baille à filz le disciple, en lieu de luy qui estoit le maistre, et la creature en lieu du createur. C'est ung change bien estrange.

Et la bonne dame, oyant la voix de son doulx enfant, comme celle qui jamais ne fut trouvée d'autre volunté que du sien, combien qu'elle perdoit tant au change qu'il n'estoit possible de la povoir recompencer, commença à dire:

Mon filz et mon Dieu, c'est bien raison que ta volunté soit la mienne. Tu ne m'as pas si bien partie comme le bon larron, comme la croix ne comme le disciple. Au larron, tu as donné ton royaulme, qui n'a q'ung peu de repentence. A la croix, qui n'est que boys, tu as laissé ton corps. A ton disciple, tu as laissé moy qui suis ta pauvre et dolente mere. Et pour toutes choses, tu ne m'as laissé que le disciple. Et une chose y a qui m'est bien estrange, c'est que tu m'appelles *femme*, mon enfant. Et as tu oblié les neuf moys que je t'ay porté en mon ventre, et le temps que je t'ay allecté en */f.13bisv°/* te portant en Egipte en grant travail, et tant d'autres paynes que j'ay endurées pour toy lesquelles m'estoient bien aisées à porter quant tu me nommois par ce nom de mere et, à cest heure, qui est ma plus grant tribulacion, tu m'appelles *femme*? Las, mon enfant et mon amy, et que t'ay je fait? Me veulx tu oster ce grant previlege qu'il t'a pleu me donner, c'est d'estre appellée *mere de Dieu*? Je te supply

---

1 Jean 19, 26: «Femme, voici ton fils».

treshumblement, mon seigneur, mon filz et mon amy, que non[1].

Et moy, pauvre Cueur contemplatif, quant je ouy la bonne dame ainsi se desconforter, ne me peu tenir de luy dire:

He madame, madame, pour Dieu mercy, ne vous doulousez point tant car je croy que vostre doulx enfant, qui comme Dieu scet et voit toutes choses, congnoist bien que s'il vous appelloit par ce doulx nom qui est si près du cueur, c'est mere, qui le vous feroit fendre parmy, sans remede. Et en l'honneur de luy, madame, n'agrave plus ta douleur car tu agraves les siennes.

Et quant je eu ainsi parlé à la dame, je escoutay et ouy que le bon Jesus disoit à son pere: *pourquoy m'avez vous delaissé*[2]?

Helas, mon seigneur, c'est bien verité qui as tant laissé endurer à ce pauvre corps virginal qu'il n'en peult plus.

Escoute icy, escoute, Ame devote, comme nostre Dieu se complainct et dit qu'il a soef. Helas, mon seigneur et mon Dieu, j'ay tousjours esté avecques toy et t'ay veu souffrir tant de maulx, et jamais de rien tu ne te estois plainct, et à ceste heure tu plains et dis que tu as soif[3]. Hee bon Dieu, je ne sçay

---

1 Le thème du *Planctus* est développé dans les Mystères, qui ne donnent pas à la Vierge une attitude de fermeté évangélique (Jean 19, 25-27) et lui prêtent également des paroles de reproches (cf. *Passion* de Jean Michel, p. 408). Cependant l'intervention du narrateur — «de moy, je le treuve bien estrange»— souligne ici l'importance de la méditation sur cette parole du Christ qui pouvait être mal comprise, surtout par un public féminin. L'argument du Cueur contemplatif est certes conforme à l'explication donnée par le pseudo-Bonaventure (*Les méditations*, *op. cit.*, ch. LXXIX, p. 390: «Il ne l'appela pas sa mère, de peur que ce titre ne la fît souffrir plus amèrement encore, à cause de la tendresse de son ardent amour...»). Mais tout ce passage est inspiré surtout par *Le Jardin de contemplation* de Jehan Henry: «Et ainsi que mettoye fin à mon oraison, entra mon esperit en une grande admiration, disant à ce digne fruict de vie en ceste maniere. Sire moult je me esmerveille, attendu que es pere de pitié et de compassion et que as ordonné et commandé que l'on porte honneur et reverence à pere et à mere: comment tu adresses ta parolle de pitié et de consolation à ung larron et à ta mere qui devant toy assiste et à ton disciple que tant aimes tu ne parles point...» (IIIe partie, v.iiii)

2 Matthieu 27, 46; Jean 19.

3 Jean 19, 28-29.

quel remede à te donner à boyre, voicy ta mere et moy, le pauvre Cueur contemplatif, et l'Ame devote qui avons tant ploré que je croy que si nous estions mis en unes fortes presses, si n'en sçaroit il sortir une pauvre goute d'eaue pour te donner à boire.

O quel remede donc pour secourir nostre bon seigneur et amy?

Ainsi que */f.14/* vouloye aller à la ville querir du vin, je vy qu'on luy bailloit à boyre à ung esponge. Mais quel brevage estoit ce? Estoit ce quelque bon vin pour luy revenir le pauvre cueur? Helas, nenny, mais estoit le plus amer brevage qui oncques fut. Après que le bon seigneur en eut gousté, il dist que tout ce qui estoit de luy escript estoit acomply et que tout estoit à celle heure consommé, en rendant à Dieu, son pere, sa tant digne et sacrée ame[1].

Le Cueur

O Ame devote, vien à cest heure consoller la bonne mere, qui est pasmée en voyant rendre à son enfant l'esperit. Helas, j'ay grant peur qu'elle rende le sien. Et que ferons nous, serons nous despouveuz et de maistre et de maistresse tout à unesfoiz? Mon benoist Dieu cruciffié qui estes là ayez mercy de nous, ne nous laissez pas orphelins.

Le benoist Jehan, Magdalayne et les seurs de la bonne dame et moy, Cueur contemplatif, fismes ce qui estoit en nous à revenir nostre bonne maistresse et dame, car plus n'avions d'esperance en la vie de nostre bon seigneur et maistre. Car, sans faulte nulle, il est pour nous mort. Et pour ce de sa grace, madame m'a tousjours voluntairement ouy, moy, pauvre Cueur contemplatif, me suis efforcé plus que de povoir en luy disant:

Helas, madame, toutes les douleurs de ton enfant sont à cest heure passées et jamais plus n'en endurera, car vous sçavez bien qu'il mourroit car, aultrement, vous qui estiez sa propre mere n'eussiez jamais entré en vostre royaulme. Et, madame, pencez à la grant gloire que ce vous sera quant,

---

1 Jean 19, 29-30.

par la mort de vostre enfant, verrez les sieges de paradis rempliz.

O madame, reconffortez vous à cest heure, s'il vous plaist, avecques les sainctz peres, lesquelz si longuement avoient esté en tenebres et à cest heure voyant le roy et leur seigneur qui les delivre de toute captivité et misere */f.14v°/*, et la gloire qu'ilz vous donneront qui avez porté leur rachateur, et telle qu'il n'est possible de la descripre, toutesfoiz si ne vous sçauroient ilz donner telle comme l'avez gaignée d'avoir.

La bonne dame voyant le desplaisir en quoy nous estions, comme elle seule où estoit demeuré le confort et l'esperance des amys de son enfant, print ung peu de courage, disant:

O Jehan, mon nepveu et filz, puisqu'il a pleu à ton maistre, lequel m'a laissée en ta garde, advise qu'il est de faire pour despendre le corps de mon doulx enfant et que je le puisse avoir mort, puisque vif ne l'ay peu avoir.

Ainsi qu'elle(s) disoi(en)t ces parolles en se complaignant doulcement, voit venir une grant compaignie de gens dont luy sourdit une nouvelle peur.

A qu'est ce que je voy? Cueur contemplatif, va mon amy, va veoir que c'est. Que veullent ilz plus faire à mon enfant? Il est mort.

Je cours et voy que c'estoient gens de toute mauvaise voulenté. M'en retourne à ma maistresse, en luy disant:

Helas, madame, je ne sçay que te dire fors que ces gens sont ceulx qui ont tormenté et à la fin cruciffié vostre enfant, mon seigneur et maistre. Je croy bien qu'ilz ne viennent pas pour luy faire service mais tout mal, toutesfoiz, madame, ne sçauroit il plus endurer. Mais si fault il que tu t'aide de tes armes, c'est la vertuz de humilité.

Et la bonne et humble dame voyant qu'ilz froissoient les bras et jambes des larrons, doubtant que autant en fissent à son doulx filz mort, se gecta à genoulx davant ses traistres plains de pechez, en leurs disant:

Et mes amys, que vulez vous plus faire? Vous luy avez tant fait souffrir qu'il en est mort. je vous requier que si vous

La pamoison de la Vierge
Le Christ en croix
1 AP 220 (f.15)

n'avez voulu avoir pitié de luy, que ayez pitié de moy, sa tant dolente mere. Et tous les maulx //[1]

/f.15/
*/Miniature 9/**

O Ame devote, vien à cest heure. Regarde bien de près ton amy, nostre maistre et redempteur, mectz en ton entendement la protrecture de son tant digne visage, qui est la plus belle qui oncques fut ne ne sera. Regarde combien de poinctures d'espines */f.15v°/* y a en son chief et les grandes ouvertures faictes de gros cloux aux piedz et aux mains, ensemble celle du cousté et generallement toutes les playes qui sont en ce tant sainct digne et precieulx corps, et les escriptz en ta pencée, après que tu l'auras bien purgée et nectoyé de toutes autres affections mondaines. Et du precieux sang, qui est dessoubz la croix en grant quantité, escrips et faictz la lettre grosse affin que, de nuyt comme de jour, tu y puisse lyre. Car riens ne te sera tant proffitable ne plaisant si tu y veulx bien regarder car, en peu de lettres, tu y trouveras grant substance, et tellement que, à toute heure que tu liras en ce livre, tu y trouveras toute choses d'admirables consolacions.

Après ce que je eu bien regardé ce beau corps tant martire, je vins à nostre dame, sa doulce mere, qui se complainct à Dieu son pere, autre foiz à Dieu son filz qu'elle tient en son giron, mort, et disoit:

O Dieu, pere eternel, il te a pleu de m'avoir fait tant d'honneur et de grace que de m'avoir esleue pour ton espouse, et toy et moy n'avions que ung seul filz, lequel tant t'a voulu obeir qu'il est mort en la croix mais, avant que

---

1 Texte interrompu; vraisemblablement, une page a été oubliée lors de la reliure, car «et tous les maulx» est placé verticalement comme réclame.

* Miniature n° 9: Le Christ en croix et les deux larrons. Le sang jaillit des plaies infligées par des hommes brandissant des marteaux. Dans la partie supérieure, la Vierge pâmée, au pied de la croix, dans les bras du Cueur contemplatif et de saint Jean. Acollant la croix, Madeleine, vêtu de rose.

mourir, a tant souffert de tormens qu'ilz sont increables qui ne les auroit veuz.

O mon filz, je te tiens en mon giron, non pas en si grant joye et consolacion comme je euz quant les troys roys te vindrent adorer, petit d'aaige mais grant en dignité car tu estois roy de tout le monde[1]. Helas, mon doulx enfant, ilz te ont couronné comme roy mais c'est d'espynes poygnantes, et te ont baillé robe de fin cramoisy car oncques cramoisy ne fut si vermeil qu'est ton digne et precieux corps couvert de playes.

O Dieu eternel, l'onneur que tu me feiz */f.16/* estoit bien grant mais aussi le m'as tu cher vendu. Tu me feis porter la parolle par Gabriel l'archange, disant que je estoye playne de grace. Las, il est bien changé car je suis à cest heure remplie de toute douleur et amertume, voyre si grande que je ne sçay plus que dire fors que l'on me peult bien nommer la dolente mere Marie.

A mon enfant, nonobstant que tu soyes mort si fault il que je parle à toy: O fruict de mon ventre. O ma tresdigne portée. O filz de ceste pauvre desolée et que dirai je? Ayes pitié de moy, je croy que aussi as tu car aultrement je mourroye en regardant les grans pertuys de tes mains et piedz et cousté et ton tant digne visage, qui estoit le mirouer des anges, tant plain d'infection que si je n'estoye seure que c'est toy, mon filz, je ne te congnoitroye point. Helas, mon amy, ilz ne te ont laissé cheveulx ne barbe qu'ilz ne te ayent arraché. Mon enfant, mon enfant, je n'ay riens peu faire pour toy, fors porter autant de coups en mon ame pour toy que tu as porté en ton corps.

O Cueur contemplatif, regarde icy ton Dieu et ton amy qui pour toy a tant souffert, ne l'oublie jamais.

Quant je ouy madame ainsi se complaindre, je n'eu ne povoir ne force de riens dire, aussi j'avoye mis mon entente à bien contempler toutes ses piteuses contenances lesquelles estoient telles qu'elles ne exedoient point raison. Helas, si

---

[1] Episode développé dans la deuxième partie du traité; voir, à propos de la composition, l'Introduction,4°.

La descente de croix
La pietà
1 AP 220 (f.16v°)

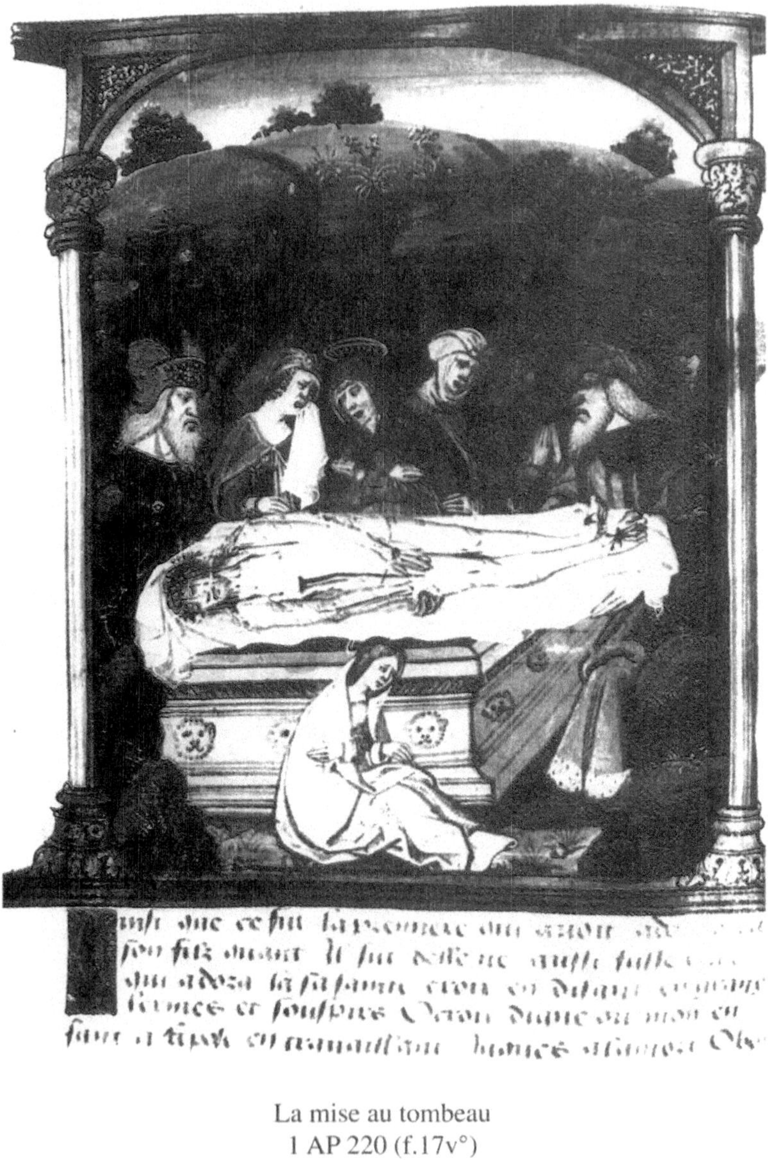

La mise au tombeau
1 AP 220 (f.17v°)

doulcement elle l'acolloit et si doulcement elle le baisoit son enfant, et ce peu de lermes qui luy estoit demouré distilloit de ses yeulx pour laver son digne visaige, et y avoit en celle heure là une sillance si grand qu'on n'oyoit nulle */f.16 v°/* riens, fors souspirs venans du parfond du cueur. Et quant je eu bien regardé la bonne mere, je vis aux pieds la bonne Magdelaine qui faisoit son office en les lavant de ses larmes et essuyant de ses cheveulx, et bien y estoit tenue car elle y avoit trouvé remission.

O bonne dame, Magdelaine, apren moy comme tu luy as trouvée à celle fin que je luy puisse trouver comme toy.

*/Miniature 10/**

/f.17/ Ceulx qui estoient là vindrent à la dame, luy disant:

Madame, souffrez que vostre enfant soit ensevely et mis en sepulcre, car il est tard et doubtons qu'on ne nous fist desplaisir.

Et celle qui estoit saige s'accorda à leur voulenté. Ilz ont mis mon Dieu et seigneur en sepulcre, non pas sans grant douleur et par especial de la bonne mere, laquelle maintes piteuses requestes fist affin que dedans le sepulcre fust mise avecques son enfant. Et moy, pauvre Cueur contemplatif, qui avoye tousjours suivy mon seigneur et mon maistre, ne vouloye bouger du sepulcre, mais la dame me dist:

O Cueur contemplatif, mon amy, tu as tousjours tenu bonne compaignye à mon filz en toutes ses douleurs, dequoy je te sçay bon gré, mais puisqu'il fault que je le delaisse corporellement, tu le lairras aussi et t'en viendras avecques moy actendant la grace de mon enfant, car je sçay bien qu'il ne m'oblira pas.

Je voys avecques la dame et me travaille de ce que je puis de luy ayder à aller, car elle estoit si foible comme celle qui

---

* Miniature n° 10: La Vierge, en robe bleue, les mains jointes, regarde le Christ allongé sur ses genoux, le corps couvert de plaies; de part et d'autre de la scène, le Cueur contemplatif et l'Ame devote. Dans la partie supérieure, la descente de croix; le Cueur contemplatif et l'Ame devote, portant une robe blanc- bleuté, observent la scène.

avoit tant enduré, voire plus que jamais aultre endura. Helas, comment souventesfoiz elle se retournoit pour veoir le sepulcre où elle avoit laissé son tresor, son amour et tout son bien, avecques le corps de son enfant. Quant fusmes au mont de Calvaire où son doulx filz avoit esté cruciffié, et l'enseigne y estoit encores debout, c'est la saincte et tresdigne croix, ne fault doubter que le deul renouvella et sur tous aultres en la bonne mere, laquelle se mist à genoulx et commença à adorer la croix en l'acollant.

/f.17 v°/
*/Miniature 11/**

Ainsi que ce fut la premiere qui avoit adoré Dieu son filz quant il fut d'elle ne aussi fusse elle qui adora là sa saincte croix, en disant en grand lermes et souspirs:

O croix digne où mon enfant a reposé en travaillant juques à la mort. O boys */f.18/* precieulx qui avez eu ceste grace d'avoir porté le fruict de vie, aussi le fruit de mon ventre. O boys tressainct et digne, l'on ne te sçauroit assez honnorer. Et moy, la pauvre et dolente mere, je te adore par autant que mon filz et mon Dieu a touché à toy, et bien y apert car tu es encores toute paincte de son precieulx sang.

Helas, mes amis, ne vous seroit il possible de l'abatre ceste croix à terre et me laisser coucher dessus, et là prendroye mon repos lequel me seroit plus plaisant que lieu où vous me seussiez mectre, en actandant estre visitée d'icelluy où j'ay toute mon esperance.

Hee mon doulx enfant, c'est la table où toy et moy avons ennuit disgnez, lequel disner nous a esté d'une tresforte et dure digestion.

Ainsi que la dame eut finée sa parolle, à l'exemple d'elle, adorasmes tous la croix et moy, pauvre Cueur contemplatif, commençay mon oraison, en disant:

---

* Miniature n° 11: La mise au tombeau. La Vierge, entourée de deux dames et de deux hommes portant barbe, regarde le corps du Christ posé sur un linceul. Devant le tombeau est assise l'Ame devote.

Le peintre a interverti les miniatures 11 et 12 (f.19v°).

O vraye croix où j'ay mon esperance. O croix precieuse que je prens pour ma deffence. O croix sacrée qui du sang precieux as esté arrosée. O croix digne qui du corps de Dieu as esté aornée, tout mon confort est en vous, et me mectz en vostre garde et protection. Je me rends à voz piedz pour avoir de mes pechez remission, suppliant de t'empraindre tellement dedans moy que, à la mort, tu apparoisse telle que mes ennemis invisibles te puissent veoir, et n'auray garde d'eulx car je suis tout certain que, par ton signe, je seray d'eulx delivré. O tressaincte croix, je te supplies que tu me donnes ma place à tes piedz et que je n'en departe plus, car je suis certain que là je trouverray toute richesse, toute joye et doulce consolacion.

Ainsi que de grant affection je euz fait ma priere, et que je tenoye ceste croix de grant ardeur */f.18 v°/* d'amour acollée, je vis comme l'on enmenoit madame. Je ne sceu si tost aller qu'elle estoit jà à la porte de Hierusalem où estoit arrestée, dont je eu grant froieur doubtant qu'on luy fist quelque ennuy. Et je vins là et vis comme la Magdalaine, ses seurs et autres bonnes dames, qui là à elle estoient venues, l'abilloient en habit de femme vefve. Helas, quelle douleur il y avoit à prendre cest habit! Et certes elle estoit si grande qu'on ne la sçauroit mectre par escript, et fault bien croire que la bonne dame bien dolente estoit, et disoit de si piteuses parolles qu'il n'y avoit nul qui n'en portast de la douleur autant que luy estoit possible.

Et disoit la bonne dame:

Cest habit m'est bien deu car, lasse moy, dolente, je suis tout à unesfoiz avefvée de mary, de pere et de filz[1]. J'ay perdu mon confort et ma joye et tout mon bien, je suis la non per en douleur. He mes bonnes amyes, prenez exemple à moy et quant aurez quelque cause de griefve douleur, couchez la sur la mienne et elle vous sera aisée à porter, car toutes les amours qui furent ne qui seront ne sont point à comparer à celle que j'avoye, et à bonne cause, à mon Dieu qui pour sa

---

1 Sur le «veuvage» de la Vierge, à la fois mère, épouse et fille, voir Jean Gerson, *Sermon de la Conception de Nostre-Dame*, *op.cit.*, p. 388.

mere m'avoit eslevé, lequel j'ay veu aujourduy mourir si villaynement que je ne m'en puis taire.

Et en ces parolles piteuses et plusieurs aultres, la bonne dame fut mise en la maison où j'avoye veu faire à mon seigneur et maistre la senne. Et quant fusmes leans encloses, me vins gecter à genoulx davant elle, en luy disant:

O madame et bonne maistresse, je te mercie de la grant grace qu'il t'a pleu m'avoir faicte d'avoir voulu que j'aye suyvy ton enfant et veu tous les tormens qui luy ont esté faictz */f.19/* pour nous pauvres pecheurs, et d'abondant il t'a pleu que j'aye eu cest honneur d'estre en ta compaygnye et participer à tes douleurs, ce que j'ay fait de toute ma puissance et de grant affection, et puis doncques, madame, qu'il t'a pleu m'avoir faict participant en ta douleur, s'il te plaist, ne me dechasse point d'emprès toy mais me fais ce grant bien et grace que j'ay ma part de la grant joye que tu auras bien prochayne.

La bonne et humble dame me dist:

O Cueur contemplatif, ne doulte nullement que le service fait à mon filz et à moy ne demourera incongneu mais grandement remuneré, et toy et ceulx qui aurez part en mes douleurs aurez part aussi en ma joye, en ce monde et en l'autre.

O madame, bien eureux sont ceulx qui te servent et de moy ne quier que te faire tout service, car je voy bien que en te servant l'on a le loyer qui est inestimable.

Et sur ce me tais et me retire à ung petit coing de la maison, tousjours ramenant à memoire tout ce que avoie veu et la nuyt et le jour. Je regarde et vys comme la Magdalayne et les seurs de la bonne dame s'en partirent avecques de grans boetes, plaines de precieux oygnemens, pour aller faire l'oincture au precieulx corps de Jhesus qui estoit au sepulcre. Et demoura la bonne dame seulle, fors que de moy, en actandent la joyeuse heure qui d'elle estoit tant desirée. Pource que j'estoye las de travail, tant de la nuit que du jour, me prins ung peu à someiller envers l'aube, et gueres n'eu dormy que je ouy tant de doulx chans, tant de doulx instrumens et choses melodieuses, qui n'est entendement */f.19*

humain qui les sceust comprendre. Aussi n'esto-
ient ce point choses humaines mais estoient
angeliques et furent le merveille et songneu
bien que je ne sentasiore point car tousjours
croissoit la joie et le plaisir de ouir ses voix
et sons angeliques je fus si ravie que je ne
scavoys que dire toutesfois je m'avise d'avi-
ser l'ame devote lui disant vien ça mie
vien ça ame devote. Douce que je t'ay tou-
jours appellee a veoir les grans doulceurs
ausquelles n'as participe comme moi
je veulx que n'ayes ta part de la joie et oir
les doulx chant melodieulx voy la joie
que font les benoitz esperits

La Vierge embrassant la croix
La Vierge et Madeleine à la porte de Jérusalem
1 AP 220 (f.19v°)

L'apparition du Christ à la Vierge
1 AP 220 (f.20)

v°/ humain qui les seust comprendre. Aussi n'estoient ce point choses humaines mais estoient angelicques. Et sur ce je m'esveille et congneu bien que je ne fentasioye point, car tousjours croissoit la joye et le plaisir de ouir ses voix et sons angelicques. Je fuz si ravy que je ne sçavoys que dire, toutesfoiz je m'avise d'appeller l'Ame devote, luy disant:

Vien ça, mye, vien ça, Ame devote. Pource que je t'ay tousjours appellée à veoir les grans douleurs, ausquelles tu as participé comme moy, je veulx que tu ayes ta part de la joye. Escoute les doulx chans melodieulx, voy la joye que font les benoitz esperitz.

*/Miniature 12/**

L'Ame devote

/f.20/
*/Miniature 13/**

O cueur contemplatif, dy moy d'où vient ceste grant joye que j'oy car certes, en l'oyant, toutes les douleurs que j'ay tant portées me sont à cest heure passées.

Le Cueur

Ame devote, ne scez tu pas que c'est nostre Dieu, nostre maistre et nostre roy victorieux, qui */f.20 v°/* est resuscité? Regarde la joye en quoy est à ceste heure nostre bonne maistresse. Je ne sçauroye acomparer quelle elle est, fors qu'elle est plus grande que n'ont esté ses douleurs. Or pensez donc quelle elle peult estre, et d'autant que nous nous

---

* Miniature n° 12: La Vierge embrassant la croix; à ses côtés, l'Ame devote et le Cueur contemplatif. Dans la partie droite, Madeleine et la Vierge, en habit de veuve, à la porte de Jérusalem.

* Miniature n° 13: L'Ame devote, en blanc, et le Cueur contemplatif parlent à la Vierge, assise un livre sur les genoux et les deux mains levées. Dans la partie supérieure, l'apparition du Christ à la Vierge. Le Christ, vêtu de rouge, suivi d'Adam et Eve, est debout devant la Vierge, vêtue de bleu, assise un livre sur les genoux.

summes doluz quant et elle, rejouissons nous avecques elle. Voy comme elle s'encline jusques à ses pieds, en luy faisant honneur comme à son createur, et le benoist Jesus la relieve et l'embrasse et baise comme sa bonne et loyalle mere, et la salua en luy disant:

Je te salue, royne de misericorde. Je te salue, ma tant amée mere. Je te salue, tresoriere de toutes mes graces[1]. A ma mere, voicy ton enfant par lequel tu as tant enduré de payne et de douleur, mais il falloit que ainsi fust fait, ma mere tresamée, aussi toutes les douleurs te sont remises en joye. O Mere, royne du ciel et de la terre, voicy ton filz qui t'amaine la compaignie des sainctz peres que j'ay tirez des limbes, lesquelx te viennent faire honneur et reverance, comme c'est raison car tu es le moyen de leur salut.

Alors vy des gens sans nombre lesquelx se prosternoient à terre davant la royne de tout le monde. Et nostre pere Adam et nostre mere Eve commencerent à dire:

Helas, madame, nous te crions mercy car ce fummes nous qui avons esté cause des paynes et douleurs qu'il a portées et toy aussi, et si te rendons grace, pour nous et pour toute nostre compaignie, de ce que tu t'es accordée avec Dieu le pere de bailler et livrer ton seul filz à torment, et espendre tout son precieulx sang lequel a esté prins pour nous rachapter des prisons où nous estions deteneuz. Tous ceulx que tu voy icy presens commectant //[2] */f.21/* // consoller[3].

Il me respond:

---

[1] Pour toutes ces images, si fréquemment utilisées, voir J.-J. Bourassé, *Summa aurea de laudibus B. Mariae*, éd. J.-P. Migne, Paris, 1866, T. XI, col. 409-410.

[2] Le texte est interrompu; il manque vraisemblablement une page du manuscrit.

[3] Le texte ne suit pas ici les Evangiles canoniques, qui ne parlent pas de cette apparition de Jésus à sa mère, mais une tradition remontant à saint Ambroise et à laquelle le pseudo-Bonaventure accorde une place importante (*op. cit.*, ch. LXXXVI, p. 426). La descente aux limbes de Jésus, qui délivre Adam et Eve, les patriarches et les prophètes, n'a pas davantage de fondement biblique; l'épisode provient de l'Evangile apocryphe de Nicomède et inspire de nombreuses représentations littéraires (voir *La légende dorée*, la *Passion* d'Arnoul Gréban...)

Si tu as besoing de la haulte science de contemplacion, vien au pied de la saincte croix car, à une heure bien exploictée, tu y aprendras plus que en ung an oyant la leçon de tous les theologiens du monde, et là tu me trouveras car je m'y en voys rendre.

Aussi fait l'Ame devote et, si tu me veulx croire, tu mectras ton esperance en ceste saincte croix et rendras tes armes au pie, comme par elle vaincue.

Et atant s'en part le Cueur contemplatif et je demeure en grant penssée, car honneurs terriens et sollicitudes mondaynes ne veullent consentir que je rende ainsi mes armes pour l'oppinion d'ung cueur qui dient estre fantasticque, et mon esperance mectre en ung bois, ne pevent croire qui m'en sceust bien venir. Et de ce debat qui estoit en mon entendement, j'en fais juge le Sainct Esperit, luy suppliant me donner tel conseil qui m'est necessaire pour parvenir à la gloire qui est sans fin. Amen.

Le Cueur contemplatif et l'Ame devote
1 AP 220 (f.21v°)

/f.21 v°/
*/Miniature 14/**

Pource que le Cueur contemplatif avoit voulu que je misse par escript quelques petites contemplacions sur la passion du bon Jhesus et de sa doulce mere, ausquelles douleurs voir et sentir a tousjours appellé l'Ame devote, comme l'on pourra voir par ledict traicté qui le vouldra du tout lire, ledict */f.22/* Cueur est venu à moy et m'a dit:

Sus, fille, de pareser, lieve toy, car trop longuement as esté endormie, et prens ta plume car longtemps a que, par ton paresseux sejour, ne fiz euvre qui à toy ny à aultre aye proffité[1]. Or escoute à ceste heure la complaincte que me fait l'Ame devote et la responce consolable que je luy feray et le tout, bien et dilligemment, mectz par escript et si tu as le cueur du tout endurcy aux gellées mondaynes, il te proffitera beaucoup.

Commant l'Ame devote se plainct au Cueur contemplatif, luy disant:

O Cueur contemplatif, tu m'as fait ceste grace de me mener, par voye contemplatifve, avecques toy pour suivre le doulx Jhesus et sa benoiste mere par tous les lieux où ilz eurent leurs plus grans douleurs, et tout pour noz pauvres ames pecheresses, toy disant que icelles douleurs m'ont tellement contristée que oncques puis ne peuz prendre repoz

---

* Miniature n° 14: Dans une salle, semblable à celle de la miniature n° 3, le Cueur contemplatif debout s'adresse à l'Ame devote assise, les mains jointes, portant une robe blanche et un manteau bleu clair. En haut du cadre à colonnes, les armoiries des La Trémoille et des Bourbon-Montpensier.

1 Christine de Pizan emploie le même procédé de transition entre la *Cité des dames* et le *Livre des trois vertus*; cf. le discours de Raison, Droicture et Justice à Dame Christine: «Comment fille d'estude, as tu jà remis et fiché en mue l'oustil de ton entendement et abolis et delaissé en secheresse encre, plume [...]. Or sus baille ta main, dresse toy et plus ne soyes accrouppie ne souillée en la pouldriere de Recreantise» (*Le livre des trois vertus*, éd. C.C. Willard et E. Hicks, Paris, Champion, 1989, Livre I, ch. 1, p. 7).

ne joye, soit au lict, soit à table, soit au secret de ma pencée où je devrois avoir quelque consolacion joyeuse, car le meschant corps où je suis enfermée ne se contente point de moy, disant que à toute heure je ne luy presente davant sa memoire que toutes causes de tristesse. Parquoy, Cueur contemplatif mon amy, je te requiers qu'il te plaise me lire quelque leçon où je me puisse en joye recreer et, par ce moyen, contenter mondit meschant corps, et si asouageray mon esperit car sans doubte de ne veoir autres choses que matieres de douleur et compassion davant mes yeulx, je ne suis assez parfaicte pour y faire mon prouffit[1]. */f.22 v°/* Parquoy à toy me plains de mon imperfection, à laquelle auras regard et me monstreras quelque contemplacion joyeuse affin que la douloreuse me soit plus aisée à porter.

Le Cueur contemplatif

Da, Ame devote, mamye, je voy bien que la voye active t'est plus plaisante que la contemplatifve[2] et que tu n'as pas creu mon conseil, c'est de toy rendre au pied de la croix car là tu trouveroys toutes doulceurs en contemplant icelle douloureuse passion. Tu n'auroys pas tousjours cause de plorer mais aussi bien de te resjouir, pensant que par icelle la porte du royaulme où tous delices t'a esté ouverte. As tu oblié la promesse que celuy qui jamais ne ment fit à toy et à moy, c'est que toutes les lermes pour lui gectées nous seront, en son royaulme, augmentacion de gloire[3]. Or doncques, Ame devote mamye, pour toy complaire et te donner recreation spirituelle, et que ton corps et ton esperit soyent de toy contant, quant tu te trouveras lasse de pencer en la passion où nostre bonne maistresse eut tant de douleurs qu'il n'est nul

---

1 Sur le thème des empêchements du corps, voir Jean Gerson, *La Montaigne de contemplation*, in *Œuvres complètes*, éd. Glorieux, vol. VII, Paris, 1966: «Les aucuns sont qui traiveillent trop leur corps si que l'ame ne s'en peut aidier. Li aultres sont trop remplis et pesant, enfermés et endormis à cause d'avoir trop longuement esté en l'enfermerie ou maladerie de la charnalité.» (36).

2 Pour cette opposition entre les deux voies —celle de Marie et celle de Marthe, Luc 10, 38-42— cf. Christine de Pizan, *op. cit.*, I, 6.

3 Jean, 16, 20.

L'Annonciation
1 AP 220 (f.23)

qui les sceust comprendre, et pour toy garder que tu ne te mectes aux pencées du monde par sa deception, tout ainsi comme je t'ay appellée à venir aider à porter les douleurs de nostre bonne maistresse, aussi te veulx je appeller à te venir esjouir quant et elle, et si tu me veulx suivre, je la te monstreray en sa joye aussi bien que je la t'ay monstrée en ses douleurs. Dechasse doncques, Ame devote, de ta pencée toutes solicitudes mondaynes, affin qu'elles ne soyent causes de toy esloignier de la joye espirituelle que tu auras prontement */f.23/* si à toy ne tient. Tu doys sçavoir que tous bons servans et servantes se doyvent esjouir de la joye venue par bonne cause de son maistre ou maistresse, rejouis toy doncques, Ame devote, avecques la bonne dame pour laquelle tu as gecté habondence de larmes, qui te vauldront plus que ne te sçarois dire ne par escipt le te donner à entendre. Or, sus doncques, eslieve ta pencée et la joinctz à mon cueur, et je te monstreray chose de grant admiracion et qui te donneront grant cause de joye espirituelle en laquelle tu pourras beaucop proffiter pour ton salut.

L'Ame devote

O Cueur contemplatif, je te supplie, monstre moy ce lieu tant delectable où je pourray avoir joye si parfaicte comme tu dis, car j'en ay bien besoing.

*/Miniature 15/**

Comme le Cueur contemplatif mayne l'Ame devote en Nazareth

/f.23v°/ Incontinant nous fumes transportez, l'Ame devote et moy, en Nazareth en la petite maison de la benoiste vierge Marie, petite estoit elle par ediffice mais grans gens y habitoient. Premierement, je vis la belle jeune vierge de quoy

* Miniature n° 15: L'Annonciation; l'Archange Gabriel, en rouge, avec des ailes bleues, devant la Vierge assise, un livre sur les genoux, les mains écartées et ouvertes. En arrière plan, quatre dames: l'une est en gris et porte un voile noir, deux autres sont couronnées et portent un manteau dorée, la quatrième porte un voile rouge et une couronne.

la beaulté surmonte toutes les aultres beaultez, aussi faict elle en toutes perfections.

L'Ame

Je te prie, Cueur, dy moy que fait celle belle vierge ainsi seulle.

Le Cueur

Ame, tu voys bien qu'elle n'est point oiseuse car elle estudie en son livre de grant affection, et si te dis qu'elle n'est pas seulle. Ne voys tu celle ensienne dame laquelle est sa gouvernante dès ce qu'elle fut née, et ne voys tu aussi tout plain d'autres belles damoiselles qui sont pour l'acompaigner?

L'Ame

Cueur, ce n'est pas assez de le veoir mais dy moy qui est l'ensienne dame qui gouverne ceste belle vierge et qui sont ces autres belles vierges qui l'acompaignent. Et si tu es si hardie de parler à elle en sa prosperité comme tu as esté en son advercité, demandes luy que c'est qu'elle lit de si grant affection, car je scens mon esperit resjouy de veoir la contenance de la dame.

Le Cueur

De l'ancienne dame que tu veulx sçavoir qui elle est, c'est madame Humilité, laquelle est si ancienne que dès ce que Dieu eut creé l'ordre angelicque, elle gecta son gage de bataille contre Orgueil et ses complices, c'est assavoir Lucifer et sa bende, et tellement combatit qu'ilz furent tous vaincus et abatuz du plus hault du trosne de Dieu jucques aux abismes des */f.24/* enfers[1]. Et despuis que ceste belle vierge fut née de la bonne et saincte dame Anne, Dieu luy bailla ceste bonne

---

1 Le thème des psychomachies est très fréquemment illustré à la fin du Moyen Age. Voir, par exemple, *Le Château de Labour* de Gringoire, imprimé par Pigouchet pour Simon Vostre en 1499: la lutte d'Humilité contre Orgueil (reproduit dans E. Mâle, *op. cit.*, p. 338, fig. 189).

dame Humilité pour la gouverner, et si bien s'i est acquitée et l'a tellement faicte humble qu'elle a merité par ceste vertuz, autant que par nulle des aultres, d'estre mere de Dieu. L'autre que tu voys, qui est si belle et qui se tient la plus prochaine de la dame, c'est Virginité. Elles ont si grant amour l'une à l'autre qu'elles se sont promises perpetuelle compaignie. L'autre que tu voys avoir si belle maniere, c'est dame Attrempence, laquelle pareillement n'a voulu habendonner la belle jeune vierge à laquelle ell'a monstré sa maniere et façon de faire, tellement que, en tous ses faictz, elle est si tresattrempée qu'elle ne fait regard ny ne dit parolle qui ne soit digne d'estre mise en escript. Toutes les aultres vertuz que tu vois sont pour servir la belle jeune dame. Là derriere, c'est madame Perseverance laquelle, quant elle a veu ses aultres seurs en deliberacion de servir la Vierge, elle y est venue de propos deliberé de la servir de son office jucques à sa derniere eure. Or vois tu comme elle n'est pas seulle, et depuis que tu desires que nous parlions à elle, allons y hardiement car puisqu'elle est gouvernée de la bonne dame Humilité, nous ne povons faillir.

Et moy, pauvre Cueur, commençay à luy dire:

O noble dame, belle et sur toutes les belles parfaite en toute parfection, plaise toy par ta doulceur nous dire, à l'Ame devote et à moy, que c'est que tu lis en ce livre car, à te veoir, il semble que tu y treuves quelque chose où tu pregnes moult */f.24 v°/* grant plaisir.

Et l'humble dame commença à me dire:

Puisque desirez sçavoir l'endroit où je suis de mon livre, et vous semble que en le lisant je me rejouisse, ce que je faiz pour les belles propheties que ce sainct prophete Jheremie a escrites[1], c'est que il adviendra que une vierge sera si plaisante à Dieu que elle sera eslevée pour estre son espouse et mere de son filz, et en lisant ceste prophecie, laquelle je croy car le bon prophete parloit par la bouche du Sainct Esperit, et velà la cause qui me donne joye, en le suppliant que je puisse tant

---

[1] Jérémie 32: «Le Seigneur a créé une chose nouvelle sur la terre, une femme environnera un homme».

vivre que je voye celle noble dame et qu'elle me face cest honneur de moy retenir pour sa paouvre chambariere.

Ainsi qu'elle eut finé sa parolle, nous ne eusmes loisir de la mercier, comme bien estoit raison, que ouysmes une si grant doulceur de chans et d'instrumens de toutes armonyes si tresbien accordans qu'il n'estoit possible de mieulx, et tout soudain vismes, à genoulx davant la dame, un beau jeune seigneur, car s'il n'eust esté ung bien grant prince, il ne fust pas venu si bien acompaigné ne si bien vestu. Sa robbe de dessoubz estoit de blanc si trescler et si resplendissant qu'il n'est rien plus, et par dessus avoit ung menteau de cramoisy si parfaictement enflammé qu'il sembloit que feu en sortist[1]. Ledict seigneur estant à genoulx davant la dame la salua en grant reverence, en luy disant *je te salue Marie plaine de grace, Dieu est avecques toy,* et la s'arresta[2].

L'Ame

O Cueur contemplatif, dy moy où je suis. Suis je au ciel ou en la terre? Sans doubte nulle, je suis si tresravie que je ne sçay que dire ne que pencer de ce que je voy ne que j'oy, je ne say si je songe ou si je v(u)eille. Dis moy, Cueur, mon amy, je t'en prie, qui est ce prince, dont vient il ne de par qui? Je ne me esbais pas s'il fait ce beau */f.25/* salut à la Vierge car, à la veoir, elle semble bien estre toute plaine de grace, et ceulx qui sont plains de grace Dieu est voulentiers avecques eulx, mais je me esbais que la belle Vierge ne respond.

Le Cueur

Ame devote, je congnois bien que tu n'as point suivy le chemin de la doulce voye de contemplacion, car ceulx qui s'y delittent voyent aussi souvant les contemplacions de joye comme celles de compassion et de douleur, mais tu es encores trop familiere de ton meschant corps qui de terre est

---

1 La couleur de «cramoisy» du manteau de l'ange Gabriel donne tout son sens à la métaphore choisie pour évoquer le corps du Christ couvert de sang: voir supra f. 15v°.

2 Luc 1, 28. La scène où l'on voit l'ange agenouillé devant la Vierge trouve son origine dans les *Méditations* du Pseudo-Bonaventure (ch. IV).

et en icelle veult retourner. Et toy qui es du ciel, et n'y veulx tu pas retourner? Je croy que ouy. Laisse doncques ce corps et toutes ces amonicions, et retiens bien ce que je te diray. Croys pour verité que ceste dame que tu voys est sy tresbonne et tant nous ame que toutes les foiz que tu vouldras aller par la voye de contemplacion aux lieux où elle habitera, tu recevras consolacion à celle du monde non pareille car ceulx qui suivent ladicte voye, sa porte est tousjours ouverte et luy est bien agreable que tu participes en ses joyes aussi bien que tu as fait en ses douleurs. Se beau jeune seigneur qui l'a si honnorablement saluée, c'est l'archange Gabriel qui est le plus grant des angelz et celuy où Dieu a plus de fiance, et bien luy monstre puisqu'il l'envoye en embassade pour luy choisir dame qui fust digne d'estre son espouse et mere de son filz. Ledict archange est venu, pour son seigneur et maistre, pourveu de tout pouvoir et ce qu'il fera sera tenu pour agreable de toute la court celestielle. Il y a long temps que il quiert mais il ne povoit trouver ce qu'il sçavoit qui estoit agreable à sondict seigneur jucques à present. Tu veois commant il vient à grand compaignée, ce grant embassadeur, vestu de la livrée de son seigneur, c'est la robe blanche qui signiffie ignoscence et pureté, et le menteau rouge, c'est charité, car ladicte Charité qui est tant aymée de Dieu a si longuement plaidoyé */f.25v°/* la cause de nature humaine que elle le l'a gaignée au proffit de ladite nature humaine, et a donné Dieu commission à dame Charité de despescher ce noble embassadeur, comme celle qui a les grans ceaulx de toute la Trinité, et affin que les anges congneussent qu'il alloit en embassade moult proffitable, ladicte dame l'a affublé(e) de son menteau[1]. Or t'ay je dit, Ame devote, ce que

---

[1] Allusion au «Procès de Paradis», débat allégorique entre les filles de Dieu —Justice, Miséricorde, Vérité, Paix, Sagesse— popularisé au Moyen Age aussi bien par la prédication que par le théâtre (voir la *Passion* d'Arnoul Gréban, v. 2073-3350; Jean Gerson, *Sermon de la Conception de Nostre-Dame*, *op. cit.*, p. 392). En ce qui concerne les couleurs de la livrée de l'archange et leurs significations, Gabrielle de Bourbon emprunte directement au *Livre de meditation* de Jehan Henry: «Comme Gabriel se presente devant Adam. Comment Adam reçoit reveremment le messagier et blassonne sa cotte d'armes: C'est assavoir blanc et rouge: quant à la couleur

tu m'as demandé, qui est l'embassadeur ne de par qui il vient ne à quelle cause.

L'Ame

O Cueur bienheureux, je te mercie de toute mon affection de ce que tu m'as donné si bien à entendre ce que tant desirois à sçavoir, aussi fois je encores plus de ce qu'il t'a pleu m'avoir icy amené, en disant:

Mon Dieu, mon seigneur, les choses que tu as faictes et faiz tous les jours sur la terre sont de grant admiracion mais, sur toutes les aultres, ceste cy est la plus grande.

He Cueur, je t'ay nommé à bonne cause heureux car tel es tu d'avoir esleu pour ton plaisir et singulier proffit la haulte vollerie, de moy j'ay perdu longuement mon temps et me suis tenue à la basse, dequoy je me repens et deliberée suis, dorresnavant, de toy suivre et apprendre à voller de ton vol, car je voy bien que c'est là le plus proffitable[1].

Le Cueur

O Ame devote, faiz ce que tu dis et je t'assure par verité que en une heure tu y auras plus de consolacion que en toute ta vie tu ne sçauroys avoir en celle du bas. Escoute, escoute, Ame, et tu oyras parler la belle vierge. Et ne te esbais si elle n'a soudaynement respondu à l'embassadeur car Prudence l'a si bien aprise que, avant que respondre, elle pence beaucop que elle doit dire, non se reputant digne, par sa grant humilité,

---

blanche qui est susceptible de toutes autres couleurs demonstre que celle belle blanche robe d'innocence ce dont vostre maistre est vestu luy est propre et l'a de soy. Mais la honte et charité est si grande que ja soit qu'il soit innocent veult estre de notre livrée vestu de chameil et porter voluntairement et paciemment la peine de noz pechés ausquelz de nous ne pouvons satisfaire. Aussi de ceste livrée de blanc et rouge bien se demonstre mediateur estre dieu et homme. Car le blanc nous signifie la divinité et le vermeil humanité.» (cf. aussi *Le livre de consolation sur la joyeuse meditation de la nativité,* «Comme sainct Gabriel vestu de blanc et de rouge vient publier la nativité», «Le blason des armes de Jesuscrist»).

[1] L'image du vol est essentielle chez Jean Gerson; cf., par exemple, *La Montaigne de contemplation*, 11: «Que l'amour mondaine est a oster premierement [...]. Car cest amour est comme gluz qui empesche les esles espirituelles de l'ame qu'elle ne puisse soi eslever hault.»

de si hault et noble salut, et puis Virginité, sa bonne compaigne, luy donne une crainte de veoir ung homme si beau comme estoit l'archange. */f.26/* Ne pence pas pourtant que ce fust la premiere foiz que la dame eust veu les anges car souvant elle les veoit, non pas en si belle figure ne gorgiase comme ceste cy[1]. Aussi n'estoit il venu jamais devers elle ne aultres pour une si grosse besoigne comme à ceste heure. Encores faillut il que avent qu'elle respondit que le sainct archange l'asseurast et qu'il luy dist plus avant de sa legacion qui estoit le principal point, c'est qu'elle concevroit ung filz qui s'appelleroit Jhesus. A celle heure Virginité, sa bonne compaigne et servante, la fist parler et dist au seigneur embassadeur:

Commant se pourroit acomplir ta legacion car il fauldroit que je habendonnasse ma bonne compaigne, Virginité, ce que pour riens ne vouldrois faire?

Alors le sainct archange embassadeur luy dist qu'elle ne se devoit deffier de la puissance du Sainct Esperit, et qu'il viendroit sur elle aussi bien que sur sa cousine Elizabeth qui estoit sterille et à present grosse, et doibs bien croire que toutes choses sont à Dieu, mon maistre, possibles.

Et lors Charité, qui du ciel estoit descendue, eut grant doubte d'avoir perdu son temps d'avoir plaidoyé la cause de nature humayne, par laquelle elle avoit eu consentement de Dieu le pere d'envoier son filz pour le rachapt d'icelle, commança à dire à la dame:

O toy, Vierge qui as en ta compaignye toutes les vertuz ne m'en esloigne point car je suis des principalles, et pence au grant honneur que c'est que d'estre mere de Dieu et aussi au grant proffit que tu en auras car sans cela, quelque parfection qu'il y aye en toy, tu n'aurois pas part au royaulme de beatitude, car par ton moyen la porte sera ouverte à tous ceulx qui ont esté despuis Adam jucques à la fin du monde, en l'ayant merité et quelque merite qu'ilz ayent desservy, si n'y

---

1 Sans entrer plus avant dans une délicate question doctrinale, Gabrielle de Bourbon affirme ainsi l'Immaculée Conception de la Vierge; voir infra f. 30, 31v° et *Le fort chasteau*, f. 40. Ce débat, à la fin du Moyen Age, trouve tout son écho chez Jean Gerson, *Six sermons, op. cit., p.* 361.

entreront ilz point si n'est par toy[1]. Escoute, dame, les saincts peres et bons patriarches, /*f.26v°*/ prophetes et sainctes dames, qui tous te crient mercy en te suppliant que tu ayes pitié d'eulx.

Et lors la saincte en toute perfection, après avoir bien pencé à ce que dame Charité luy avoit dit, voulant obeir à Dieu et aussi à elle, commença à dire au sainct embassadeur, ainsi que sa gouvernante, dame Humilité, luy avoit apprins:

C'est moy qui suis la pauvre chambariere de Dieu.

Ce n'est pas assez, dist l'archange, et Charité qui tant l'avoit embrasée au salut de nature humaine, luy fit dire:

Soit fait en moy tout ainsi que c'est la volenté du seigneur et que tu l'as dit[2].

Et à celle heure le consentement fut baillé de la dame et lors la joye commença si grande qu'elle estoit inconprehansible à tous les entendemens humains.

Le Cueur

Ame devote, dis moy à ceste heure, y a il joye terrienne qui s'approche de ceste cy?

L'Ame

Commant, dist elle, joye terrienne? Je croy en verité que si toutes les joyes du monde estoient assemblées et que une personne en fust servie sa vie durant, si ne seroit ce rien à comparer à celle que je reçoy à present.

---

1 L'intervention de Charité souligne la place prépondérante de la Vierge dans une mystique héritière de la tradition cistercienne. Bernard de Clairvaux, dans ses *Louanges de la Vierge Marie* exprime toute l'anxiété de la créature dont le rachat est suspendu à l'acquiessement de Marie «craintive, simple, pleine de pudeur» (*Saint Bernard*, Textes choisis et présentés par E. Gilson, Plon, 1949, Homélie I, p. 58 et Homélie IV, p. 97). Ce thème inspire les artistes de la fin du XVe siècle: voir F. Avril et N. Reynaud, *Les manuscrits à peintures en France 1440-1520*, Bibliothèque Nationale, Flammarion, 1993, p. 258, n° 136, Jacques de Voragine, *La Légende dorée*.

2 Luc 1, 38.

Le Cueur

Escoute comment ces doulx chans angelicques rendent graces et louenges à leur maistresse qui est à present, et comme ilz luy presentent tous service et sur tous Gabriel, le saint archange, en prenant congé d'elle pour s'en aller faire son rapport à la saincte Trinité commant il a exploicté sa commission[1].

Ame devote, allons presenter nostre service à la grant royne nouvelle et bien heureux serons si elle nous veult mectre de sa retenue.

L'Ame

O Cueur, je te requiers que nous y allons et te pries que tu parles pour moy. Mais il me semble qu'il luy fault faire plus d'onneur que l'on n'a acoustumé puisqu'elle est si grant dame.

Le Cueur

Ame devote, il ne fault pas doubter que d'onneur il ne luy en */f.27/* appartienne tant que il n'est pas en nostre puissance ne de tous les vivans de luy en sçavoir faire ce qui luy en est deu, mais portant ne fault il pas que tu pences que pour estre royne du ciel et de la terre et pour estre mere du filz de Dieu que elle se soit eslevée en orgueuil, car sa gouvernante, Humilité, l'a si bien et doulcement nourrie que pour riens elle ne l'abandonneroit, et concidere bien que ceste dicte vertuz d'humilité est principalle cause de luy faire avoir l'honneur que elle a. Parquoy allons hardyment à elle, et faisons ce qui est en nous car elle ne demande que bon vouloir.

Et quant fusmes à genoulx nous commençasmes à dire:

---

1 La musique, ici comme dans les mystères (cf. la *Passion* de Gréban, p. 98), attire l'attention sur les scènes importantes; elle est, bien entendu, musique céleste (voir supra f. 19-19 v° et infra, f. 31...) qui annonce, à la manière de Jehan Henry, le «mélodieux accord» de l'union finale entre le créateur et la créature; cf. *Le livre de meditation sur la reparation de nature humaine*, «L'acteur».

O royne, souverayne disgne sur toutes les disgnes, et bien y pert car, despuis que nostre premier pere Adam et premiere mere eurent mis par leur peché en exil nature humayne[1], n'a esté trouvé femme, si parfaicte fust elle, qui fust digne d'estre eslevé en la dignité roialle comment tu es à present, ne aussi concevoir comme tu as compceu le noble daulphin, filz seul de Dieu, heritier du royaulme eternel. Madame, voycy l'Ame devote et moy, pauvre Cueur contemplatif, qui te supplions treshumblement qu'il te plaise nous faire cest honneur et grace de nous retenir en ton service, et si te rendons actions de grace de ce qu'il t'a pleu que nous ayons esté en ton secret oratoire, ouquel avons receu plus de joye que noz esperiz n'en pevent comprendre. O dame, sur toutes les dames bien estes eureuse quant par vous seront rempliz les sieges du grant royaulme qui vacquoient. Et plaise toy, madame, par ta pitié nous y faire avoir nostre lieu car nostre vouloir n'est autre que cestuy là, c'est de toy bien servir soit en prosperité ou advercité, et tellement que seras esmeue par ta bonne charité, qui est sur toutes les aultres grande, nous faire avoir lieu en ce beau royaulme eternel. Encores te supplions nous, dame, qu'il te plaise nous faire ceste grant grace de vouloir que nous te suyvons jour et nuit et que vostre huys ne nous soit fermé.

La belle noble et saincte dame */f.27v°/* nous dist:

O Cueur et toy, Ame, j'ay ouy vostre requeste laquelle je vous acorde, et si vous dy que jamais creature, si grant pecheresse soit elle, quant elle se retirera vers moy que je ne la receve, et davantage je dis que je me mectray en mon devoir de prier Dieu pour eulx et ne cesseray que je ne leur aye

---

[1] Sur le thème de l'exil de l'âme, voir Jean Gerson, *Œuvres complètes,* vol. VII, *La Mendicité spirituelle, p.* 221: «Homme, mon hostelain qui avec moy y es gettés hors de ton premier pays, et sommes ensamble en la chartre obscure et doloureuse de ce present exil, je congnois bien, helas, que je suis povre, malade, emprisonnée, blecée et navrée, nue, sans vesture et si n'ay rien. Trop male fut l'eure quant le premier pere commit envers Dieu, le souverain roy, tel traison, tel crime de lese majesté que tout nostre heritage fut fourfait et osté..». Dans l'économie de l'œuvre de Gabrielle de Bourbon, le motif annonce évidemment *Le Voyage espirituel.*

impetré grace, et si me voulez suyvre, vous me ferez plaisir et tousjours mon huis vous sera ouvert, et vous departiray de mes consolacions spirituelles. Et si me voulez tenir compaignie, je m'en voys visiter ma cousine Elizabeth qui est enssaincte ainsi que m'a dit l'archange, et ne doubtez que en ce lieu y aura des consolacions grandes[1].

Et plus ne dist la dame. Et lors nous commenssasmes à luy rendre les grans merciz, telz qu'il est en nostre povoir et sçavoir, en nous recommandant à sa benigne grace.

Le Cueur

Et Ame devote, mamye, et que diras tu à ceste heure? N'es tu pas bien eureuse d'avoir habandonné les affections mondaynes et de toy estre retirée d'icelles? As tu ouy la doulce et consolable response qu'il a pleu à la grant dame nous faire? Et quelle joye devons nous avoir d'estre retenuz en son service et qui plus est d'avoir ce grant honneur que son huis nous sera ouvert et à tous ceulx qui y vouldront aller. Despuis qu'il luy plaist que luy tiegnons compaignée pour aller visiter sa bonne cousine Elizabeth, n'y fault faillir et, quant est de moy, je n'y fauldroye pour riens car toutes les joyes et plaisirs qui sont au povoir du monde de donner ne me sont que ennuy, parquoy fault bien, si je veulx avoir mon plaisir, que je suyve madame, ma maistresse, car en ce qu'elle se rejouira je me resjouiray, aussi en ce qu'elle se dolera je y participeray, et en ceste oppinion me suis arresté et bien me treuve. Pour l'amour fraternelle que j'ay en toy, Ame devote, je t'ay tousjours appellée */f.28/* aux douleurs et aussi fois je à ceste heure aux joies et tousjours feray, mais que tu le vueilles.

L'Ame

O Cueur parfait, Cueur bien eureux, je te mercie de tout mon povoir et te requiers que tu ne me laisse en arriere, mais il fault que je te die ma pauvreté, c'est que je me sens bien pesante pour voller si hault comme toy[2]. Or te requiers qu'il

---

1 Luc 1, 36.

2 Sur cette image, voir supra p. 96, note 1. On peut penser au psaume 54 et au texte d'Isaïe 6, 2, souvent commentés par les auteurs mystiques.

te plaise de prendre la paine de m'essemer tout ainsi que fait le faulconnier son sacre quant il le tire hors de la ferme où il a esté nourry de bonnes viendes, pareillement j'ay esté nourry longuement en la ferme de mon meschant corps de toutes viendes pesantes et terrestes, parquoy mon esperit n'est pas prompt à s'eslever hault si tu ne me guydes. Une chose y a, que j'ay bon vouloir de toy suivre, car ceste belle contemplacion de l'anunciacion angelicque m'a tellement embrazée en l'amour de nostre maistresse que aultre chose ne desire que la suivre et servir, et te pry que nous nous metions en la voye pour aller veoir la joyeuse assemblée des deux nobles dames.

Comant le Cueur contemplatif maine l'assemblée davant Nostre Dame et Elisabeth, sa cousine.

/f.28v°/
*/Miniature 16/**

Or, sus, Ame devote, allons apprès nostre maistresse!

Si n'eusmes gueres chemyné que la trouvasmes à pié, passant montaignes et vallées.

O Ame devote, et n'as tu point pitié de celle belle jeune vierge qui est enssaincte, et bien y appert, qui tant se peine */f.29/* par ces maulvais chemins?

Helas, nous suysmes sy meschans que, pour acomplir les œuvres de misericorde, nous ne voulons prendre la payne d'aller visiter ceulx qui sont en necessité et vous, madame, y allez en grant travail et paine pour visiter et consoller la bonne et ancienne dame.

L'Ame

Cueur contemplatif, je m'esbais qui l'a conseillée de faire une si longue voye sans estre aultrement acompaignée, car je

* Miniature n° 16: La visite à Elisabeth. La Vierge, debout, tend la main droite vers Elisabeth, agenouillée, vêtue de gris et rose. A l'arrière, l'ange est en rose, avec des ailes bleues.

La Visitation
1 AP 220 (f.28v°)

ne voy point gens aveques elle suffisans pour la defendre si on luy vouloit faire desplaisir.

Le Cueur

Ame devote, je congnois bien que tu dy vray et que tu te sens de la longue ferme où tu as esté, et des viendes terrestes dequoy tu as esté repeue, et n'es encores parfaicte. Jassoit ce que tes parolles soyent raisonnables en tant que touche l'estat mondain et au regard de l'espirituel tu n'en approches en riens, et croy bien que les vappeurs mondaynes te offusquent la veue, puisque tu ne voys la belle compaignye angelicque qui est avecques elle et aussi toutes mes dames les vertuz[1]. Tu doiz bien entendre que une telle grant princesse n'yra pas qu'elle ne soit bien acompaignée. Le noble embassadeur qui luy porta la joyeuse nouvelle, et aussi la verité de sa cousine qui estoit enssaincte, c'est celluy qui a la principalle charge de la conduyre, et celle qui plus l'a conseillé de ce mectre en chemin, ce a esté dame Charité et aussi sa grant gouvernante, Humilité. Je te prie, Ame, mamye, ouvre l'oreille de ton entendement et escoute dilligemment les sainctes parolles qui sont profferées par les bouches de ces sainctes dames, car elles viennent tout freschement de l'escolle et ont ouy lire la doctrine de la saincte sapience, dicte par la bouche du docteur subtil, c'est le benoist Sainct */f.29v°/* Esperit.

Quant la bonne dame Elizabeth sceut la venue de la bonne dame, sa cousine, vint au davant en luy faisant honneur de sa puissance, et tel qu'elle sçavoit qu'il luy appartenoit, et luy dist par grant admiracion:

O benoiste entre toutes les femmes, et dont vient cecy que la mere du filz de Dieu se soit tant humiliée de venir visiter sa pauvre servante? Je suis si ravye de joye que je ne say que dire, fors que benoiste es tu et benoist est le fruit de ton ventre. Madame, sans doubte nulle, la joye est tant multipliée

---

1 On retrouve ici la distinction, habituelle au Moyen Age (Hugues de Saint Victor, ou Jean Gerson) entre oeil corporel de la raison et oeil spirituel de l'âme, que Jehan Henry commente dans le *Jardin de contemplation*. Voir supra, p. 56, note 1.

en moy que le fruit de mon ventre, en a sa part, car il s'agenenoille dedans mon ventre faisant la reverance à son maistre et seigneur et frere, et saulte et fait toute la joye que le Sainct Esprit luy a apring[1].

Quant la bonne dame eut ouy la belle salutacion de sa bonne cousine, elle congneut bien que le Sainct Esperit luy avoit revellé le mistere de l'incarnacion et, toute honteuse comme estoit sa coustume, commença à dire[2]:

O cousine, bien es eureuse quant le tout puissant t'a tant amée qu'il t'a revellé son secret et aussi de ce que, toy qui estois sterille, il t'a fait la grace de compcevoir un filz qui sera le plus parfait en sainctеté de tous ceulx qui naistront de femme.

Et après ces motz, la belle dame commença ce beau canticque qu'elle fist, c'est *Magnificat anima mea dominum* et ce qui s'enssuyt. Après, en disant ce beau canticque en grant devocion, s'en entrerent en la maison où estoit le bon Zacharie qui luy fist feste et honneur par signe car il ne parloit point, ainsi que l'on treuve par escript et le demeurant du mistere[3], parquoy m'en tais à cause de briefveté.

Or je te demande, Ame, qu'il te semble de ceste saincte et devote assemblée?

L'Ame

Ha, Cueur, qu'il m'en semble? Je ne te sçaurois bailler nulle comparaison aux assemblées mondaynes, plaines de tous pechez, et ceste cy que je voy est tout le contraire car elle est plaine de */f.30/* louenges à celluy à qui elles appartiennent. Il n'y a point de ellevacion d'orgueil, en tant que la royne du ciel et de la terre en si grant humilité est venue visiter sa pauvre cousine, deliberée de luy tenir compaignée jucques à ce qu'elle soit relevée. Aussi la bonne encienne dame n'est point ingrate mais recongnoist bien que cest honneur ne luy

---

1 Luc 1, 42-45.

2 A l'exemple de Jehan Henry, dans le *Livre de meditation*, Gabrielle de Bourbon insiste à la fois sur la grandeur seigneuriale de la Vierge — «telle grande princesse»— et sur son humilité.

3 Luc 1, 46-55.

est pas deu que la mere de Dieu viegne devers elle, ainsi comme ouy avez qu'elle a dit. Et, sans doubte, il me semble que ceste devote contemplacion est assez suffisante pour retirer le plus dur cueur du monde à bien faire et laisser peché.

Le Cueur

Tu dis verité, Ame devote, car en bien meditant ceste saincte visitacion, la personne seroit bien dure qui ne s'esmoveroit à devocion, ayant vouloir de servir la tant parfaicte et humble dame, car toutes les foiz que l'on mectra sa pencée bien ententifvement à elle, despuis sa nativité jusques à son assumpcion, on trouverra toutes ses euvres si tresparfaictes en toutes choses et plaines de bons exemples qu'il n'est rien plus consolable.[1] Car si tu as matiere de joye, remectz la en celle de ta maistresse et elle te doublera, si tu as cause de tristesse, pence aux douleurs que je t'ay par contemplacion fait veoir, lesquelles elle a souffertes pour son cher et doulx enfant, et les tiennes te seront bien portables. Et si t'asseure bien, et le crois hardiment, que la pencée que tu auras continuelle d'icelles te rendra moult plaisante à la saincte Trinité et bien fort familiere du Sainct Esperit et rengera ton corps à suyvre ceste voye, tellement qu'il ne demandera que esloignement du monde pour estre prochain de ce benoist Sainct Esperit qui à toute heure te rendra nouvelle consolacion.

L'Ame

O Cueur, et combien te suis je tenue, je ne le sçauroys dire! Je te promectz obeissance et continuelle compaignie car je congnois bien que tu me conseille pour parvenir au bien perpetuel[2].

---

1 Voir supra, p. 97, note 1.

2 Le questionnement du Cueur contemplatif, qui a engagé l'Ame à commenter la scène pour en comprendre le sens, est révélateur du changement annoncé au début de la deuxième partie du traité: l'Ame est trop imparfaite pour faire seule son profit de la contemplation - voir supra fol.21.

/f.30v°/ Je loue Dieu de ce que je voy que n'ay perdu le temps à t'avoir conduite et menée quant et moy. Faiz ce que tu dis et bien t'en trouverras. Retirons nous à nostre secret pour bien à loisir mectre en nostre memoire ce que nous avons veu[1], et ne faiz faulte de te rendre à moy à ceste veille de Nouel et ensemble yrons veoir si pourrons faire aulcun service à nostre maistresse car c'est l'heure qu'elle doit acoucher.

/Miniature 17/[*]

Commant le Cueur contemplatif mayne l'Ame devote en Bethleem veoir la nativité nostre Seigneur.

/f.31/ Or, sus, Ame devote, mamie, allons renoveller noz joyes car l'heure s'approche que nostre maistresse a affaire de ceulx qui sont en son service.

Nous nous suismes mys en la voye et, quant avons esté en la cité de Bethleem, summes allez par toutes les bonnes maisons de ladicte cité mais, las, nulles nouvelles ne trouvons de ce que nous demandons, dequoy summes si tristes qu'il n'est possible de plus.

L'Ame

A Cueur contemplatif, mon amy, et qu'est cecy? Et ne sçaurions nous trouver nostre maistresse? Je suis à demy transsy. Appellons le Sainct Esperit, il nous consollera ou nous trouverons ce que nous querons.

Après que nous eusmes fait nostre oraison, allasmes encores plus avant en ladicte cité, et pource que la nuyt estoit obscure, nous suismes retirez soubz la halle qui est ung lieu commung, et celluy qui ne delaisse jamais ses pauvres creatures en longue tristesse et spirituelle nous fist ouir tous les doulx chans angelicques.

---

1 Cf. Jehan Henry, *La Gesine de Nostre Dame*, f. 2 v°: la «secrete chambre de meditation solitaire».

* Miniature n° 17: L'Adoration. Les rois mages —l'un est agenouillé et les mains jointes— entourent l'enfant Jésus, sur son «bers» au milieu d'une salle grossièrement pavée mais richement décorée. A l'arrière, le Cueur contemplatif et l'Ame dévote.

L'Adoration des rois mages
1 AP 220 (.30v°)

L'Ame

O Cueur, et qu'esse que j'oy?

Le Cueur

He Ame devote, et as tu oublié le chant angelicque que tu ouys en Nazareth? Ce sont ceulx mesmes. Reprens bon courage car j'espere que aurons, de brief, joye. Tirons celle part car mon espoir me juge que là trouverrons nous ce que nous avons tant quis.

Si allasmes au lieu où nous sembloit que estoit le chant mais, las, douleur, c'estoit ung tet à bestes! Toutesfois, entrasmes nous dedans ce petit habitacle mal paré. Helas, helas, et qu'est cecy, Ame devote, et que diras tu de veoir ce que tu voys? Ce sont choses, qui bien les goustera, de grant douleur et qui pourront tirer toutes personnes à grant devocion, car je ne pence pas qu'il y aye cueur si dur qui ne se deust, pour ceste contemplacion, pasmer de joye et de compacion ensemble: de joye, en voyant ce beau petit enfant qui est nostre Dieu, nostre rachapteur, et celluy qui est venu aux peines de ce monde pour nous donner */f.31v°/* joye sans fin; et aussi compacion grande devons nous avoir de toutes les paynes qu'il endurera pour nous en ce monde, dès ceste icy qu'il est ne jucques à l'eure qu'il dira *tout est consommé.*[1] Et n'as tu pas pitié de le veoir si pauvrement couché en celle creche à bestes, veu le grant froit qu'il fait qu'il n'a chaleur nulle que l'alayne de ces deux pauvres bestes qui luy font l'honneur et le service tel que l'estins naturel leur apprent[2]?

Et, madame, vous estes à genoulz devant vostre enffant, et pourquoy ne le prenez vous entre voz braz et l'appaiser de vostre doulce mamelle? O mere et vierge! O nourrice et pucelle! O emperiere du ciel et de la terre! Plaise toy, par ta benigne grace, dire à l'Ame devote et à moy que tu faiz à

---

1 Jean 19, 29.

2 Cf. Jehan Henry, *La Gesine*, f. 16 v°, «Comme Humilité prepare le logis au benoist Jesus».

genoulx devant ton enffant car, puisque tu es la mere, me semble que ne luy devrois faire si grant honneur[1].

[Nostre Dame][2]

Ha Cueur et toy, Ame devote, et vous esbaissez vous si je fais honneur à mon enffant? Vous ne le devez point estre mais devez entendre que s'il est mon enfant aussi est il mon Dieu, mon seigneur, et pour tel je l'adore ainsi que tu voys, et si luy rends graces car de toutes celles qu'il a creés n'y en a nulle qui y soit tant obligée comme moy, et par trois principalles raisons que je vous diray: la premiere est que dès le ventre de ma mere, il me sanctiffia et tellement que je ne sçauroys pecher[3]; l'aultre, que moy qui estoys sa chambariere, il m'a fait cest honneur qu'il m'a esleue pour sa mere; et l'aultre, que combien que je soye sa mere, toutesfoys si suis je demeurée vierge, parquoy je luy rends grace ensemble pour tous les aultres dons de grace qu'il m'a faictz.

Le Cueur

Après que la dame, de sa grace, nous eut dit ce que luy avyons requis de sçavoir, elle se prosterna à terre aux piez de son enfant et les baisa et puis, en grant honneur, le vint baiser en la bouche et le print entre ses braz et de ses pauvres drappeletz l'envelopa.

/f.32/ Ame, mamye, dy moy qu'il te semble de ce que tu voys.

Helas, Cueur contemplatif, je ne sçay que dire car je voy choses si tresadmirables et si tresfortes, et croy je que, sans l'aide du benoist Sainct Esperit, à paine que mon entendement seroit troublé de veoir celluy qui a formé le ciel et la terre et tout ce qui y est, et que toutes choses sont en sa puissance, nous a tant amez qu'il c'est fait enfant et n'a pas

---

1 Même procédé que pour le *Planctus* —voir p. 76, note 1—: le Cueur souligne, par ses questions apparemment naïves, ce que le mystère peut avoir d'incompréhensible aux yeux de la raison humaine. C'est alors la Vierge qui sert de guide à l'entendement.

2 Erreur du copiste qui a transcrit «L'Ame» pour «Nostre Dame».

3 Voir supra p. 97, note 1.

voulu prendre ses robes royalles mais les nostres pauvres que nature mesmes nous a baillez, encores c'est consenti à estre subget à froit, à chault, à fain, à soif et à toute paine et travail[1].

L'Ame

He Cueur contemplatif, je te prie, faisons comment nostre maistresse, adorons nostre petit enffant qui est le grant seigneur et le grant roy sur tous les roys, autrement nous ferions pis que les bestes qui l'ont fait selon leur povoir et sçavoir.

Le Cueur

Ame devote, je ne remectz point en doubte que tu ne te trouves esbaye, car la cause y est grande, de veoir ung petit enffant qui est si puissant que toutes choses sont à luy possibles, il a tout fait et peult tout deffaire et si est voulu venir au monde pour soy faire nostre frere, et sa mere qui tousjours est demeurée vierge porte bon tesmoignage que son filz est vray Dieu puisqu'elle l'adore, comme tu as veu, et quelque grant roy ne puissant qu'il soit, si est il bien pauvrement logé et si tresmal acoustré qu'il n'a que une pierre soubz sa teste pour luy faire chevet et ung peu de veil foing qui est sa choete, et la creche des bestes pour son bers. Une chose y a, car il a tous les doulx chans angelicques qui le resjouissent, et une chose dequoy tu ne parles point qui n'est pas à mectre en arriere car c'est chose merveilleuse. Scez tu pas bien que nous summes ès environ l'eure de la menuit ou peu après? Toutesfoiz en ce lieu fait aussi cler et resplandissant que si toutes les estoilles */f.32 v°/* avoient la clarté du soleil si ne sçaroient elles donner plus grant lumiere que tu voys en ceste petite logete[2]. Et puisque tu veulx l'aller adorer, ce noble roy nouvellement né, allons y en grant confusion de lermes de joye et de pitié entremeslées, car la beaulté et replendeur de ce bel enfant est si grande qu'elle

---

1 Cf. Jehan Henry, *Le livre de meditation*, Préface à Damoiselle Gabrielle de Bourbon: «N'esse pas grant exemple de humilité voir le plus riche et le plus noble du monde soy reputer ung pouvre mendiant?»

2 Luc 2, 9.

donne joye en le regardant à tous pauvres desolez, aussy pitié fault avoir de le veoir si pauvrement pourveu de toutes choses necessaires pour luy et pour sa doulce mere.

Lors nous nous suismes mis à genoulx et prosternés en terre, qui estoit tout ce que nous povyons faire d'honneur à nostre petit maistre. Puis moy, pauvre Cueur, commençay à dire:

O Dieu eternel, createur des humains, je te adore de toute mon affection, te suppliant treshumblement vouloir avoir pour agreable mon petit service, protestant davant ton humanité et aussi davant ta divinité, que je croy à present estre ensemble, de jamais ne te delaisser. O mon Dieu et mon seigneur, reçoiz, s'il te plaist, ce present que je te faiz à ta joieuse nativité, c'est de mon cueur qui ne quiert jamais de toy departir.

O petit de age et grant en povoir, je te adore de tout mon cueur et de tout mon sçavoir[1]. O Dieu eternel qui tout as creé mais tant as voulu te humilier que tu t'es fait petit enfant, toutesfoys ne veulx je pas ygnorer que tu ne soyes Dieu tout puissant, et pour tel je te tiens et adore en te suppliant en toute humilité, mon beau petit seigneur, faire lieu au present que je te fais, c'est de mon esperance car en toy je la mectz et si suis certaine que mieulx ne la sçauroys metre. Doncques, mon Dieu, en vous mon espoir repose et à ceste heure, icy devant vous, je propose que jamais en autre lieu ne la metray. Et pour l'honneur de vostre nouvelle et tant */f.33/* joyeuse nativité vous plaise me recevoir.

Quant nous eusmes fait, l'Ame devote et moy, nostre adoracion et humble supplicacion à l'enfant, telle que cy dessus est escript, nous dismes à la mere:

O mere de Dieu, vierge sans per qui es parée et ornée de toutes vertuz, royne sur toutes honnorée, nous te supplions treshumblement, l'Ame devote et moy, qu'il te plaise estre nostre advocate envers ton beau petit enfant. Ainsi que nous

---

1 Là n'est plus l'oraison du Cueur contemplatif mais celle de l'Ame devote qui annonce ainsi et éclaire la devise des Bourbon: «Espoir en Dieu».

avons esté les premiers après sa nativité qui l'avons adoré à ton exemple, et luy avons fait present de nostre service, qu'il luy plaise nous recepvoir et nous faire telz, comme celluy qui le peult faire, que à jamais luy soyons agreables.

Nostre Dame

Cueur et toy, Ame devote, de moy bien amez, je vous foys responce par mon enfant, comme celle qui scet son vouloir, et vous asseure qu'il a prins grant plaisir à ouyr voz adoracions et supplicacions, et vous dy de par luy qu'il vous octroye tout ce que luy avez requis et que luy requerrez, mais qu'il soit juste et raisonnable, car il ne c'est fait homme que pour vous donner vraie congnoissance de l'amour qu'il vous porte et aussi à toute nature humayne. C'est vostre pere, vostre frere, vostre Dieu et vostre seigneur: comme pere, il vous traictera doulcement mais que luy rendiez obeissance; comme frere, il vous departira de ses biens; et comme Dieu tout puissant et eternel, il vous tiendra justice car des services que luy aurez faictz, il vous guerdonnera en grant liberalité et aussi, si mesprenez[1] contre sa digne magesté, il vous pugnyra en grant rigueur. Et au regard de moy, je ne prendray en rien plus grant plaisir que de le supplier comme mon Dieu et le requerir comme mon enfant qu'il aye pitié des pauvres pecheurs.

Le Cueur

Ame devote, mamye, et combien devroyent estre noz esperitz rempliz de joye! Je croy que à ceste heure tu as tout ce que tu demandoys. */f.33v°/* Applicque donc tous tes fais à la louenge et au service de celluy dont ilz procedent, et quant tu n'en auroys eu aultre chose que ces troys contemplacions[2] que je t'ay monstrées, sy esse assez pour applicquer tout le demeurant de ta vie à toutes euvres celestes. Tu as bien ouy la response qu'il a pleu à nostre benoiste dame et maistresse nous faire, tant pour son cher enffant que pour elle. Et nous devons, pour ce jour, tenir les plus eureux et contends qui

---

1 Leçon douteuse.

2 C'est à dire, la Passion, l'Annonciation et la Nativité.

soyent au monde, et ne devons avoir autre solicitude que de bien dilligemment regarder la beaulté de nostre maistre sur toutes autres nompareille, et aussi les doulx regards qui fait à sa jeune mere et vierge, qui est pour la contenter, et aussi d'escouter les doulces parolles que la bonne mere luy dist: unesfoiz elle parle à luy comment à enfant, aultresfoiz comment à son seigneur et son Dieu[1]. Et ne devons cesser de luy rendre louenges, car si nostre vie estoit aussy longue d'icy à la fin du monde, si ne sçarions nous satisfaire comme les causes le requierent. Mectons les mains en euvre pour laver ses petiz drappellectz et allons par la ville querir leurs nececitez. Toutes ces choses bien acomplies nous rendront en tout temps à la saincte Trinité bien agreables.

L'Ame

O Cueur contemplatif, mon amy, oncques mieulx ne me peult advenir que de t'avoir rencontré, car tu m'as conduicte ès lieux où j'ay plus proffité [que] tout le demeurant de ma vie. Je suis en ceste deliberacion de exploicter mes jours au service de l'enfant et la mere, depuis qu'il leur a pleu m'avoir pour agreable le presant de mon esperance que je leur ait fait. Ne me souciray plus des choses transitoyres car elles sont faulces et decepvables, aussi et à ceste heure je congnois pour toute verité que *Espoir en Dieu*, c'est ma divise.

/f.34/ Sans doubte nulle, Ame devote, ton cheminée est bien assise et ne peulx faillir, mais garde toy que tu ne faces comme les mondains qui souvant chengent de devise car tu ne sçaurois amender.

Et ainsi que parlions ensemble, nous ouysmes ung bruit comme de chalumyes et tambourins, et vismes entrer en la petite maisonnete pastoureaux et pastourelles. Avecques leurs pannetieres et houletes, vindrent faire la reverance à ce beau petit enfant et luy firent present de leurs biens comme de noix et de noisetes, clames et tarteletes, chappeaux de fleurs et

1 Sans entrer plus avant dans le dogme, Gabrielle de Bourbon a souci d'en rappeler un des points essentiels: la double nature du Christ. Voir supra fin du f. 32 v°.

de violetes, jouant de leurs flajoux et disant chansonnetes[1]. En faisant tout cecy, c'estoit pour le rejouyr. La dame receut leur present moult amyablement en les remerciant et aussi de leur bonne visitacion.

Or voys tu bien, Ame devote, commant ceste belle nativité rent joye à toutes creatures raisonnables et irraisonnables, car tu as veu les bestes, c'est le beuf et l'ane, qui ont fait leur devoir et à ceste heure ces pauvres pastoureaux, qui sont simples personnes, font toute la joye qu'ilz pevent en luy faisant honneur de leurs biens, present, et si n'ont pas la congnoissance comme nous, qui est une chose qui bien nous devroit esmouvoir à faire tout nostre pouvoir à le servir et honnorer.

Ne demeura gueres de jours après que nouvelles joyes vindrent à la dame car despuis que les simples pastoureaux eurent fait leur devoir, tentost après ouysmes grant bruit et grant compaignée de chevaulx et de gens.

L'Ame

Cueur, j'ay veu ceste joyeuse visitacion que ont fait ces bons pastoureaux, qui redouble tousjours la joye, considerant que nostre maistre veult estre servy de toutes manieres de personnes et que à tous il veult donner consolacion. Mais j'oy ung bruit bien grant, ne sçay si on vouldroit */f.34v°/* point faire à nostre maistre et maistresse quelque desplaisir.

---

1 L'adoration des bergers est souvent représentée dans les *Heures* de Simon Vostre. Si l'Evangile ne mentionne pas ces cadeaux remis à Jésus, les Mystères se plaisent à développer la scène: le *Mystère de la Nativité* de Chantilly montre l'un des bergers, nommé Eylison, offrant aussi des fruits, prunes et noix (voir E. Mâle, *op. cit.*, p. 54 et M. Cohen, *Histoire de la mise en scène dans le théâtre religieux français du Moyen Age*, Paris, 1906, p. 117). La transcription du mot «clames» est douteuse: «clame» désigne un manteau de pèlerin, et on peut certes admettre ce sens si l'on considère que souvent les bergers présentent les cadeaux les plus divers (cf. le *Mystère de la Nativité de Jhesuchrist* où les pastoureaux offrent des andouilles, du jambon, des tartes, des beignets mais aussi un moulinet, des mouffles et une toque), mais ici l'énumération par paires qui riment entre elles fait plutôt attendre un présent de même nature que les «tarteletes»; le mot «clame» ne désignerait-il pas alors des sortes d'oublies ou de beignets? Dans *Le Ménagier de Paris*, on trouve, par exemple, le terme «supplications» pour désigner ce type de pâtisserie.

Le Cueur

Et commant, Ame devote, et foys tu doubte que celluy à qui tu as donné ton esperance ne soit tout puissant, tout voyant, tout sachant fait et affaire?

L'Ame

Je le croy tel, mais l'amour dequoy je l'ame est telle et si tresgrande que il me fait avoir le doubte que je t'ay dit.

Le Cueur

Tu n'as pas tor si tu l'aymes, car encores te ayme il plus et il le t'a monstré et encores mieulx le te monstera. Le bruit que tu dis que as ouy, ce sont les troys roys qui viennent des longues parties d'Orient pour l'adorer, eulx inspirez du Sainct Esperit. Estans en leurs regions longtaynes, sont venuz à la conduicte de l'estoille veoir le beau solleil resplendissant[1]. Or regarde bien l'onneur qu'ilz luy feront et le bon recueil que l'enfant et la mere luy feront, car c'est icy une contemplacion bien fort devote et qui porte grant tesmoignage à la grande puissance de nostre maistre, car ilz sont roys puissans et sages et le viennent adorer de si loing, et jaçoit ce qu'ilz le voyent en si pauvre lieu, toutesfoiz si n'ont ilz point mescreu que ce ne soit luy qui est Dieu tout puissant et celluy à qui est deue toute reverance et honneur. Regarde, Ame devote, comme ilz se mectent à deux genoulx en luy faisant la foy et hommage et luy baisant les piez, pour luy donner à congnoistre qu'ilz veullent estre ses subjectz et à luy tributaires, en luy voulant desjà payer le tribut en choses precieuses, comme en or, myrre et enssans, en vaisseaux disgnes et riches. Helas, Ame, mamye, regarde bien ce mistere et, je t'en prie, et aussi la contenance de ce sage enfant, car il leur donne bien à congnoistre qu'il scet tout leur vouloir, et, sans parler à eulx, il leur donne bien à congnoistre qu'il les reçoit pour ses */f.35/* hommes et subjectz, et seront desormais de ses chevaliers qui pour luy combateront, et le payement sera eternel. Ilz ne perdront pas leurs paynes d'estre venuz

---

1 Matthieu 2, 1-12.

faire honneur à ce beau petit enfant puisqu'ilz en recevront si grant loyer, sans comparaison à estimer envers ceulx de ce monde.

L'Ame devote

Cueur contemplatif, je voy bien que tout ce qui ce fait en ce lieu est euvre divine et non mondayne, car je voy bien que ces grans roys ne fussent venus de si longtaynes terres adorer ce petit enfant en ce pauvre habitacle si la puissance divine n'y eust besoigné. Je voy bien que nostre maistresse se resjouist, et nous aussy quant et elle, et bonne cause à de soy rejouyr voyant que desjà les vivans ont congnoissance de la nativité de son enfant, qui est Dieu et homme. Et ceste congnoissance a esté publiée par les voix angelicques qui en ont fait leur devoir, disant que *gloire grande estoit on ciel et en terre, paix aux gens de bon vouloir qui desirent servir et louer leur Dieu qui estoit né*[1].

Le Cueur contemplatif

Ame devote, icy povons, toy et moy et toute creature, beaucop proffiter. Les mondains, qui ne quierent que la gloire mondayne et celuy qui la donne, la mesprise. Car s'il luy eust pleu, il eust eu en ce lieu le plus beau palaix qui fut jamais et orné de tous les plus precieux ornemens que l'on sçauroit pencer. Mais il nous donne bien à congnoistre que ce sont choses de petite valleur, et croyez aussi qu'il l'a fait pour donner exemple de pascience aux pauvres car il ne sçauroyt gueres avoir plus de pauvreté, luy qui est le roy et seigneur de tout le monde, qu'il a voulu avoir pour luy et pour sa mere. Parquoy à ceste oraison, ceulx qui sont en pauvreté la doivent bien avoir pour agreable, et ceulx qui ont des biens de ce monde en grant habondance ne les doivent pas trop aymer ne priser */f.35 v°/* et, pour les faire à Dieu agreables, devez avoir pauvreté voluntaire[2].

---

1 Luc 2, 14.

2 Dans cette deuxième partie du traité, les interventions du Cueur contemplatif prennent forme de sermon. Comme dans le *Sermon pour la*

Ame, je t'ay montré quatre devotes contemplacions, retirons nous ung peu appart pour les rememorer et, si bien elles sont empruntes en nostre entendement, il ne nous fault aultre passetemps car assez trouverrons matiere pour l'exploicter, unesfoiz joyeuse et moult consollable, autresfoiz dolante, qui sont bien proffitables. Ayons doncques au davant de nostre regard ce beau petit enfant et ses doulces enffances, et aussi la bonne dame et mere, ayons l'oil à nostre contemplacion sur eulx arrousé de larmes, mistionnées de joye et de pitié, et, en ce faisant, je t'assure, Ame, mamye, et pour toute verité, que seras telle que tu desires, c'est agreable à toute la Trinité.

O Cueur parfait qui es tout enflambé en l'amour de Dieu, je te mercie et te supplie qu'il te plaise ne me laisser point mais me conduyre encores par la bonne voye contemplative, car d'y aller seulle ne suis encores assez puissante pour combatre les empeschemens qui en icelle sont et me pourroyent faire fourvoyer, mais en ta compaignée ne puis faillir[1].

Ame devote, je t'ay trouvée si playne de bon vouloir à suyvre ladicte voye contemplative que de tant que j'ay plus tost commencé que toy d'y aller, j'en ay mieulx apprins les sentes pour eviter les embuches que a mis pour nous decepvoir le monde qui tant scet de cautelle et de traison, car à l'eure qu'il fait le plus beau semblant, c'est quant il veult decepvoir les pauvres pellerins et les mayne en ses prisons dangereuses, qui n'a le sens de s'en garder. Mais, comme je t'ay dit, je te tiendray compaignye et te meneray ès lieux où je pence que tu recepvras nouvelle consolacion. */f.36/* Et pource que je veulx ennuyer ne toy ne les liseurs, car pour te trop mené de lieu en aultre te pourroit estre ennuy, et les lisans qui vouldront veoir ce traicté jucques au bout longue escripture et mal couchée pourroit beaucop fascher, et pource je abregeray car je t'ay monstré les douleurs de la vierge

---

Noël de Jean Gerson (*op. cit.*, p. 275), se trouvent soulignées les trois leçons de l'Incarnation: l'amour pour Dieu, l'humilité et, ici, le mépris des richesses mondaines.

1 Voir p. 105, note 2.

La Pentecôte
1 AP 220 (f.36v°)

mere, et apprès te monstray la joye grande qu'elle eut en la resurrection de son enfant, qui fut, comme je croy, la plus grande qu'elle eut jamais en ce monde. Et, pour ceste heure là, lairray car on livre desdictes douleurs on le verra, mais je pence encores t'en monstrer troys: la premiere sera que après que le benoist Jhesus s'en fut monsté aux cieulx et que sa benoiste mere et tous ses benoistz apostres et disciples demourerent tous desolez de avoir perdu la veue corporelle de leur bon seigneur et maistre, et puis que le jour de la Pentecouste en ce beau mont de Syon les voulut consoller et leur envoya le benoist Sainct Esperit[1]; l'autre, c'est que au trespassement de ladicte dame, son enfant s'i trouva; la tierce et derniere, qui est la plus grande, commant elle fut receue en grant triumphe au royaulme de Paradis[2].

Cueur contemplatif, mon amy, je te mercie le plus que je puis de ce que il te plaist me conduyre par la parfaicte voye et me monstrer encores ces troys devotes contemplacions, et me tiens tant tenue à toy qu'il n'est mon povoir de le te sçavoir dire[3].

Commant le Cueur contemplatif maine l'Ame devote au mont de Syon

/f.36v°/
*/Miniature 18/**

---

1 La Pentecôte, Actes, 2.

2 Mort et assomption de la Vierge d'après les Evangiles apocryphes. Voir Méliton, *Le livre du passage de la très sainte Vierge*, in Abbé Migne, *Dictionnaire des Apocryphes*, II, 587-596; ou bien *Les Vies des Saints*, Lyon, Jean Lambani, 1529, «de l'assumption nostre dame», f. 181.

3 Gabrielle de Bourbon, en renvoyant à la première partie du traité et en introduisant le motif du pèlerinage, qui sera développé dans le *Voyage espirituel*, présente ainsi l'ensemble de son œuvre comme l'itinéraire d'une méditation.

* Miniature n° 18: La Vierge, entourée des Apôtres, reçoit les rais lumineux jaillis de l'Esprit-Saint. Deux apôtres sont agenouillés au premier plan. Sur le côté, dame Devocion, les mains jointes, assiste à la scène, assise sous un portique architecturé; à ses côtés, agenouillés, l'Ame devote et le Cueur contemplatif.

Or, sus, Ame devote, mamye, il est temps que nous metons en la voye pour venir à ceste belle assemblée qui est faicte au mont de Syon. Nous suismes venuz jusques à l'uys de la salle et, quant la portiere qui estoit nommé Devocion a congneu */f.37/* que nous estions des gens de sa dame, n'a failly à nous ouvrir la porte[1].

[Le cueur][2]

Ame, caichons nous en quelque petit coing et nous verrons choses à toutes creatures impossibles, fors que à celluy dont ilz procedent.

[L'Ame]

Cueur contemplatif, je voy icy grande devocion car la dame et toute sa saincte compaignye sont eslevez en esperit. Je seroys contente de jamais ne bouger, car pour toute refection ne demandroys que veoir les belles et devotes contenances de ceste saincte compaigye. Mais dy moy, Cueur, mon amy, que actendent ilz icy?

[Le Cueur]

Ame, je le t'ay desjà dit, c'est le benoist Sainct Esperit qui viendra en si grant habondance sur eulx qu'il les remplira tous de sa grace.

[L'Ame]

Et dea, Cueur, il me souvient que quant tu me monstras, par saincte contemplacion, le joyeux mistere de l'incarnacion que l'archange, en saluant nostre maistresse, luy dist que elle estoyt toute playne de grace parquoy je m'esbais comme elle se tient icy car elle n'en sçauroit recevoir plus qu'elle en a.

---

1 Cf. Jean Gerson, *Sermon sur le Saint Esprit*, *op. cit.*, p. 46. Chez Gerson apparaît cette même allégorie de l'hôtel mais c'est dame Oraison qui appelle le «bon hoste» et Obéissance qui ouvre la porte.

2 Un espace blanc a été ménagé dans la ligne mais ces noms rubriqués n'ont pas été reportés.

[Le Cueur]

De grace est elle playne, voiremment autant qu'elle en peut tenir, mais toutesfoiz si descendra ledict Sainct Esperit sur elle comme sur les aultres. Et tu doibz sçavoir que ung vaisseau qui est plain de bonne licqueur et que l'on en gecte encores par dessus, si n'en prendra il que ce qu'il en peut tenir mais sortira[1] par dessus, et ainsi sera il de la dame car elle en aura si grant habondence qu'elle en pourra deppartir à ceulx qui bien la suivront.

[L'Ame]

Helas Cueur, mon amy, et ne seroit il possible que nous receussions quelque petite porcion de celle tant digne grace?

[Le Cueur]

Je te respons, Ame devote, qu'il ne tiendra que en nous que n'en recepvions, mais que soyons bien nectoyez de toutes immundicitez et que mections en arriere */f.37 v°/* toutes affections terriennes[2]. En actendant en bien grant devocion ceste bien eurée heure, faisons doncques nostre devoir, toy et moy, de nous bien preparer pour recepvoir ceste saincte venue.

Ne demeura il gueres que ouysmes ung bruit et, soudaynement, vismes feu en forme de langues descendre dessus les testes des actendans, et nous avons mis payne d'en recevoir quelques petites estincelles. A celle heure, toutes les joyes et doulceurs que esperitz pevent sentir nous sentismes, et estions pour l'heure tous rempliz de joye, telle que il n'est bouche qui le seust exprimer.

Ame devote, as tu pas à ceste heure de la joye autant que tu en puis avoir?

[L'Ame]

Je te requier, Cueur, que s'il est possible que jamais ne partyrons d'icy. Je me sens si consolée et si tresemflambée en

1 Leçon douteuse.

2 Cf. Jean Gerson, *Id.*, l. 41: «Garde que ton hostel soit nectoiez et despescheez de tout ce qui lui pourroit desplaire.»

l'amour de mon Dieu et de madame que toutes les joyes mondaynes sont de moy arriere mises, comme si jamais n'avoye esté du monde.

[Le Cueur]

Ame, il n'est possible de tousjours icy demeurer corporellement mais bien espirituellement car toutes les foiz que ceste devote contemplacion te reviendra à memoire, tu auras tousjours nouvelles joyes et grande consolacion. Et, pour ceste heure, retirons nous ung peu en nostre secret oratoire car nous ne pourrions parler à nostre maistresse, car elle est bien embesoignée à prendre congé de ses enffans, les apoustres, qui vont prescher la saincte parolle de son filz par l'universel monde. Car despuis qu'ilz ont receu ceste saincte grace, ilz sont doubtés en toutes sciences, et s'ilz avoient toute leur vie estudié, et daventaiges ilz scevent parler tous lengaiges[1]. Et quant il sera heure, je t'appelleray car jamais ne te lerray en arriere, aussi te dis que si tu vivoye */f.38/* autant que la vie de troys personnes si as tu eu assez de contemplacions pour mediter tout le temps de ta vye.

[L'Ame]

Ha, Cueur contemplatif, l'eure que je te rencontray fut bien pour moy bonne, car quant je auroys demouré dix ans en la plus grant estude du monde, si n'auroys je point tant proffité que j'ay despuis le temps qu'il t'a pleu que je t'aye suyvy[2]. Et puisqu'il te plaist, je me voys retirer et, de point en point, ce que j'ay veu et ouy je mectray en memoire pour y proffiter le temps advenir.

---

1 Actes 2, 4.

2 Cf. supra, f.21. Sur ce thème, voir Jean Gerson, *Deuxième sermon pour la fête de la Sainte Trinité* (*op. cit.*, p. 170): «Contemplacion l'amoureuse: le Saint Esperit l'envoyoit pour aprendre et enseigner plus parfaictement les secrez de la benoite Trinité en la Divinité à la Sainte Ame, car Devotion y va plus parfondement et plus hardiement et familierement que ne peut faire raison la saige.»

La Dormition
1 AP 220 (f.38v°)

Commant le Cueur contemplatif mayne l'Ame devote au trespassement Nostre Dame

Le Cueur

/f.38v°/
*/Miniature 19/**

Sus, Ame devote, viens t'en avecques moy car il est heure que nous aillons prendre congé de nostre bonne maistresse, car, comme j'ay sceu, elle veult laisser ce monde et s'en aller à son filz, qui sont nouvelles pour nous piteuses */f.39/*[1] mais pour elle joyeuses.

L'Ame

Helas, Cueur, et commant se peult faire cela que ayons pitié de la joye de nostre maistresse? Car je avons de coustume de nous rejouyr quant et elle, et aussi de nous douloir quant et elle ce deult, et tu me dis à ceste heure le contraire. Je te prie donne le moy à entendre.

Le Cueur

Je le te diray. Tu doibz savoir que toutes personnes doibvent desirer de retourner au lieu dont elles sont, et par especial quant ilz y pensent trouver leur amys et prochains de lignage, et davantaige quant ilz sont bien asseurés d'y estre receuz en grand triumphe et honneur[2]. Nostre maistresse est à ceste heure sur ses erres, car elle s'en partira de brief de ce monde pour s'en aller en l'autre où est son cher enfant, pere, mere et mary. Elle scet bien qu'elle sera receue de la saincte Trinité tout ainsi come elle l'a merité.

---

* Miniature n° 19: La mort de la Vierge. Autour de la Vierge allongée, dans une robe bleu foncé, se tiennent les apôtres; au pied du lit, l'Ame devote est en prière. Sur le côté supérieur, dans un ovale de lumière, apparaît le Christ, incluant dans son sein la Vierge en prière.

1 Changement de main; ce deuxième copiste utilise une ponctuation et des majuscules après les points.

2 Reprise du motif de l'exil; voir p. 100, note 1.

Et veez la joye de nostre maistresse qui est prochaine. Et nous demourrons tristes pour son trespas, car aultrement il ne se peult faire. Son filz qui estoit Dieu voulut passer le pas de la mort, parquoy il fault qu'elle le passe.

L'Ame

A Cueur, hellas, hellas, et fault il estre separez de nostre maistresse et tant bonne dame? Que feray je, moy, si je pers madame qui tant de grace m'a fait et tout par ton moyen? Tu m'avois si bien apris le chemin que, sans t'apeller, souvant suys allée à sa porte laquelle ne m'a este refusée, et tousjours y trouvoys nouvelles consolations. Helas, après la mort de nostre Dieu, tout le reconfort de tous lez bons esperis estoit en elle qui estoit la lumiere de foy et de sainctetė. De la perdre au monde, las, où aurons nous reconfort?

Le Cueur

Ame, mamye, je te sçay bon gré du desplaisir en quoy je te voy pour la separation de nostre bonne maistresse. Il fault que tu entendes et croyes pour tout vray que ceulx qui sont plains de bonnes vertus, quant ilz sont en lieu où ilz ont quelque grousse auctorité, ilz ne oblient jamais envers leur seigneur le service que l'on leur a fait, mais lez ont en grande recommandation. Ceste dame qui tant est parfaicte ne nous oubliera quant elle sera en grand regne. Et qui plus est, si tu es bien parfaicte en ceste voye contemplative */f.39v°/* et que tu n'aiez nulz empeschemens qui te gardent de hault voller, tu pourras souvant voller jucques à sez piedz pour estre consollée, et aussi pour te ramentevoir à sa bonne grace. Je te asseure bien que celle consolation passe toutes lez aultres. Allons, Ame, mamye, avant qu'elle nous delaisse, nous recommander à sa bonne grace.

Et quant nous fusmes à la maison de la bonne dame, la vismes où elle faisoit sa priere à Dieu son filz, en disant:

O Dieu eternel, createur du ciel et de la terre, qui t'a pleu tant te humilier que de prendre chair humaine dedans mon ventre, qui estoys ta pauvre ancelle, je te supplie qu'il te plaise avoir pitié de moy, et que ton plaisir soit de ne me laisser plus aux poynes et travaulx de ce monde. Et te supplie me tirer à toy ainsi que tu m'as promis. Nonobstant, mon Dieu, quelque requette que je te face, tu scez que ma voulenté n'est jamais autre que la tienne. Soit en moy ton bon plaisir acomply, non pas le mien. Et, mon enfant, quant mon heure sera venue, qu'il te plaise ne me delaisser point, et que tez bons serviteurs, mes enfans, les apostres, s'i treuvent pour ma consolation.

Incontinant qu'il eut oy sa priere, en ung moment, vismes entrer tous les apostres, qui fut œuvre bien divine. Car ilz estoient separez parmy le monde en bien loingtaines parties comme l'on treuve par la saincte escripture[1]. Et, incontinent, se vindrent mettre à genoulx et firent l'honneur et la reverence ainsi qu'il appartenoit à leur bonne maistresse, laquelle leur fit moult grand joye. Et cogneut bien que Dieu avoit exaulsé sa priere et que son heure estoit venue. Elle se couscha sur sa petite couschete sans sentir nulle douleur. Tout ainsi que, par le vouloir divin, elle avoit enfanté sans douleur, pareillement vouloit Dieu que la separation de l'ame et du corps se fist sans douleur, comme c'estoit bien raison[2].

Or, Ame, mamye, allons nous recommander à nostre maistresse, car il en est heure.

L'Ame

Cueur contemplatif, je suys si triste que je ne sçay que dire, car j'ay peur */f.40/* que je ne puisse voller si hault que la puisse souvant aller voir en son sige royal.

Le Cueur

Ne te soucie, Ame, ayes volloir et celuy qui le cognoist parfera le demourant.

Alors nous mismes à genoulx et dismes à la dame:

---

1 Marc 16, 20.

2 Cf. *Le livre du passage de la très sainte Vierge*, *op. cit.*, V, 116-117.

Helas, madame, nous venons icy à vous, l'Ame devote et moy, pauvre Cueur, vous randre graces de tous les biens et honneurs et consolations qu'il vous a pleu que ayons heu en vostre compaignie. Je voy bien que voullez laisser voz pauvres enfans et servans pour aller en vostre reaulme. Et, madame, plaise vous ne nous oublier.

Et pareillement tous lez apostres font leurs requestes à leur bonne maistresse et non sans larmes. Et la bonne dame nous dist à tous ensamble:

Mes enfans, il est temps que voyse à mon pere et fil. Et si avez trouvé ayde et consolation en moy en ce monde, plus grande l'aurez en l'autre. Car, sans fin, requerray pour vous la saincte divinité, et pour tous ceulx qui ont fiance en moy.

Et tout soudain après la responce de la dame ouye, vismes une si tresgrant clarté dessus le lict où estoit la bonne dame couschée, laquelle clarté n'estoit point pareille à celles qui luysent en ce monde. Et avecques celle clarté, ouysmes chants tant doulx qui n'estoit rien plus.

L'Ame

Cuer, je oy et voy merveilles de celle clarté non pareille et dez chantz qui sont si doulx. Et me samble que, oultre le nombre dez apostres, j'en voys ung qui n'est rien samblable aux aultres en toutes choses. Dy moy qui il est.

Le Cueur

Ame, ta raison est bonne, car celuy qui est survenu avecques lez apostres, c'est celuy qui meyne quant et luy le vray souleill qui rend à tous lumiere. C'est celuy qui, en sa compaignée, n'a que toutes joyes et plaisirs comme tu peuz ouyr.

L'Ame

Dy moy, Cueur, s'il te plaist, qui il est car mon oiel ne le puyt regarder à son aise tant est resplandissant.

Le Cueur

Ame, mamye, tu demandes qui il est? Je te dis que c'est le filz de la dame. C'est Dieu tout puissant qui vient à sa bonne mere luy donner toute joye, toute consolation et aide, et garder que l'ennemy de nature ne s'i treuve. Car aussi bien que la dame se trouva à sa mort, il se veult trouver */f.40v°/* à la sienne pour la servir comme fil et luy aider comme Dieu tout puissant. Regarde comment doulcement il la prent par la main, disant:

Ma mere tressaincte, le terme de tez peynes est achevé et le temps de tez joyez, felicitez, triumphes et honneurs, vient qui jamais ne finera. Je viens à toy, mere tresamée, digne sur toutes les creatures, et du consentement de mon pere et du Sainct Esperit, pour recepvoir ta digne ame qui, bientost après la separation de ton corps, y sera reunie, et toute ensamble viendras prandre pocession de ton reaulme eternel[1].

L'Ame

He Cueur, et combien a de joye nostre maistresse à ceste heure! Car elle voit son enfant comme homme aussi le voit elle, ce que les autres ne pevent faire, comme Dieu resplandissant par gloire divine. Et là son esperit sent la gloire qui luy est aprestée.

Or, escoute bien et tu orras coment il l'appelle doulcement, en luy disant:

Viens à moy, ma bien aymée. Viens à moy, ma chere amye, toy qui es sans macule. Viens à moy toute belle, toute parfaicte, pour recepvoir ton loyer.

En disant ces parolles, la saincte dame, qui regardoit son Dieu et son filz, de joye ravye, rendit son digne et sacré esperit entre les mains de Dieu, son filz, qui en grant joye l'emporta en gloire eternelle. Quant lez apostres et nous

---

1 *Le livre du passage*, ch. VII et VIII. Gabrielle de Bourbon suit ici une tradition qui s'exprime, par exemple, dans la *Légende dorée* de Jacques de Voragine, et qui n'est plus attestée, dans l'iconographie, au-delà du XVe siècle.

vismes que plus de vie n'avoit la bonne dame, le deul y fut moult grand. Et non pas pour la joye que sçavions qu'elle avoit mais pource que sa presence corporelle nous seroit cachée.

Le Cueur

Ame, tu as peu veoir grand joye et, à ceste heure, pitié non pas deull, car nous ne devons avoir deull de la joye de noz amys. Nostre maistresse a fait ung bon change[1] car, de peyne et travail, elle va en joye et repoux eternel. Tu as bien ouy, et ne l'oublie pas, comment elle nous a promis de continuellement prier Dieu pour nous.

L'Ame

Cueur, tu dis bien sagement, mais si ne se peut mon oeil arrester que la larme n'en saille, pensant de ne veoir plus ma dame.

Le Cueur

Ame devote, je t'ay desjà dit une foiz qui ne tiendra que à toy si tu ne la voiz souvant par saincte contemplation. Allons en la vallée de Josaphat pour acompagner */f. 41/* le corps de nostre dame, et verrons comment lez apostres la mettrons on sepulchre.

Quant nous fusmes là, et que lez mysteres qui en tel cas appartenoient furent faitz, ne demorasmes gueres de jours après que, par la vertu divine, la saincte ame de la bienheureuse dame fut revenue en son corps. Et, soudainement, oysmes chants angelicques lesquel vindrent prendre ledit corps et peu à peu commencerent à l'eslever amont.

Ame, mamye, il fault bien que, à ceste heure, si tu veulx veoir l'honneur que l'on fera à nostre maistresse, que tu te deliberes de hault voller, voire plus hault que le vol de l'aigle

[1] Le terme «change», qui introduisait les lamentations de Marie au pied de la croix (f. 14), réemployé ici, relie les deux scènes et fait alors de la crucifixion le centre d'un traité composé comme un retable.

L'Assomption
1 AP 220 (f.41v°)

Le char triomphant de la Vierge
1 AP 220 (f.42v°)

ne de quelque aultre oyseau que ce soit, et tu verras choses increables qui ne l'auroit veu. Et si tu lez sçaitz bien retenir et mettre en ta memoire, quant tu auras quelque desplaisir ou peynes à porter, pence à la joye que tu verras à present, et elles te seront bien aiseez à soustenir. Et desireras en avoir au monde largement pour avoir ta part de ceste joye qui est sans fin.

L'Ame

Cueur, je ne sauroye pour ceste heure que dire fort qu'il te plaise que je me lye bien fort avecques toy, affin que je ne demeure en chemin. Car tous mez desirs ne sont aultres que de veoir ceste belle joyeuse reception que l'on fera à la grand dame.

Le Cueur

Or, sus, Ame devote, mamye, ayes bon vouloir et il suffira pour toy eslever jucques au lieu où tu desires.

Commant le Cueur contemplatif meyne l'Ame devote en la vallée de Josaphat veoir la resurrection Nostre Dame.

/f.41 v°/
*/Miniature n°20/**

Regarde, Ame devote, comme ces benoistz anges tiennent la dame et la lievent en l'air peu à peu. Allons après, suyvons la.

Lors nous començasmes à monter et fusmes si hault que ne vismes plus les apostres qui estoient à bas, à terre, à genoulx et mains joinctes, en regardant leur dame monter aux joyes celestes et eulx demourer aux peynes mondaines. Quant fusmes bien hault, vismes venir ung */f.42/* grand nombre d'angelz car, de chascune legion, en estoit party une grande

---

* Miniature n° 20: L'Assomption de la Vierge. La Vierge, vêtue d'une robe gris bleu et d'un manteau rose, est emportée hors de son tombeau par quatre anges bleus. Autour du tombeau vide, les apôtres sont en prières.

quantité pour venir au devant de leur bonne maistresse. Et le conduyteur d'iceulx estoit le grant ambassadeur, Gabriel l'archange. Et tous chantoient en chant si tresmelodieux *Regina celi letare*, en disant: Bien soyez venue, nostre dame et maistresse, qui tant avez esté desirée de tous nous.

Et portoient chascun desditz bien heurez anges ung pannoncel des armes de la vierge royne. Et, ainsi qu'il me samble, lesdictes armes, c'estoit ung cueur enflambé par amour et charité qu'elle a heu à toute nature humaine. Et estoit ledict cueur percé de troys groux cloux, deux au hault et ung au bas, et, tout au travers du cueur, ung fer de lance qui le persoit d'oultre en oultre. Et puysque ce sont les armes de la royne du ciel et de la terre, c'est bien raison qu'elles soient couronnées. La couronne estoit d'ung beau chappeau d'espines bien resplandissant.

O Ame devote, mamye, n'oblie mye ce devot blason de ces belles armes, mais lez painctz en ta pensée et me dis qu'il te samble de ce que tu voys.

L'Ame

Qu'il me samble, Cueur contemplatif? Mon esperit ne le sauroit comprandre, ne ma langue exprimer. Je voy encores venir une bien grant compaignie, dy moy que c'est.

Le Cueur

Et je te diray parce que Adam et Eve ont estez les premiers creez, ce sont les premiers qui viennent faire honneur à la dame, avecques partie de leurs enfans.

Adam commança à dire:

O ma dame et ma fille par generation, vous soyez la tresbien venue, et gloire soit à la divine essence de l'heure de vostre nativité. Car, par vous, la porte du reaulme de delices a esté ouverte qui, par mon peché, avoit esté clouse. Et moy et tous mez enfans vous en rendons graces telles qu'il est en nostre puissance.

Ceste compaignée estoit si grande qu'elle estoit sans nombre. Regarde bien et tu verras choses si tresamirables qu'il n'est possible de les dire ne penser.

Commant le Cueur contemplatif meyne l'Ame devote veoir la reception que l'on fait à la benoiste dame en paradis.

/f.42 v°/
*/Miniature n°21/**

Ame, ne voys tu pas ces beaulx chariotz qui viennent jucques au nombre de sept? Après tu en peuz veoir ung aultre tant gorgias, tant triumphant qu'il exede tous les aultres, acompaigné tant de homes que de femmes d'ung nombre inestimable.

L'Ame

Cueur, je voy bien tout ce que tu dis, mais mon entendement ne peut aller jucques là que de savoir cognoistre que c'est. S'il te plaist, tu le me diras.

Le Cueur

Ame, tu n'as pas leu d'aultres foiz, dedans les histoires romaines, come de ceulx qui avoient estez vaillans et avoient bien bataillé */f.43/* pour le bien public et estoient demourés vainqueurs[1]? Quant ilz revenoient, pour leur faire honneur tel qu'il leur estoit deu, portoient au davant d'eulx, sur chariotz, les fortes villes et chasteaux qui avoient esté par eulx vaincues. Après venoit le char triumphant, dedans lequel estoit mis le prince victorien. Et ainsi, pareillement, ceste dame a tellement baptaillé au monde qu'elle a esté dame et maistresse des vices

---

* Miniature n° 21: Le Triomphe de la Vierge. La Vierge, vêtue de son manteau rose, est sur un char doré, tiré par quatre chevaux. Au dessus, on aperçoit sept chars, dans un nuage surmonté de Dieu le père et de quatre anges.

1 Gabrielle de Bourbon renvoie ici aux *Histoires romaines* d'Orose qu'elle possédait dans sa bibliothèque.

et a gaigné les beaux chasteaux de vertus, lesquelles viennent toutes au devant de leur dame et maistresse. Ce beau chariot de derriere qui est si triumphant, c'est le char triumphant dedans lequel sera mise la royne pour la conduyre jucques à son trosne de gloire[1]. De toy dire qui sont les chevaulx qui conduisent les vertus, mon propoz pourroit par longueur donner ennuy aux liseurs. Aussi je le remetz en la pensée des bons et vrays contemplatifz, et te diray seullement quelque chose du char triumphal, lequel s'aproche pour mettre dedans la royne. Si te veul diviser ledit char triumphal[2]. Et premierement fault commancer aux rouhes: le[s] deux premieres, l'une estoit de sainct desir et l'autre de meditation; celles de darriere, l'une estoit de devotion et la quarte de bonne affection. Le chariot estoit de pureté, et la couverture de charité, et estoient les rouhes dudit chariot ferrées de groz cloux d'austerité de vie. La chaisre où se devoit asseoir la royne estoi[en]t de vray foy. Les quatre chevaulx qui menoient ledict chariot, le premier qui alloit devant c'estoit Perseverance; le segond, que l'on appelle en comun langaige le cheval de chevilles, c'estoit Bonne application et les chevilles estoient d'aulmosnes et bienfaitz; le tiers, que l'on nomme le cheval de cordes, c'estoit Esperance et les cordes

---

1 L'allégorie du chariot est utilisée par Philippe de Mézière dans *Le songe du vieil pèlerin* (éd. G.W. Coopland, Cambridge University Press, 1969, T.II, p.167-168). Mais les *Trionfi* de Pétrarque, si souvent illustrés au XVe siècle —et qui comptent parmi les livres de Gabrielle—, expliquent aussi ce goût pour les triomphes allégoriques. Le *Triumphus crucis* de Savonarole offre, semble-t-il, l'un des premiers exemples de triomphe sacré, représentant Jésus sur un char, en compagnie de sa mère. Les illustrations du Triomphe de la Vierge, quoique moins fréquentes, sont toutefois assez nombreuses pour avoir pu inspirer ce texte. *Les Heures de la Vierge*, publiées par Olivier Maillard en 1542 mais préparées par Geoffroy Tory avant sa mort, représentent un Triomphe où la Vierge, sur un char traîné par des licornes, est précédée par les sept Vertus; la gravure est accompagnée de quatre vers évoquant de même les triomphes romains (voir E. Mâle, *op. cit.*, p. 279-291).

2 Le char allégorique apparaît non seulement dans les Triomphes mais également dans l'emblématique. Voir, par exemple, le «Char allégorique à quatre roues», figure héraldique parlante des Carrare, seigneurs de Padoue (XVe siècle), Bibl. nat. mas. lat. 6468, f.9v°, reproduit par M. Pastoureau, *Couleurs, images, symboles*, Le léopard d'or, p. 145.

estoit de bon vouloir; le quart qui le lymonnier c'estoit Force sur lequel y avoit une petite celle de magnanimité où estoit assise une belle jeune dame nommée Victoire. Les poetraulx desdit chevaulx estoient de saincte doctrine. Et estoient tous couvers de drap d'or que avoit fait et tissu une bien sage dame nommée Perfection. Et les fers qu'ilz avoient aux piedz estoient d'argent */f.43 v°/* et forgez par Penitence voluntaire. Et sur le premier des dessusdictz chevaulx estoit assis le charretier nommé Discrection qui, en sa main, tenoit le fouet de correction. Les quatre laquays qui sont autour du chariot, le premier est Crainte de Dieu, le segond, c'est Sapience, le tiers, Saincte pensée, le quart, Fervante contemplation. Et ne doubtes que ces quatre bons varletz de pié ne fauldront à bien faire leur devoir. Regarde bien aussi comment ces benoistz esperitz sont embesoignez à mettre leur dame dedans ce noble char triumphal. Et, par bonne raison, doibt estre assise en la chaesre de vraye foy, car en elle seulle demoura elle toute. Ne voys tu aussi, Ame devote, ce bon prophete Joachim et ceste bonne dame Anne qui viennent faire honneur à leur fille et non sans grand joye? Aussi ne s'i est oublié le bon sainct Joseph, ensamble tous les aultres prophetes, patriarches et sainctes dames, car tous y courent par le grand et ardant desir qu'ilz ont de veoir leur saincte dame et maistresse.

Et tous à une voix disoient:

Bien viengnes la bien heurée dame, la parfaicte, celle à qui tout honneur est deu, prandre possession de vostre royaulme, dedens lequel sommez heritez, et tout par vostre moyen! Gloire sans fin soit à Dieu eternel de l'heure de vostre saincte conception.

Et Ame, mamye, je te prie, regarde bien ta dame dedans ce beau chariot de purité, plus cler que cristal ne beril, assise en sa belle chaesre de vraye foy, enrichie de toutes pierres precieuses. Regarde bien, je t'en prie, ceste noble assamblée tant consolable, car toute la court celeste s'esforce de faire feste en chantant: Gloire et louenge soit à celle pour qui la feste ce fait.

Le bon charretier, Discrection, commança à toucher son limonnier. Force, Esperance, Bonne operation et Perseverance font leur devoir de tirer tous quatre en hault pour mettre la dame en son siege imperial. Le nombre des bienheureux estoit si grand qu'il estoit inestimable. Mais l'ordre y estoit si bonne et si bien gardée que chascun savoit ce qu'il devoit faire pour honnorer et servir la royne.

L'Ame

He Cueur, que tu es bien */f.44/* heureux et moy aussi de t'avoir trouvé, car ceste contemplation que tu me monstres à ceste heure est sur toutes les aultres non pareille en toutes joyes et consolations. Et ne seroit il possible de jamais ne bouger d'ici?

Le Cueur

Helas, Ame devote, mamye, ne toy ne moy n'avons encores merité d'avoir ce hault lieu. Mais fault, à bas au monde, que nous vainquons le diable, s'il nous est possible, et la chair et toutes aultres tentations mondaines[1]. Et si nous les povons vaincre, ne fault doubter car nous aurons nostre part de la gloire qui est en ce lieu de joye qui sera sans fin, car tous biensfaitz y sont au double remunerez. Et quant souvant auras souvenance de ceste joyeuse compaignie, n'auras jamais vouloir que de bien faire. Tu n'as pas encores tout veu, Ame devote. Ne voys tu ceste grande compaignie qui encores vient au devant? C'est le filz de la royne. Et ces beaux jeunes enfans qui vont les premierz, vestuz de blanc et de vermeil, sont les pages du roy et ne sont pas en petit nombre. Et pource que je sçay bien que tu desirez savoir qui ilz sont, je te dis que ce sont les saincts innocens que Herodes fist tuer en pensant trouver le sainct innocent, filz de la vierge.[2] La couleur blanche qu'ilz ont signifie leur vraye innocence; la vermeille, c'est leur sang qui fut espandu par martyre. L'autre grand compaignie que tu vois après, ce sont les neuf ordres

---

1 Cf. Saint Bernard, *op.cit.*, *Traité de l'amour de Dieu*, ch.XI «Que la parfaite béatitude des âmes est réservée au temps de la résurrection», p.188 et sv. Ainsi s'annonce la nécessité du *Voyage espirituel.*

2 Matthieu 2, 16.

des angelz qui portent tous les pannonceaulx des armes du roy et de la royne. Celles de la royne, je les t'ay desjà dites; celles du roy, ce sont tous les mysteres de la passion, comme tu peuz veoir. Celuy qui a l'espée de la justice de Dieu, c'est le connestable de paradis, le benoist archange sainct Michel. Celuy qui vient après, le plus prochain de Dieu, c'est le chancelier, celuy qui a les grans ceaulx de la misericorde, c'est le prophete et plus que prophete, Jehan Baptiste, lequel vient parler à la dame de par le seigneur. Escoute bien ce qu'il luy dira, Ame devote, et le metz en ta memoire.

Sainct Jehan

Royne souveraine, */f.44 v°/* sur toutes bonne et parfaicte, qui avez merité estre sur toutes aultres honnorée, vous soyez la tresbien venue en vostre royaulme. Je viens à vous de par toute la saincte Trinité, laquelle m'a commandé vous dire encores une foyz que vous soyez la tresbien venue, comme à celle qui a esté d'eulx, et de tous ceulx qui assistent en ce noble royaulme, bien fort desirée. Et m'ont donné charge vous dire que si à bas au monde avez heu des peynes lesquelles ont heu fin, que à ceste heure aurez repox qui sera sans fin, en toute joye et consolation. Si avez heu pauvreté, vous aurez à ceste heure richesse à toute abundance qui point ne fauldra. Et pource que avez heu douleur aux aultres non pareille, à ce heure aurez joye inestimable, sans plus jamais avoir douleur. Si au monde n'avez esté honnoré comme il vous apartenoit, à ceste heure le serez on royaulme souverain comme la grand royne et dame aiant sur tous pouvoir. Et affin, madame, que cognoissez que tel est le vouloir du pere, du filz et du Sainct Esperit, je vous presente de par eulx les grans scelz de la misericorde. Car, doresnavant, vous en font dame et administresrese pour en departir à vostre plaisir. Et, dame excellante, vierge sacrée, je suys la voix qui ay crié au desert du monde la venue de vostre enfant[1], et aussi viens je à vous pour vous dire que vostre cher et bien aymé filz vous vient recepvoir.

[1] Luc 3, 1-6; Matthieu 3, 1-3.

Le Cueur

Ame devote, dy moy qu'il te semble de ceste noble et honnorable reception que l'on fait à nostre dame et maistresse. Sont ce joyes et plaisirs mondains? Sont ce point honneurs et triumphes mondains que ceulx que tu vois, à ceste heure, en ceste devote contemplation?

L'Ame

He Dieu, Cueur devot, mon amy, il n'est possible de bailler nulle comparaison au joyes et honneurs mondains que à ceulx que je voy. Car les aultres ne sont que fumées qui bien tost passent, et ceulx ici sont sans fin. Je ne sçay que te dire, fors que je ne fais rien que souhaicter avoir lieu en ce noble royaulme où je repçoiz tant de consolations que */f.45/* il n'est cueur ne esperit qui les sceust à demy comprandre.

Le Cueur

Ame devote, mamye, il fault semer avant que recuillir. Et pource, de tant que tu seras au monde, travaille à bien cultiver le champ de ta conscience et, après semer ceste belle grene de larmes de compassion, sans point de faulte tu recueuldras grant abundance de fruitz de joye et de delectable consolation en ceste belle terre de perfection. Tu peuz bien cognoistre, à ceste heure, que ton esperance ne fut point mal assise quant tu l'a mys et donnas au petit enfant nouvellement né de la vierge, car tu cognoys à ceste heure qu'il est Dieu tout puissant, parquoy tu t'en trouveras bien. Mais que tu ne l'otte pour la mectre aux princes mondains car leur pouvoir n'est que abuz, et leur biens sont de petite durée, et ceulx icy sont sans fin. As tu point bien veu comant le sainct prophete Jehan a presenté à la dame les grans seelz de la misericorde de Dieu? Parquoy debvons mettre tout nostre pouvoir à la bien servir affin qu'il luy plaise nous departir de ce grand tresor de misericorde. Or regardons bien, Ame devote, commant son filz, roy de gloire, vestu de ses robbes royalles, reluysans plus que si toutes les estoilles avoient chascune la clarté du soleill et qu'elles fussent assises dessus luy, si ne rendroient elles point si grand lumiere comme tu voys qu'il y a, et sur tout resplandissent ces cinq beaux escarboucles et nobles, ce sont les cinq principales playes qu'il receut pour nous en l'arbre de la croix, ayant sur son chef la noble couronne d'espines enrichie de toutes pierres precieuses. Mais encores reluysent cent foys plus les pointes des espines qui entrerent en son digne chief que ne sauroient faire toutes les pierres precieuses qui sont au monde, tant reluysantes puissent elles estre.

Et quant il fut près du char triumphal et que la dame glorieuse veist son filz et son Dieu, elle se mist à genoulx, et le filz la relieve en luy disant:

Ma */f.45v°/* treshonnorée et chere mere, vous soyez la tresbienvenue en vostre royaulme. Veez cy vostre enfant par lequel vous avez souffert tant de peynes et douleurs à bas au monde, c'est bien raison que, à ceste heure, elles vous soient doublées en joye. Ma mere tresamée, voz peynes ont heu fin mais voz joyez et consolations seront sans fin. Venez dame parfaicte sur toutes creatures, saincte et digne à Dieu mon pere qui vous atant, acompaigné du Sainct Esperit, au trosne divin où vous serez couronnée de la couronne de gloire et assise en vostre chaisre royalle emprès mon pere et moy.

Ame devote, metz bien ton entendement à retenir ceste tant devote et noble assamblée. Ce sont toutez œuvres parfaictes, nul default de perfection n'y est. Au regard de la joye que, à ceste heure, a nostre bonne maistresse, laquelle est infinie, aussi est elle en noz entendemens. Et regarde le bien, je t'en prie, affin que tu en ayez souvenance, comment le filz la presente à Dieu le pere. Et à la sortie de cedit char triumphant, angelz et archanges, trosnes, dominations, princes, puissances, cherubins, seraphins et tous benoistz esperitz estoient embesoignés, à celle heure là, à faire joye, en jouant de tous instrumens de musicque. Les aultres chantoient en voix plus doulces que seraines, et tous d'ung accord disoient: *Ave regina celorum*.. Et les aultres disoient: Benoist soit le ventre et le corps où la deité se logea, *Ave gratia plena.* O royne de beatitude, bien venue soyez vous au lieu de toute joye et plaisir, car pour vostre bienvenue elle redouble à toute la saincte court celestielle.

L'Ame

Cueur contemplatif, je mectz tout mon entendement à bien mettre en mon cueur ce que je voy. Mais je suys si enyvrée de joye que je ne sçay que je foys ne que je dis, toutesfoiz desireroys je bien sçavoir qui est cest homme, qui est couronné comme roy, qui joue si parfaictement bien de la harpe, et me samble sur tous estre joyeux.

Le Cueur

Qui il est, */f.46/* Ame devote? C'est le bon sainct roy David, de la ligné duquel est descendue nostre maistresse qui est la cause qui luy redouble sa joye. Car voy et regarde bien commant Dieu le pere la reçoit doulcement, et regarde le beau trosne divin comme il est bien paré des benoistz esperitz. De la grand beaulté, je me taise car le dire ne seroit possible, le penser n'en est assez suffisant. Mais aussi c'est tout œuvre fait de la main du grand ouvrier en toute perfection. Voy comme la dame est à genoulx devant Dieu le pere, le filz et le Sainct Esperit qui tiennent la couronne sur son chief.

Dieu le pere commança à dire:

Ma tant aymée fille, ma loyalle espouse, ma chere amye, vous soyez la tresbien venue en mon royaulme, duquel je vous faiz dame et maistresse, et de ma grace tresoriere, administrerresse de ma misericorde.

Et en disant ces doulx et consolables motz, la dame fut en grant joye couronnée de la couronne de gloire.

Lors la royne commença à dire:

Mon pere eternel, je vous rends de tout mon pouvoir, les treshumbles mercis de tant de honneur et graces especiales qu'il vous a pleu me faire, tant au bas au monde que icy en vostre royaulme. Et pour ma bienvenue vous supplie, pere,

Dieu eternel, d'avoir pitié de toutes voz pauvres creatures. Et que la peyne et travail de vostre filz et le mien a porté au monde pour satisfaire au peché du premier pere Adam, et que la grand douleur qu'il a soufferte en sa passion, comme je l'ay acompaigné, aye son pleinez effect. Et aussi sur tout vous supplie humblement que tous ceulx qui auront recours en moy, qu'ayez pitié d'eulx.

Dieu luy respondit:

Ma treschere et parfaicte amye, je vous dis que jamais ne serez refusée de requeste que vous me ferez.

A ce mot, le filz et le Saint Esperit la lievent et la mettent en son siege et en sa chasre royalle, perpetuelle en joye. Et à l'heure tous les sainctz esperitz chanterent tous à une voix *Te deum laudamus,* car gloire est au ciel multipliée pour la venue de nostre royne et maistresse, et repox soit à tous bons esperitz estans au monde qui ont */f.46 v°/* fiance en elle.

O Ame, mamye, ne voys tu à ceste heure nostre maistresse au siege royal, tant belle et tant resplendissant que tous ceulx qui sont au royaulme eternel prenent, après Dieu, leur singuliere joye à la regarder? Tu as bien ouy comment elle a la promesse de n'estre jamais refusée de requeste ny supplication qu'elle face pour les pauvres pecheurs, qui nous est ung grand reconfort. Il fault, mamye, nous retirer et mectre peyne de cy bien servir la royne qu'elle soit encline à prier Dieu pour nous, et faire avoir place en ce lieu tant delectable.

L'Ame

He Cueur, et s'en fault il aller de ce lieu tant beau et plaisant? Je ne demandoys aultre joye que seullement tousjours regarder la beaulté tant resplandissante de nostre bonne maistresse. Mays puisqu'il s'en fault tourner aux miserez et captivitez du monde, je me delibere, avecques ton aide, de venir encores quelques foys en ce beau lieu par contemplation, et de faire si bien mon debvoir à servir la royne que j'auray ma place à jamais sans fin. Car mon esperance en Dieu demeure, en laquelle me veul conduyre, par l'intercession de la benoiste vierge Marie, le pere, le filz et le benoist Sainct Esperit, Amen.

Après ces parolles, ne sceu que devint le bienheuré Cueur et la tant devote Ame. Incontinent, mis la main en œuvre pour mettre par escript ce petit et bien proffitable tracté, non pas si bien que le Cueur m'a enseigné mais au mieulx que j'ay peu[1]. Suppliant à ceulx qui le liront n'avoir regard aux faultes mais seullement aux bons propoux, pour en faire leur proffit, ce que Dieu vueille.

---

[1] Même procédé que chez Jehan Henry: l'«Acteur» ne se confond pas avec l'Ame devote qui a assisté au mystère; il est à la fois le médiateur et le viateur, celui qui n'a pas encore parfait son pèlerinage. Ainsi s'opère la transition avec le *Voyage espirituel.*

BIBLIOTHÈQUE MAZARINE

MS. 978

Voyage spirituel suivi du Fort Chasteau pour la retraite de toutes bonnes âmes

par Gabrielle de Bourbon, femme de la Trémouille

MS. XVI.s.

L'Ame devote et le Cueur contemplatif,
avec Force, Bon Vouloir et Esperance
Ms. 978 (f. 1)

/f. 1/
/Miniature n°1/•

Cy commence le voyage espirituel entreprins par l'Ame devote pour parvenir en la cité de Bon Repoux.

Moy estant en fantasie pour les sollicitudes mondaines, à moy c'est apparu l'Ame devote laquelle tresfort m'a resjouye, penscant que par elle mes esperitz endormys par long sejour cause de paresse seroient reveillez, me disant ainsi:

L'Ame devote

Sus, lieve toy de ton paresseux sejour, prens encre, plume */f.1v°/* et papier pour mectre en escript ce que tu oyeras de mon voyage espirituel, lequel j'ay entreprins par le moyen du sainct et bon Vouloir, à l'aide de ses deux dames que tu voys icy presentes, lesquelles m'ont invoqué l'aide du conducteur de toutes bonnes oeuvres, c'est du glorieux et benoist Sainct Esperit. Si te desclaireray toutes les peynes et labeurs que j'ay heues en faisant ce sainct voyage, aussi les joyes et consolations que j'en ay à la fin receues. Et si le tout tu scez bien mettre et rediger par escript, il pourra valoir à ceulx qui desirent parvenir au port de Salut et à la noble cité de Bon Repoux[1].

• Miniature n° 1: Au milieu d'une salle à colonnades ouvrant sur un paysage, sont représentés l'Ame devote, vêtue d'une robe grise et d'un manteau bleu, et un personnage —le Cueur contemplatif— portant une tunique dorée sur un corps rouge aux ailes bleues; à la gauche de l'Ame devote se tient Bon vouloir, en bleu, tenant le crucifix et dame Esperance, portant une robe grise et une coiffe noire; à la droite du Cueur apparaît dame Force, vêtue de rouge et tenant un serpent dans chaque main. L'image est encadrée de deux colonnes et d'un fronton, entourés des ceinturons bleus marqués de la devise «esperance».

La miniature, qui représente le Cueur contemplatif, dont la présence reste implicite dans le texte, rend manifeste le lien que l'auteur veut établir entre *Le petit traicté* et *Le voyage*.

[1] Gabrielle de Bourbon emploie, pour marquer la nouvelle étape de sa méditation, le même procédé que dans le *Petit traicté* (voir supra, p. 89, note 1), en soulignant davantage son intention didactique.

L'acteur

Ame devote, je te recognoys bien et remercie de ce qu'il te plaist de m'en faire la grace de sçavoir tes secretz. Je t'ay maintesfoiz veue avecques le Cueur contemplatif mais ne sçay qui sont ces troys notables personnages qui vont avecques toy, s'il te plaist, tu le me diras, moy offrant faire ton bon plaisir.

L'Ame devote

Puysque tu veulx sçavoir commant s'appellent ceulx qui sont en ma compaignye, tu doys entendre que l'homme que tu voys ainsi vestu de couleur azurée, c'est sainct et bon Vouloir lequel est le principal motif de mon entreprise. Les deux dames, celle qui est vestue de gris, c'est dame Esperance. L'autre qui est vestue de rouge, c'est dame Force. Bon vouloir va tousjours davant et porte l'enseigne du crucifix[1].

Et de ce petit voyage espirituel, feras sept chapitres qui contiendront les journées principales que j'ay faictes avant que peusse parvenir au port de Salut. Et pour te donner à entendre ledit voyage, il est vray, quant par le moyen de Bon Vouloir je fuz deliberée de querir la noble cité de Bon Repos, en laquelle avoys aultresfoys esté avecques le Cueur contemplatif, car après que ledict Cueur m'eut menée par la voy de douleur, suyvant nostre bon */f.2/* maistre Jhesus par les lieux où il souffrit sez plus grans peynes et douleurs, ausquelles ay tousjours acompaignée sa glorieuse mere, et aussi ay je en ses joyes principalles. Et la derniere joye fut à la

---

1 Bon Vouloir représente la volonté qui procède de la mémoire et de la connaissance, les deux facultés mises en œuvre dans le traité précédent. Désormais l'itinéraire spirituel est guidé par ce que Jean Gerson nomme les «bons désirs». Pour la signification des couleurs —l'azuré: le bleu céleste de la divinité vers laquelle tendent les saints désirs; le gris de l'espérance; le rouge de la force qui signifie patience et adversité, voir Jehan Henry, *Le livre de meditation*, *op.cit.*, et *Le livre de la toute belle sans pair*. Cette valeur attribuée au gris se retrouve, par exemple, chez Clément Marot: «Gris, blanc, et bleu, sont mes couleurs/ Mais du seul gris je t'ay voulu pourvoir,/ Dont sont vestuz plusieurs humains, qui vivent/ Soubz Esperance» (Rondeau XXXV, in *Œuvres complètes*, éd. G. Defaux, Bordas, 1990, tome I, p. 154).

cité de Bon Repos, auquel lieu mon esperit en conceupt tant que oncques despuiz ne me donna repos, mais tousjours quiers les moyenz pour y retourner[1]. Sachant que moy seulle n'y pourroy parvenir, ny parfaire une si longue voye sans avoir bonne et loyalle compaignée, parquoy, avecques Bon Vouloir, je me retiray vers ma dame Esperance, car dès long temps me suys reputée des siennes, luy desclairant mon intention qui estoit telle que jamais je n'auroys joye que je ne fusse parvenue au port de Salut et en la cité de Bon Repos où est toute joye et consolation, et que sans elle je ne pourroys parfaire ung si long voyage, que si son plaisir estoit me tenir compaignie, mon esperit me juge que parviendroys à mon sainct desir. Et Esperance me fist la response qui s'enssuyt:

Dame Esperance

Ma fille, tu as entrepris ung bon et grand voyage et t'a bien conseillée Bon Vouloir. Jaçoit ce que avant que tu soyes au port de Salut, tu trouveras mains dangereux passages et gens dissimulateurs de bonne foy, embusches en mains lieux pour te deffendre le chemyn, toutesfoiz de moy congnoissant ton sainct desir, je t'acorde ma compagnée, te promectant foy et loyaulté, sans dissimulation[2]. Mais, ma fille, il nous fault chercher Force pour estre de nostre bende. Et si ainsi est qu'elle le vueille, je ne remectz point en doubte que elle et

[1] Le texte s'inscrit ainsi dans la tradition des pèlerinages allégoriques dont la poésie donne de si nombreux exemples au Moyen Age (Rutebeuf, *La voie de Paradis*, Guillaume de Digulleville, *Le pelerinage de vie humaine*...). L'itinéraire en sept étapes est des plus courants dans la littérature spirituelle: voir, par exemple, Béatrice de Nazareth, *Les sept manières d'amour*, in G. Epiney-Burgard et E. Zum Brunn, *Femmes troubadours de Dieu*, éd. Brepols, 1988, p. 106 et sv.; ou bien Marguerite Porete, *Le miroir des âmes simples et anéanties*, éd. Max Huot Longchamp, Paris, Albin Michel, 1984. Cependant, le thème du retour de l'âme vers la cité de Bon Repos lie davantage le motif du pèlerinage à celui de l'exil (Ps. 119), fondamental dans les textes inspirés par la spiritualité bernardine (cf. Jean Gerson, *La mendicité spirituelle*, *Œuvres*, VII, p. 221).

[2] La voie de Paradis croise aussi la voie d'Enfer (voir Rutebeuf, *La voie de Paradis*, in *Œuvres complètes*, éd. E. Faral, Tome I, p. 336 et sv.). Le *Voyage* annonce ainsi le développement du thème essentiel: le combat des vertus contre les vices - voir Jean Gerson, *Sermon de la Nativité nostre seigneur*, *op.cit.*, p. 305-309.

moy, ensamble Bon Vouloir, ne te rendions au port de Salut là où tu verras la noble cité, que tant desires, de Bon Repos.

L'Ame devote

Dame Esperance, je te rends humbles merciz de ce qu'il te plaist m'acorder ta compaignée et du conseil que tu me donnes de querir dame Force laquelle, comme je croy, nous aura bien mestier.

N'eusmes gueres esté avant, divisant de nostre affaire, que trouvasmes dame Force à laquelle dame Esperance commença à dire:

Ma seur, vecy l'Ame */f.2v°/* devote, acompaignée de Bon Vouloir, qui est deliberée de querir la noble cité de Bon Repos, et me requiert que je la conduise jucques au port de Salut, ce que ne puys faire sans toy et ton ayde. Et te plaise, seur, de vouloir ayder au bon vouloir et au sainct desir de ceste pauvre Ame devote.

Dame Force

Ma seur, à ta requeste et à celle de l'Ame devote ne veulx esconduyre mais me delibere, Ame, mamye, de toy ayder à parfaire ta saincte voye de tout mon povor. Et te tiendray bonne et loyalle compaignée. Et aussi fault que nous promectes, à ma seur et à moy, de non nous decepvoir et que, pour chose que tu voyes ne oyes, tu ne nous habandonneras, ny aussi Bon Vouloir qui ce sainct voyage t'a faict entreprendre.

L'Ame

Helas, mes dames, je me rends à vous et me mectz soubz vostre garde, vous promectant obeissance et service, et ne faire riens que par vostre conseil et commandement.

A l'heure, Force dist à Esperance:

Ma seur, il nous fault acoustrer pour mectre en la voye. Et se fault bien abiller en pelerines, ayans enseignes que telles sommes. De moy, je y pourvoiray bien de bordons bons et fors pour aider à passer les aspres voyes et dangereux passages, et aussi pour soy deffendre des bestes sauvages et des loups enragés, car il fault passer, avant que parvenir au lieu où desirons aller, par les desers du monde et aurons bien à besoigner. Et toy, ma seur, que donneras tu à nostre bonne pelerine?

Esperance

Je luy donneray escherpe et saincture tissue de ma main, et ma divise qui est *Espoir en dieu* y sera escripte, sans oblier la pannetiere de devotion, plaine de sainctes pensées et devotes meditations, qui par la voye nous donnera refection espirituelle[1]. Toy, Bon Vouloir, que donneras tu, qui as fait entreprendre ce long voyage à l'Ame devote?

Bon vouloir

De moy, je luy baille mon chappeau qui la gardera de la pluye, de gresle et de vent impetueux, car à bon sainct Vouloir rien ne puit nuyre, et n'oblieray pas la bride qui est oudit chappeu qui est d'abstinence.

L'Ame

Mes dames, avant que partir */f.3/* voulu prandre congé de l'une de mes speciallés amyes, c'est dame Penitence, laquelle me donna ceste belle robbe blanche et me chargea bien de la garder de souiller, et si me donna ces souliers pour me aider à passer mon chemin, qui sont faictz d'austerité de vie[2].

Je vestiz ma robbe blanche et prins mes bons et rudes souliers. Et quant Esperance me vit ainsi, commença à me dire:

---

1 Sur la ceinture d'Espérance et la devise de Gabrielle de Bourbon, voir note p. 24, note 5 de l'Introduction.

2 Cf. Jehan Henry, *Le livre de meditation*, «Comment Adam reçoit reveremment le messager et blasonne sa cotte d'armes»: «Cette belle blanche couleur d'innocence pureté si clere si nette que en moy ne sur moy n'eussiez apperceu quelconque tache ne ordure de vice. c'est le vestement dont la glorieuse trinité me vestit quant me forma en pure innocence»... [les souliers des bergers] «ils avoient leurs souliers bobelines en toute simplesse ferrés de cloux. Les soulliers des pasteurs et gardes des ames sont mortification de tous desirs charnelz, [...] les cloux qui les garde et ferre c'est crainte de Dieu».

Puysque tu as ceste belle robbe d'innocence, je ne fays doubte nulle que n'arrives au port de Salut.

Force

Or voy je que nostre pellerine est bien empoint pour faire le sainct voyage avecques sa belle robbe d'innoscence, le bourdon de force, l'escherpe et saincture d'esperance, la pannetiere de devotion playne de sainctes pensées et devotes meditations, le chappeau de bon vouloir, la bride d'abstinence, les souliers d'austerité de vie, le baril de saincte doctrine plain de bon vin de sapience divine[1]. L'enseigne que porte Bon Vouloir, c'est celle où nous voulons aller loger qui est l'enseigne du benoist crucifix.

/Miniature n°2/•

Or, fille devote, il fault savoir comment tu es pourveue de tresor pour toy et nous desfrayer du voyage qui n'est pas petit, et pourra estre de plus longue durée */f.3v°/* que tu ne penses. Ma seur et moy suismes d'oppinion que puisque de long temps tu as desiré de faire ce sainct voyage qu'il n'est pas que n'ayez fait ung grant amas de tresor espirituel, car sans cela nous ne pourrions venir au port de Salut.

L'Ame devote

Puysqu'il vous plaist, mes dames, sçavoir quel tresor j'ay mis appart pour survenir aux affaires que pourrions avoir à ce sainct voyage par moy entreprins, voicy ma bourse faicte de la main de dame Contriction sur le metier d'Affliction, semée de larmes deppendentes du souvenir de la douleur de la passion[2]; aussi les souvenirs des faultes commises contre la

---

1 Toutes ces images sont des plus fréquentes chez Jean gerson ou Jehan Henry.

• Miniature n° 2: Sur un chemin de campagne s'avance l'Ame devote équipée du chapeau, de la gibecière et du bourdon, et tenant de la main droite une bourse; elle est suivie de Bon vouloir, du Cueur contemplatif — personnage rouge à ailes bleues— et de dame Esperance.

2 Voir la devise attribuée à Gabrielle de Bourbon par Jehan Henry, dans *Le livre de Meditation* : page 32 de l'Introduction.

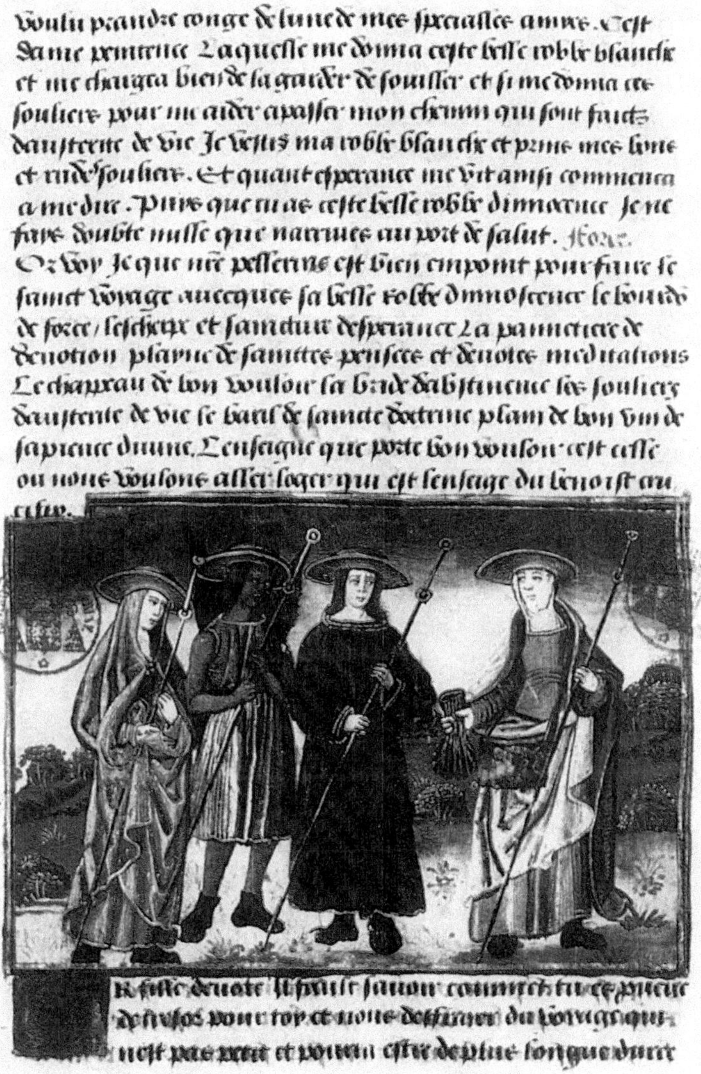

voulu prendre congie de lune de mes speciales amies. Cest dame penitence Laquelle me donna ceste belle robbe blanche et me chargea bien de la garder de souiller et si me donna ces souliers pour me aider a passer mon chemin qui sont faictz dausterite de vie Je vestis ma robbe blanche et prins mes bons et rudes souliers. Et quant esperance me vit ainsi commenca a me dire. Puis que tu as ceste belle robbe dinnocence je ne fais doubte nulle que narrives au port de salut. [illegible]

Or voy je que nre pellerine est bien en point pour faire le sainct voyage avecques sa belle robbe dinnocence le bourdon de force/ lescherpe et saincture desperance La panetiere de devotion plaine de sainctes pensees et devotes meditations Le chappeau de bon vouloir la bride dabstinence les souliers dausterite de vie le baril de saincte doctrine plain de bon vin de sapience divine. Lenseigne que porte bon vouloir cest celle ou nous voulons aller loger qui est lenseigne du benoist [illegible]

[illegible]e fille devote [illegible] comment tu es pourveue de tresors pour toy et nous deffrayer du voyage qui nest pas petit et pourra estre de plus longue duree

Les préparatifs du Voyage
Ms. 978 (f.3)

a desploye sa noble et sainte enseigne en disant. Bon vout.
O ame devote fais ta priere ainsi que tu l'entends. La
bonne ame c'est mise agenoulle habillee de tous ses habits
et commence a faire son oraison disant ainsi :

Comment apres que bon vouloir a desploye
son enseigne. L'ame devote c'est mise agenoulle et comment elle faict son oraison
a la trinite

L'ame devote.

Tres sacree et divine trinite trois personnes en
unite toutes esgalles en pouvoir savoir et vouloir en ceste foy et creance. Je vous adore come
mon souverain seigneur et dieu pere eternel createur
des humains vous rends humbles graces et mercis

L'oraison de l'Ame devote
Ms. 978 (f.4)

divine bonté sont causes des lermes semées dessus ladite bourse, dedens laquelle sont enclos tous mes bienfaict, aulmosnes, œuvres charitables, jusnes, abstinences, disciplines, oraisons, obeissances aux commandemens de Dieu et de l'Eglise, vraye foy ainsi qu'elle est contenue es douze articles, acomplissemens des œuvres de misericorde, vertus acquises, batailles gaignées contre tentations. Et, en effet, de tous les biens que j'ay peu acquerir, je les ay gardés pour me servir et enclos en ceste bourse, et affin qu'elle ne soit desrobée, je la vous baille en garde, dame Force, pour en user ainsi que par l'ordonnance de vous et de dame Esperance sera advisé.

Force

Ame devote, mamye, ton tresor n'est pas petit mais est suffisant pour nous bien conduire. Et puysque tu m'en as baillée la garde, ne sera desrobé. Ma seur Esperance, qu'en dis tu, ne suymes nous pas bien pourveues pour parvenir au port de Salut?

Esperance

Sans doubte nulle, je prens grand plaisir de veoir nostre fille si bien pourveue pour nous conduire. Encores te demourra, fille, grant force de tresor pour presenter au grand roy de gloire quant tu arriveras à la noble cité de Bon Repos. Rejouys toy ma fille, mamye, car je t'asseure pour verité que, au parfaict de nostre voyage, tu gaigneras ung espoux qui te couronnera de couronne royalle comme royne. Or, sus, Bon Vouloir, approche toy et desploye ton enseigne, affin que l'Ame devote face sa priere.

Bon Vouloir */f.4/* a desployé sa noble et saincte enseigne en disant:

Bon Vouloir

O Ame devote, fais ta priere ainsi que tu l'entends.

La bonne ame c'est mise à genoulx, habillée de tous sez habitz, et commance à faire son oraison disant ainsi:

/Miniature n°3/•

Commant après que Bon Vouloir a desployé son enseigne, l'Ame devote c'est mise à genoulx et commant elle faict son oraison à la Trinité

L'Ame devote

O tressacrée et divine Trinité, troys personnes en unité toute esgalles en pouvoir, savoir et vouloir, en celle foy et creance je vous adore comme mon souverain seigneur et Dieu, pere eternel, createur des humains, vous rends humbles graces et mercys */f.4v°/* de ce qu'il vous a pleu m'avoir faicte et creé, de l'œuvre de vos mains, ymage à vostre semblance, et de ce qu'il vous plaist m'en donner cognoissance, de tout mon cueur vous en remercie. Aussi foys je de ce qu'il vous a pleu me donner le vouloir d'entreprendre ce sainct voyage, car j'entends bien que sans vous rien je ne puis. Mon souverain seigneur, qu'il vous plaise me donner le pouvoir de parfaire ma saincte entreprinse affin que, en gloire, vous puisse veoir en la cité de Bon Repox où je espere d'avoir toute consolation[1].

Commant l'Ame devote davant ladite enseigne faict son oraison à Jhesuscrist, seconde personne de la Trinité, et au Sainct Esperit.

O Dieu crucifié, seconde personne de la Trinité, je viens à vous treshumblement vous mercier de ce qu'il vous a pleu tant vous humilier que d'estre descendu çabas dedans le sacré ventre de la benoiste et sacrée Vierge, et ne vous a pas suffiz, mon Dieu, en cheminant par les desers de ce monde, endurer peyne et travail mais, à la fin, avez voulu morir en l'arbre de

• Miniature n° 3: L'Ame devote, à genoux sur un chemin, est en prière; derrière elle, Bon vouloir, le Cueur contemplatif, Esperance et Force l'observent.

1 Psaume 88: «J'ai demandé une chose à Dieu, et je la lui demanderai encore; c'est la grâce de demeurer dans la maison du Seigneur tous les jours de ma vie». Cf. Saint Bernard, *op.cit.*, sermon XXXIII «Sur le Cantique des cantiques», p. 256-257.

la croix, ainsi que represente nostre enseigne, pour le merite de laquelle passion vous supply, mon Dieu, qu'il vous plaise vouloir conduire ceste pauvre pelerine au port de Salut, affin que pour la douleur que vous avez pour moy soufferte, à laquelle ay desiré tousjours participer, et moy rendre à vostre bonne cité de Bon Repos.

O vous glorieux Sainct Esperit, tierce personne en deité, vray consolateur des desolés, conducteur de toutes bonnes œuvres qui remetz en bonne voye les desvoiez, en vous toute est mon esperance, en vous seul est ma fiance, moy mectant en vostre saincte garde et protection, vous suppliant treshumblement, mon Dieu et mon seigneur, avoir pitié de ceste pauvre pelerine, laquelle se mect en chemin pour passer les deserts de ce monde soubz vostre saincte garde */f.5/* et protection, et vostre plaisir soit me conduyre au port de Salut et en la noble cité de Bon Repox.

Commant ladite Ame devote fait son oraison à la glorieuse Vierge Marie.

O vous dame glorieuse, mere de Dieu, royne du ciel et de la terre, vierge sans per, tresoriere de grace. O vous dame, je viens requerir ayde car, sans ceste là, je ne puys parfaire le sainct voyage que je desire sur toutes choses. Car despuys la grant triumphe de gloire que je vy que l'on vous fist à vostre arrivée en ceste noble cité de Bon Repos, oncques puis mon esperit ne cessa de querir tous les moyens pour en icelle parvenir, vous suppliant treshumblement, ma dame et ma singuliere maistresse, me vouloir conduire au port de Salut. Et vous plaise, ainsi que m'avez promis moy estant en la compagnie du Cueur contemplatif, me impetrer grace envers vostre benoist enfant, telle que je puisse pervenir en ceste noble cité.

Commant après que la devote Ame a fait ses oraisons à la Trinité et à la glorieuse Vierge Marie, se retourne vers tous les glorieux saincts et sainctes en disant ce que s'ensuit:

Vous tous glorieux saincts et sainctes de paradis qui avez fait le voyage sainct avant que pervenir en la gloire où estez à present, lequel voyage desire parfaire, vous requerant, glorieux saincts esperits, prier pour moy et requerir la benoiste Trinité que je puisse tousjours son sainct vouloir acomplir car jamais en ma voulenté ne tumbera de faire aultrement.

Et atant fyna l'oraison de l'Ame devote, faisant le signe de la croix, en disant:

Bon Vouloir et vous, mes dames, qui m'avez voulu faire ce plaisir de prendre de moy la conduicte, je vous supplie, mectons nous en la voye car mon cueur */f.5v°/* me dit que viendrons à brief au port de Salut.

Esperance

Ma fille, j'en suys en ceste creance. Bon Vouloir, mectez vous davant et vous, ma seur Force, après. Et nostre fille, l'Ame devote, sera entre nous deulx.

Ainsi se mectent en la voye.

/Miniature n°4/•

Cy commance la premiere journée que fait la bonne pellerine, l'Ame devote, acompaignée de Bon Vouloir, Force et Esperance.

N'avons prins le grant chemin affin de ne fourvoyer, toutesfoys n'eusmes gueres cheminé que trouvasmes ung chemin forche et là nous arrestames pour prendre conseil à

• Miniature n° 4: L'Ame devote, dame Force, Bon Vouloir, Esperance et le Cueur contemplatif sont agenouillés, en prière, devant un crucifix dressé contre un arbre; derrière eux, sur un chemin sinueux, une femme en noir, les pieds griffus, les regarde. A l'horizon, on aperçoit une ville dominée par un clocher.

Les pèlerins à la croisée des chemins
Ms. 978 (f.5v°)

Car je voy de tant loing des sentiers qui sont pour nous
faire fourvoyer les pellerins arrestons nous icy ung peu
pour veoir si verrons aultres gens venir pour scavoir si
sommes point fourvoyez. Et aussi est desja passe midi et est
temps que prenions quelque refection. Si nous sommes
assises soubz ung grand arbre toutes lassees et travaillees.

[illegible] Esperance [illegible]
[illegible] de renom maistre despensier et paneticier de devotion
[illegible] tira son pain qui est dedans de sainctes pensees et de
devotes meditations affin que prenions refection espirit[illegible]

La réfection spirituelle
Ms. 978 (f.6v°)

entre nous et lequel nous prandrions. Celluy de la main destre n'estoit pas, si me sembloit, */f.6/* si baptu comme celui de la main senestre, toutesfoiz qu'il nous estoit à l'œuil plus plaisant car armé et couvert estoit de fleurs moult plaisantes[1]. Et y avoit ung arbre soubz lequel nous assismes, et ainsi que estions en pensée quelle voye nous prendrions, vismes de loing du cousté senestre venir une femme qui nous sambla en habit et en maniere bien bonne, de quoy noz esperitz furent consollez. Et quant fusmes au près d'elle, après l'avoir saluée et elle nous, nous luy dismes:

Dame, nous suismes pellerins, et pource que ne savons bien le chemin où nous voulons aller, ne laquelle de ces deux voyes est la meilleure pour nous conduire, s'il vous plaist vous le nous dires.

L'Ame devote

Nostre intention est de faire le sainct voyage et de nous rendre au port de Salut et en la cité de Bon Repos.

La femme

Vostre voyage n'est pas petit, beaucop de gens se mectent en la voye pour y aller mais bien peu y en a qui y parviennent jucques au port de Salut. Mais si vous me voulez croire, je vous donneray bon conseil qui vous pourra bien aider et servir. Suyvez ceste voye dont je viens car c'est celle qui est la plus hantée, et ne fauldres de tousjours trouver gens pour vous garder de fourvoyer.

L'Ame

Benoiste soit l'heure que nous vous avons trouvée! Et s'il vous plaist, nous direz vostre nom ne quelle part vous allez.

---

[1] Le choix du chemin —à gauche celui des vices, à droite celui des vertus— renvoie moins ici à la voie étroite de l'Evangile (Matthieu 7, 13-14) qu'à un motif littéraire traditionnel (cf. Guillaume de Digulleville, *Le pelerinage de vie humaine*, v. 6749, où la voie «senestre» attire aussi par ses bois touffus et ses fleurs; et Jehan Henry, *Le jardin de contemplation*, *op.cit.*)

La femme

Mon nom ne saurez vous pour ceste heure, mais je m'en voys en ung convent qui est icy près où j'ay de mes filles pour veoir commant elles se portent et gouvernent.

L'Ame

Dame, bien fort vous mercye. Bon Vouloir, mectez vous davant et suyvez la voye que nous a enseigné ceste bonne dame.

Nous alasmes longuement sans riens trouver. Je m'aparceu que mes deux dames qui estoient en ma compaignye ne fasoient point bonne chere, et leur demanday qu'elles avoient. Force me dist:

J'ay peur que nous ne soyons deceuez et que ceste femme, qui point ne c'est voulue nommer, nous aye conseillé tenir la mauvaise voye, */f.6v°/* car je voy de tant loing des sentiers qui sont pour faire fourvoyer les pellerins. Arrestons nous icy ung peu pour veoir si verrons aultres gens venir, pour sçavoir si suymes point fourvoyez. Et aussi est il desjà passé mydi et est temps que preignons quelque refection.

Si nous suismes assis soubz ung grand arbre toutes lassées et travaillées.

/Miniature 5/•

Esperance

Ame devote, mamye, desploye ta pannetiere de devotion et tire le pain qui est dedans de sainctes penseez et de devote[s] meditations, affin que preignons reffections espiri */f.7/* tuelles, et mectez en place le baril de saincte doctrine affin que soyons refreschies du bon vin de la sapience divine[1].

• Miniature n° 5: Assise sous un arbre, l'Ame devote se restaure en compagnie du Cueur contemplatif et de dame Esperance qui boit à un petit baril. Sur le chemin, Bon Vouloir parle avec deux personnages, vêtus de bleu et de gris. Au bout du chemin apparaît une ville fortifiée, dominée par des tours et un clocher.

1 «Qui a soif vienne à moi et boive» (Jean 7, 37). Cf. *Dialogue de sainte Catherine de Sienne*, *op.cit.*, ch.LIII «Explication de ces paroles de Jesus-Christ», p. 132.

L'Ame devote fait ce que Esperance luy commande.

Ainsi que prenyons nostre refection spirituelle, laquelle fortifia et resjouist noz esperitz, en meditant les labeurs et peynes que le bon Jhesus avoit voulu prendre en ce monde, et aussi à sa benoiste mere: paravant que parvenir en la noble cité ont traversé tous les desers du monde, et aussi ont pareillement tous les benoists sainctz qui ont voulu faire le sainct voyage, avant que parvenir, ont enduré tant de peynes et labeurs, voire jucques à estre martirisez, et de fait et de voulenté.

Après toutes ces sainctes pencées et plusieurs aultres de quoy je me taise pour cause de briefveté, noz esperitz furent ressasiez et bien fortiffiez par le bon vin de la sappience divine qui nous enyvra tousjours en amour d'icelle et augmenta le desir de plus en plus de l'aquerir[1].

Bon Vouloir

Moy qui estoys cause principalle d'avoir faict entreprendre le voyage à l'Ame devote ne cessay de regarder pour veoir si je verroys point quelques gens qui nous seussent adroisser nostre chemin, tant que je veiz de loing deux hommes qui venoient assez tost, qui me resjouit, et commençay à dire:

Sus, Ame devote et vous, mes dames, levez vous, car je voy venir des gens par lesquelx pourrions estre informez si nous sommes en la bonne voye.

Je me mis davant, moy, mon enseigne au poing, et mes pellerines après, et marche le grand pas tant que je arrive à eulx lesquelz, après m'avoir salué, me firent ung aussi beau semblant comme si toute ma vie avoys esté avecques eulx. Les bras tendus, commencerent à moy dire:

Frere et amy où vas tu avecques tes pellerines que je voy après toy? Car à vos habitz cognoys bien que telz estez.

Bon Vouloir

Amy, puysque voulez savoir où nous allons, nous querons la noble cité de Bon Repos en laquelle desire aller l'Ame devote. Et pource que en ceste voye en laquelle nous

[1] Psaume 22, 5.

sommes mys par le conseil d'une dame qui point ne nous voulut dire son nom, toutesfois doubtons nous estre fourvoyez car en ce chemin voyons tant de */f.7v°/* petites sentes qui nous samblent bien desvoyables, et ne sçavons laquelle prandre, parquoy si tu scez le chemin de la noble et saincte cité, plaise toy nous y adroisser.

Frere, la dame qui vous a conseillé ce chemin prendre vous a bien adroissez et somez ses serviteurs qui allons après elle. Et s'il vous plaist que l'ung de nous vous tiegne compaignie, vous menerons en ung beau chasteau auquel serez bien receuz et pourveu de tout ce que vous sera mestier. Et si pourrez là avoir conseil tel que peult estre que ne tirerez plus avant car le voyage est bien long et penible.

Bon Vouloir

Frere, je te mercie bien fort. Je voys parler à mes pellerines et leur diray le bon vouloir que tu as à elles.

Quant je fus retourné devers mes pellerines, je leur commençay à dire:

Je viens de parler à ces compaignons, ce me samble que Dieu nous a bien aydez de les avoir trouvez, car ilz sont aussi charitables que gens que je cogneuz oncques, et m'ont fait aussi bon recueil que que si c'estoient mes propres freres. Ilz s'offrent de nous conduire nous deux[1] et nous mener en lieu où nous serons bien pourveuz et consollez de tout ce que aurons afaire.

L'Ame

Bon Vouloir, ces gens là sont ilz point pour nous decepvoir?

Bon Vouloir

Je croy que non car leur langage et attrait est si treshumain que je ne sauroys penser que en eulx ne fust toute loyauté.

---

1 Erreur du copiste: «nous deux», pour «l'un d'eux»?

L'Ame

Mes dames, je vous prie, advisez à nostre affaire. Estes vous d'oppinion que preignons l'ung de ces compaignons pour nous guider, car il me samble que nous avons desjà fait beaucop de chemin, et si croy que n'avons encores gueres avancé pour aller à la cité que tant desire.

Force

Ame devote, prenons l'oppinion de Bon vouloir, car nous n'aurons gueres ensamble alé que ne cognoisse bien s'ilz nous veullent decepvoir. Ma seur Esperance, qu'en dis tu?

Esperance

Ma seur, que j'en dis? Mon esperit ne me fait point bon jugement de ces deux gallans lesquelz disent estre serviteurs de la femme que à ce matin */f.8/* avons trouvée, laquelle est cause, ainsi qu'il me samble, de nous avoir fait fourvoyer. Toutesfoys ne povons faillir puisqu'en estez d'oppinion, ma seur et aussi Bon Vouloir, d'en prendre l'ung d'elx car en peu de heure cognoistrons l'intention et si elle est decepvable, à vostre aide, ma seur, y pourrons obvier. Bon Vouloir qui avez parlé à eulx ne sçavez vous point leur nom?

Bon Vouloir

Je ne leur ay point demandé. Allons à eulx, je croy qu'ilz ne le vouldront point celer. Et quant fusmes à eulx venuz, je commençay à leur dire:

Freres, vecy mes bonnes pellerines ausquelles j'ay dit l'euffre que m'avez faicte qui n'est pas petite, c'est de nous conduyre, l'ung de vous, en lieu où pour meshuy pourrons à seureté herberger, mais une chose y a qu'elles desirent savoir voz noms.

Et alors commencerent à dire:

De noz noms, vous n'en avez que faire mais par temps les saurez. Toutesfoys, commant vous avons par cy davant dit, nous sommes serviteurs et grans amys de la dame qu'avez au matin trouvée.

Bon Vouloir

Puisque aultre chose n'en voulez dire, n'en serez aultrement interrogez. Monstres nous la voye l'ung de vous car si bien nous conduysez, nous avons bien dequoy nous contenter.

La guyde va davant et nous après par chemyns bien estranges et penibles, voyes pleines de pierres poinctues, chardons poignans, et avyons de la peyne beaucop sans nul plaisir. Quant eusmes longuement allé, vismez ung chasteau assis en ung lieu assez delectable, ou les mauvais et pervers chemyns qu'avions passez le nous faisoit sambler tel.

L'Ame devote

Je començay à parler à nostre guyde en luy disant:

Dis moy, s'il te plaist, qui est ce chasteau ne quelz gens habitent dedans? Esse le lieu que tu avois promis à Bon Vouloir de nous mener pour avoir recreation et soublagement, de quoy avons bien mestier après les apres et durez voyes par lesquelles tu nous as conduictes.

La guyde

C'est voirement le lieu où je vous voulois mener, et ne sçaurions mielx estre car là trouverras tout ce que tu sçauroys demander.

L'Ame

Le chasteau n'estoit pas fort car de tous coustés on */f.8v°/* y pouvoit venir aiseement, mais il estoit faict de si diverses couleurs et tant de fantasies entaillées autour dudit chasteau qu'il n'y avoit entendement humain qui n'y variast et qui, en despit de son visage, ne fust contrainct de s'arrester pour icelluy regarder[1]. Davant la porte dudit chasteau y avoit gens

[1] La description du château du Monde, que l'on rencontre sur la «senestre voie», est aussi traditionnelle; cf. Rutebeuf, *op.cit.*, v. 149 et sv.

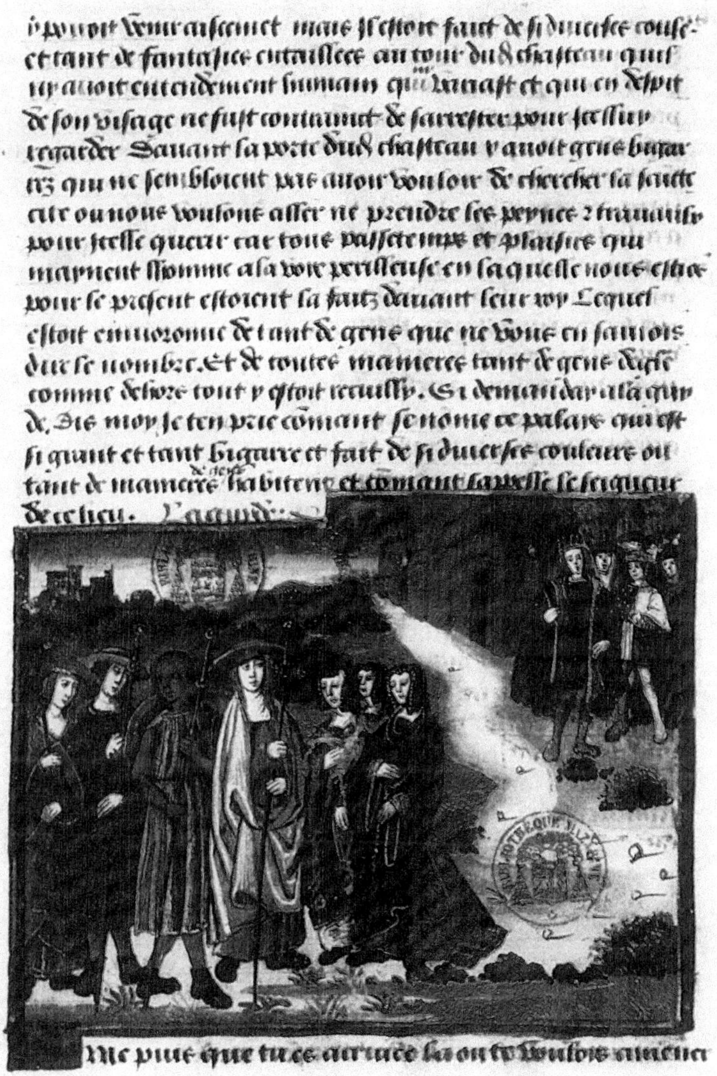

Les pèlerins devant le château du Monde
Ms. 978 (f.8v°)

bigarrez[1] qui ne sembloient pas avoir vouloir de chercher la saincte cité où nous voulons aller, ne prendre les peynes et travaulx pour icelle querir, car tous passetemps et plaisirs qui maynent l'homme à la voye perilleuse, en laquelle nous estions pour le present, estoient là faitz davant leur roy, lequel estoit environné de tant de gens que ne vous en saurois dire le nombre. Et de toutes manieres, tant de gens d'eglise comme dehors, tout y estoit recuilly. Si demanday à la guyde:

Dis moy, je t'en prie, commant se nomme ce palais qui est si grant et tant bigarré et fait de si diverses couleurs, où tant de manieres de gens habitent et commant s'appelle le seigneur de ce lieu.

La guyde

/Miniature n°6/•

Ame, puisque tu es arrivée là où te vouloys amener */f.9/*, je te diray qui est le palais et qui est le roy qui y demeure. Le palais s'appelle Deception[2], de quoy est seigneur et maistre le Monde que tu voys là, lequel fait à tous ceulx qui veullent venir à luy bon recueil pour les attraire à sondit pallais, lequel est desjà ainsi bien peuplé, comme tu voys. Toutesfoys une chose y a, c'est qu'il ne retient point les gens par force, mais

---

[1] Le «bigarré» -ou polychrome- signifie la duplicité et révèle alors, sous la belle apparence première, la présence satanique. Dans l'iconographie, les personnages portant des vêtements rayés ou de plusieurs couleurs sont presque toujours négatifs. Dans l'enluminure n° 8 (fol.11v°) du *Petit traicté*, les bourreaux du Christ portent des vêtements rayés. Sur cette question, voir M. Pastoureau, *Couleurs, images, symboles. Etudes d'histoire et d'anthropologie*, Paris, Le léopard d'or, 1989, p. 78, p.92-95.

• Miniature n° 6: Trois dames, richement vêtues de manteaux doublés de fourrure, accueillent sur leur chemin l'Ame devote, le Cueur contemplatif, Bon vouloir et Force. De l'autre côté du chemin, se dressent les portes de la ville, devant lesquelles apparaît un personnage portant sceptre, couronne et vêtements royaux, et suivi d'une foule dont se détache un homme portant un vêtement bicolore, jaune et rose.

[2] Cf. la description du château de Fortune («sa beauté et s'aparance/ N'est fors que toute decepvence»), dans *Le livre de la mutacion de Fortune*, de Christine de Pisan, éd. S. Solente, Paris, 1959, T. I, p. 61, v.1535-36.

tant y a que, après ce que l'on y a beu le bouillon de la cuysine, peu y en a qui le veullent habandonner que par force[1].

Ainsi que parloys à nostre guyde, veis venir devers moy une dame bien abillée, acompaignée de deux damoiselles. Quant je les vy, me retiray au près de mes dames qui me conduisoyent et aussi de Bon Vouloir, et avyons tous noz bourdons en la main.

La dame commença à nous dire:

Salut et toute joye soit donnée à vous, nobles pellerines. Je viens icy, de par nostre roy, vous presenter son hostel et si avez affaire de chose qui vous soit necessaire, ne sçauriez arriver en lieu pour en estre mieulx pourveuez que en sa court, car tous biens y habundent, tous plaisirs y sont, nul n'y est reffuzé, tout y est receu.

L'Ame

Quant je ouys ainsi ceste dame parler, je fuz si estonnée que ne sceuz que luy respondre et commençay à dire à mes deux dames qui estoient en ma compaignée:

Helas, mes dames, j'apercoys bien à ceste heure que nous sommes deceues et fourvoiez de la bonne voye. Pour Dieu, dame Force, monstres vostre pouvoir et vous, ma dame Esperance, confortes mon esperit et le gardez de ce decepvable roy, le Monde, et de ses abuz et vous, Bon Vouloir, qui avez esté deceu par le faulx semblant de la guyde[2], ne m'abandonnez et tousjours augmentes mon desir de parfaire la saincte voye par vous entreprise.

Force

Fille, mamye, ne te chaille puysque tu as esperance en Dieu, lequel tu quiers. Noz bourdons sont assez puissans pour

---

[1] Gabrielle évoque ainsi le débat sur le libre arbitre de l'homme qui fait le bien ou le mal selon sa propre volonté; elle garde une position très orthodoxe (cf. Jean Le Fèvre *Le respit de la mort*, *op.cit.*, v. 1189-1220). Sur cette question, voir les pertinentes remarques de Jennifer Britnell, *Jean Bouchet*, Edinburgh University Press, 1986, p. 229-230.

[2] Cf. Jean Gerson, *Six sermons*, *op.cit.*, p. 305-309, «les quatre manières d'habits que portent Male Voulenté: le premier se nomme Dissimulation».

nous deffendre contre les mauvaises tentations du monde et de tous ses assistans. Parles hardiement à ceste dame qui est venue de par le Monde pour te vouloir suborner, et luy dis que au mandement de luy n'obeiras nullement.

Moy, pauvre Ame devote, ainsi */f.9v°/* que Force m'avoit conseillée, m'en vins à Presumption, messagiere du Monde[1], en luy disant:

Je suys la pauvre Ame devote qui ne quiers pas m'arrester en la compaignée de ton roy, mais voys querant la noble cité de Bon Repos et de delices espirituelz qui sont sans fin, et ceulx de ton maistre ont fin et acquierent, qui pis est, les douleurs innumerables qui sont sans fin.

Presumption

Ame devote, tu n'es pas bien conseillée si tu ne veulx demorer avecques nostre roy, ne voys tu tant d'empereurs, roys, princes, papes, cardinaulx, evesques et toutes manieres de gens qui de tous coustés y viennent[2]? Car les portes sont si grandes et nul temps ne sont closes. Et toy, pauvre Ame, que quiers tu? Tu ne sçauroys venir en meilleur lieu que icy car, après que tu auras passé en plaisir et en joye ta jeunesse, tu viendras assez à heure pour chercher la cité que tu vas à ceste heure querant. Vecy ma compaigne, nommée Amour de soy mesmes, qui te donnera bon conseil si tu la veulx croire.

Amour de soy

Ma fille, je te prie que preignes pitié de toy mesmes. Veulx tu croire ung tas de bigotz qui ont fait livres pour donner crainte aux pauvres ignorans comme toy. Pource qu'il n'ont esté recuilliz cheux nostre roy, ainsi comme

1 *Id.*, chez Gerson, Male voulenté a pour principal capitaine Orgueil, le fol presumptueux.

2 La critique des grands, laïcs et ecclésiastiques, courtisans du Monde et de Fortune, est un thème récurrent aux XIVe et XVe siècles. Voir, par exemple, Christine de Pizan, *La mutacion*, *op.cit.*, v. 1645-1651, ou Alain Chartier, *Le quadrilogue invectif*, éd. E. Droz, Paris, Champion, 1950, p. 14-15. Au début du XVIe siècle, les attaques contre la corruption sont un lieu commun littéraire; voir Jean Bouchet, *La déploration de l'église militante*, éd. J. Britnell, Genève, Droz, 1991, p. 18.

beaucop d'aultres, Desespoir leur a conseillé mendier ou bien eulx retirer à part pour composer livres esquelx toy et aultres avez heu creance, te mettant en voye aspre, pensant que cela sera cause de te faire plus tost avoir lieu en la cité que tu nommes de Bon Repos[1]. Je prens grand pitié de te veoir porter ces soulliers si austeres qui te rompent les piedz, travailler sans fin, jeuner, veiller et faire toutes choses contraires à ton corps. O mamye, il ne fault pas que tu preignes une si grosse hayne contre luy, mais fault que tu l'aymes en le traictant doulcement et, quant il sera mieulx traicté et nourry, tu en vauldras mieulx et, si tu veulx venir en nostre court, tu y seras bien recuillie. Vecy ma compaigne, Vayne Gloire, si tu la veulx croire, elle te oustera bien de l'entendement toutes ces fantasies qui ne te font que donner tristesse.

Vayne Gloire

Fille, */f.10/* ma seur te conseille bien et la dois croire car de tant te donner de peyne et de travail, sans prandre recreation, n'est possible de durer longuement, et ne pourroys faire ta voye que tu as entreprinse, qui est beaucop plus penible que tu ne penses, sans prandre quelque plaisir pour fortifier le sens[2]. Tu ne sçauroys mieulx arriver que en la court de nostre prince le Monde car tu y trouveras toutes manieres de gens. Et combien pences tu qu'il y a d'ames devotes qui avoient entreprins le voyage comme toy quant ilz ont veu les biens qui sont en la puissance de nostre roy de departir à ceulx qui veullent suyvre sa court? Nulle riens ne sçauroit estre plus aggreable. Tu seras eslevée en telle dignité que ton estat le requiert, voire plus grande quant tu y mectras

1 Assez curieusement, Amour de soi emploie ici une argumentation déjà utilisée par Christine de Pizan, mais pour stigmatiser, quant à elle, l'antiféminisme des clercs (voir *Epistre au Dieu d'Amours*, in *Œuvres poétiques*, éd. M. Roy, Paris, 1891, T. II, p. 10-11; ou bien *La cité des Dames*, B.N. Ms. fonds français 1177, fol. 10-11).

2 Le discours de Vaine Gloire fait écho aux plaintes du corps dans le *Petit traicté* (fol. 22). Ainsi le dialogue des personnages allégoriques du *Voyage* présente l'opposition, essentielle dans la spiritualité ascétique, entre le corps et l'âme.

peyne[1]. Et rien ne t'est plus seant que de sçavoir bien complaire car c'est la chose qui plus est plaisante à nostre prince le Monde, lequel gueres ne te lairra en cest habit simple mais te donnera habitz riches et beaulx autant que tu en vouldras, servans et servantes pour toy servir et obeir, povoir de les entretenir, qui te sera une gloire grande, et quant tu auras amassé des biens largement, pourras plus aiseement parfaire ton voyage. Et ne doubte point que le proverbe commun qui se dit en nostre court ne soit veritable, car si est: c'est que ceulx qui sont amez de nostre roy le Monde sont amez de Dieu duquel tout procede[2]. Autrement ne le veulx soustenir. Viens t'en doncques, ma fille, quant et moy et je te presenteray au Monde lequel te promectra, et j'en suis certaine, longue vie, honneurs, biens, senté et prosperité en toute gloire mondaine. Et suis seure qu'il me commandera, et aussi à ma seur, de toy servir et si te baillera son tresorier, nommé Convoitise, qui fournira tous tes desirs, et sa mignonne, Detraction, te visitera souvant pour toy donner passetemps, et sur tout quant prandras ta reffection et seras servie de toutes viandes delicquates et nourrissantes de par son maistre d'ostel, nommé Gormendise; chambre parée, lictz bien droissez, sentans bon de toutes senteurs aromaticques */f.10v°/* et le grand chamberlant de nostre maistre, nommé Plaisir decepvable, de ce faire aura la charge. Et pour toy endormir auras instrumens qui joueront davant toy le grant musicien de nostre maistre qui se nomme Temps perdu. Et si en tout cecy a deffault, l'ung des cappitaynes du Monde nostre maistre, nommé Dissencion, ne fauldra pas de faire son office, c'est de frapper et de baptre, voire tuer si besoing est. Car la puissance de nostre maistre est si grande qu'elle est inestimable. La femme de religion que tu trouvas premierement, laquelle son nom ne te voulut dire, c'estoit ma

---

1 Gabrielle de Bourbon n'oublie pas le rang qui est le sien, pas plus que Jehan Henry ne le négligeait en s'adressant à elle dans la dédicace du *Livre de meditation.*

2 Faut-il lire ici une interprétation spécieuse d'un proverbe de Salomon: «Quand Jéhovah se plaît dans les voies d'un homme, il fait que ses ennemis eux-mêmes soient en paix avec lui» (Prov. 16, 7)?

seur Ypocrisie à laquelle tu es bien tenue car elle te mist en ceste voye et, de peur que tu fourvoyasses, elle envoya au davant de toy ung de ses amys, nommé Dissimulacion, lequel est principal messager de nostre prince, et si bien a exploicté son commancement que jucques icy t'a amenée. Viens, ma fille, avecques moy et tu feras que saige car le Monde te mectra en la grant rouhe de sa grant amye Fortune[1], et me laisse ces deux grans pellerines que je voy là et ce compaignon car assez à heure les recouvreras, et viendras faire ton tour comme les aultres au service de notre grant prince le Monde[2].

L'Ame

O moy, pauvre pellerine, quant je ouys les decepvables parolles de Vayne Gloire et cogneuz en quel dangier m'avoit mise Ypocrisie desloyalle et le mauvais conducteur Dissimulacion, ne sceuz que dire car les parolles envenimées de ceste faulse traistresse me troublerent mon esperit. Toutesfoiz sans le conseil et aide de mes dames Force et Esperance, et aussi de Bon Vouloir soubz l'enseigne duquel je alloys, ne vouluz respondre doubtant que ma foible nature me fist dire parolle dont après me fusse repentie, et vins à elles à chere triste et yeulx esplourez, disant:

Helas, mes dames, j'ay bon besoing de vostre bon conseil et aide car nous sommes tumbées aux lacz du monde et est besoing de monstrer à ceste heure tout vostre pouvoir. Dame Force, je te requiere affin que puissons traverser le monde et passer sans estre */f.11/* vainques de ces tentations qui sont si subtilles et si dangeruses, playnes de toutes mauvaistiez et cautelles, et je ne me sens pas encores assez parfaicte pour y obvier sans ton ayde.

---

1 On voit ici se superposer les deux images si caractéristiques de la littérature allégorique du temps: le palais du Monde et la roue de Fortune.

2 Orgueil, Vaine gloire, Flatterie, Detraction, Hypocrisie sont également les personnages qui tentent d'enlacer le pèlerin de Guillaume de Digulleville.

Force

Ma fille, mamye, ayes tousjours bon desir de parfaire ton sainct voyage car celuy qui tout peult, et à luy seul est demourra[nt] la cognoissance de tout ce qui est enclos dedans le cueur, quant il cognoistra que tu ne varieras point, il te donnera tant de pouvoir que le Monde ny tous ses deloyaulx cappitaines, ensamble tous leurs suppotz, ne sçauroient avoir tant de puissance de toy arrester en leur compaignée, et n'eussez tu rien avecques toy que bon vouloir de moy, qui est le pouvoir donné de Dieu eternel pour secourir ceulx qui veullent fouyr le monde pour venir en la cité de Bon Repos comme toy. Je combatray contre tous ceulx qui te vouldront destourner de parfaire la saincte voye mais que ton bon vouloir tu ne veulles laisser pour chose que tu voyez car, puisque sommes en la terre et seigneurie du Monde, fault diligemment cheminer sans soy arrester pour regarder les fantasies qui nous seront presentées en maints lieux, aussi ne fault escouter tant de faulses parolles emmyellées pour couvrir le venyn qui est dedans enclos, aussi ne donner foy ne promesses non veritables qui sont causes souvant de tourner les bonnes ames de la bonne voye, et tout n'est que faintise gouvernée par Dissimulation, faulx messagier. Et mais que tu me vueilles croire, viendrons à chief de noz affaires, peynes et travaulx qui seront mués en joyes consolables, tresors inestimables, plaisirs à ceulx du monde non samblables. Ma seur Esperance, dis quelque chose, ainsi que tu le sçauras bien faire, pour conforter nostre fille, l'Ame, laquelle commance desjà à sentir les assaulx que le Monde fait livrer par ses complisses à ceulx et à celles qui ne veullent vivre soubz luy, ne adjouster foy à ses faulces et desloyalles oppinions.

Esperance

Ame devote, mamye, ma seur Force t'a si bien conseillée qu'il n'est possible de mieulx, toutesfoys me */f.11v°/* semble que l'esperance que tu as à celuy pour lequel tu t'es mise en la voye est assez suffisante pour te faire detester tous les plaisirs qui sont au pouvoir du Monde de donner. Et je t'asseure pour toute verité, et soubz ceste foy chemyne hardiement, que la maindre peyne que tu porteras en ce voyage voulant acompaigner aux peynes inestimables de celuy soubz l'enseigne duquel tu vas, que Bon Vouloir porte, pour la plus petite, tu gaigneras une couronne de gloire, laquelle gloire sera sans fin et à jamais auras tout ce que tu sçauroys souhaicter: beaulté, jeunesse, richesse, tous plaisirs sans mutation[1]. Parquoy ne fault pas adjouster foy aux parolles que tu as ouyes, ny que encores tu pourras ouyr par les messagiers du decepvable Monde, lequel a eu commancement aussi aura il fin trespiteuse, et tous ceulx qui auront fiance et esperance en luy. Regarde ta saincture et ton escherpe qui dit *Espoir en Dieu*, lequel n'a nul commancement aussi n'aura il point de fin, aussi n'auront les joyes et plaisirs que ceulx qui le vont querant auront de luy.

L'Ame

Quant je ouys mes deux dames ainsi parler, prins cueur, commancent à dire:

Pour Dieu, mes dames, n'arrestons plus icy! Puisque sommes si avant au desert du monde, il fault mettre peyne de le passer pour recouvrer la noble cité de Bon Repos. Bon Vouloir, mon amy, mectz toy davant avecques ta noble enseigne et vous, mes dames, pour Dieu, advisez moy en sorte que puissons passer les tenebres du monde.

Les deux dames mectent leur pellerine au millieu d'elles, en luy disant:

Fille, cloue les yeulx, estouppe les oreilles, ne respons point aux faulces questions, ne prens plaisir aux delicieuses et odorantes senteurs, car assez en seras servie avant que soyes au bout, mais prens plaisir en travaillant avecques tez gros solliers d'austerité car il seront cause de te conduyre au lieu de Bon Repos.

---

[1] Cf. *Les enseignements d'Anne de France*, éd. A.-M. Chazaud, Moulins, 1878, p. 2: «Pensez parfaictement, au secret de votre cueur, aux terribles merveilleuses et infinies peines d'enfer, et aussi aux grans et inestimables gloires et joyes qui à jamais sont en paradis...»

//[1]

/f.12/ de sa propre voulenté, tant c'est voulu condescendre ainsi bas degré et passer toutes les penalitez de ce monde, en grant obprobe et douleur, avant que venir ouvrir la porte de sa noble cité de Bon Repos que voys querant[2]. Toutes ces choses bien considerées ont causé en moy ung somme si tresdoulx que au reveil me suis trouvée fortiffiée, tant que me samble que tous les travaulx que pourroys avoir avant que de parvenir en la noble et saincte cité de Bon Repos me seront bien aggreables à porter. Parquoy les supplie me mectre en la voye.

Force

Ma fille, je me resjouys tresfort de ton sainct desir que voys tousjours augmenter. Sus, Bon Vouloir ensamble Cognoissance, mectez vous davant, ma seur Esperance et moy irons avecques nostre pellerine. Et fault bien entendre, despuis que suismes sur le chemin des mondains, de mectre payne de tirer jucques au bout qui ne sera pas sans grant travail.

La guide se mect davant et nous après, et n'y avoit remede qu'il failloit passer par la terre du prince le Monde, en laquelle trouvasmes tant de deserts et tant de bestes sauvages gectans venin et puanteurs que beaucop avyons affaire à nous en garder. Quant fusmes bien avant en nostre chemyn, voyant chasteaulx et villes sans nombre, gens allant et venans qu'il sambloit à les veoir qu'ilz princent bien grand peyne, et si croy que leur payement sera douleur. Après beaucop de chemins faict, choisismes ung lieu assez delectable à l'oeil, et bien le povyons faire car assez y en avoit, et nous mismes tous ensemble auprès d'une fontayne soubz ung bel arbre, et commençasmes à prendre ung peu de refection espirituelle, vismes de loing venir gens qu'il sambloit qu'ilz s'adressoient à nous, parquoy dismes à nostre guyde:

---

1 Le texte est interrompu; il manque, vraisemblablement, un feuillet du manuscrit.

2 Cf. Jehan Henry, *Le Livre de meditation, op.cit.*, à Gabrielle de Bourbon.

Sus, lieve toy avecques Bon Vouloir, et va sçavoir quelz gens ce sont affin que par toy en soyons advertiz.

La guyde et Bon Vouloir vont davant le grant pas. Incontinent, Cognoissance dist à Bon Vouloir:

Amy, je voy bien que l'Ame devote sera aujourduy bien assallie car ces deulx */f.12v°/* que tu voys venir, qui sont si bien en point, l'ung se nomme Abuz et l'autre Auctorité de court qui meynent beaucop de serviteurs avecques eulx, comme tu peuz veoir, lesquelz, après bien suyvy le Monde, s'en vont à l'ospital de par leur roy et, qui pis est, la mort s'en enssuyt, le plus souvant acompaigné de Desespoir à laquelle les mayne à celluy qui est ennemy de tout temps de nature humaine. Allons tout droit à l'Ame devote et à mes dames qui sont en sa compaignye pour les advertir des gens qui viennent à elles.

Moy, Congnoissance, qui suys la guyde de l'Ame devote, baillée de par ma dame Humilité, commançay à luy dire:

Ame devote, tu as bien besoing du conseil de dame Esperance et de l'aide de dame Force car à toy viennent deux applicquans que tout leur cas n'est que habilité et tromperie, et n'ont aultre commission de leur maistre que de decepvoir les bonnes ames qui se veullent mectre en la bonne voye que tu t'es mise. Et affin que tu soyes advertie de leur nom, l'ung s'appelle Abuz et l'autre Auctorité de court, et tout plain de serviteurs que tu voys après eulx sont ceulx qui servent soubz folle esperance d'avoir leur part de l'auctorité.

Force

Congnoissance, tu es bien venue à propos pour aider l'Ame devote car puisque par toy avons congnoissance des gens qui viennent pour la suborner et la destourner de son bon propos[1]. Fille, mamye, ne change point ton escherpe ny

[1] Gabrielle de Bourbon illustre ainsi, à sa manière, une leçon de Jean Gerson et de Jehan Henry: Bon Vouloir ne peut seul servir de guide, il lui faut l'aide de cette connaissance tirée non pas de la science des clercs mais de la contemplation. Les deux guides, qui conduisent désormais le voyage, représentent alors la «sapience», selon la terminologie

ta saincture que t'a donné dame Esperance, n'abandonnes point ton bourdon, ne change Bon Vouloir pour tousjours t'ayder à parfaire ton entreprise, et escoute hardyment ce que te vouldront dire ces deux courtisans mondains, car si tu ne donnes consentement à leurs decepvables parolles par force ne t'auront ilz pas[1].

L'Ame devote avecques Bon Vouloir et Cognoissance vont veoir que veullent dire ces deux vaillans chevaliers mondains. Abus commença à parler le premier, en disant:

Fille devote, je viens à toy de par nostre maistre le Monde lequel ne te veult donner destourbe que ne passes */f.13/* par ses pays qui sont bien grans. Toutesfoiz si est il bien desplaisant que si faulte de biens mondains estoient cause de te faire ainsi mendier en travaillant ta belle jeunesse de laquelle il prend grant pitié, et, si tu veulx demeurer en sa compaignie, voyci mon compaignon, Auctorité, qui est de ces principaulx de sa court qui dira les biens et le prouffit que pourras avoir en le servant.

Auctorité commença à dire, faisant sa gourre:

Pauvre malheureuse, que veulx tu dire? Tant de grans princes et princesses sont parmy le monde qui se tiendront bien heureux s'il plaisoit à nostre maistre leur donner actrait en sa court, en laquelle tous ceulx qui desirent y estre recuilliz, comme tu le seras si tu veulx, ne le sont pas. Dy moy, Ame devote, que desirez tu?

L'Ame

Le bien infiny que ton roy ne peut donner et bien le scet.

Auctorité

Les biens infiniz ne peut l'on avoir en ce monde car puisque les corps prenent fin aussi font les biens, mais il fault

bernardine. Voir Jean Gerson, *La montaigne de contemplation*, *op.cit.*, 4; et Jehan Henry, *Le jardin de contemplation*, *op.cit.* (les trois choses necessaires au contemplatif: sçavoir, pouvoir, vouloir).

[1] Voir p. 158, note 1b.

avoir des honneurs, richesses et auctoritez, qui sont au povoir de nostre maistre de donner, car par le moyen d'iceulx tu parviendras à acquerir ceulx qui sont infiniz.

L'Ame

Je ne sçauroys entendre que ce que tu dis peut estre veritable, que les auctoritez et honneurs mondains soyent moyens pour faire avoir ceulx qui sont pardurables. Tu ne sçauroys bailler raison nulle que ton dire peult avoir lieu en toute verité.

Auctorité

O pauvre abusée d'ung tas de gens plains de peur et de crainte, sans considerer les honneurs et biens qu'ilz pevent avoir au service du Monde! Quant une personne y a une bonne et grande auctorité, comme tu auras si tu veulx et à toy ne tient, combien de biens peult il faire, ilz sont sans nombre. Ilz gardent maintes guerres pour leur bon conseil, ilz font pourvoir en dignité d'eglise de gens devot qui doyvent garder que symonye n'y habite, justice entretiennent. Et tant d'aultres biens que pevent faire ceulx qui sont en auctorité[1]. Et aussi tant qu'ilz y sont, ilz amassent tresors desquelz ilz pourront */f.13v°/* faire leur voyage que à ceste heure tu veulx faire.

L'Ame

Auctorité de court, avecques ton compaignon, Abuz, point ne me desvoyeras. Et te dis, pour conclusion, que de ton auctorité je ne veulx point, ny de tous les tresors qui sont en la puissance de ton maistre me donner, je y renonce. Et pource, va t'en toy et ton compaignon, avecques tous tes complisses, excecuter ailleurs tes commissions, car en moy ne gaigneras tu rien. Je suys pauvre pelerine, acompaignée comme tu voys,

---

1 Gabrielle de Bourbon semble rejeter ici ce que les *Enseignements d'Anne de France* admettent, en effet, comme une des grandeurs de la noblesse: un pouvoir qui permet d'être aimé de Dieu et du monde (*op.cit.*, ch. XVIII, p. 64). A propos de la simonie, si souvent dénoncée par les contemporains, voir Jean Bouchet, *La déploration*, *op.cit.*, p. 52-53, v. 140-165.

faire seul voyage que a cestre heure tu veulx faire.
ame. Auctorite de court avecques ton compaignon
abus point ne me desnoiras. Et te dis pour conclusion
que de ton auctorite je ne veulx point ny de tous ses
tresors qui sont en la puissance de ton maistre me
donner je y renonce. Et pource va ten toy et ton com
paignon avecques tous tes compulsoires executeur aussi
tes commissions car en moy ne gaigneras tu rien. Je
suis pauvre pelerine acompaignee comme tu vois
deliberee de jamais ne me arrester que ne soie au port
de salut pour parvenir en la noble et bon terre. Quant
auctorite et son compaignon abus virent que aultre
chose ne pouoient gaignier sen retournerent tous
courroussez et moy toute joyeuse en leur disant comme
par abuz ny auctorite n avoye peu estre vaincue. Et
pour dieu dames n arrestons plus en ce lieu mais
tirons oultre car je voy bien que le monde quiert et
querra tant que serons en son domicile a nous faire
fourvoier.

La maison de Faincte Devotion
Ms. 978 (f.13v°)

deliberée de jamais ne me arrester que ne soye au port de Salut, pour parvenir en la noble cité de Bon Repos.

Quant Auctorité et son compaignon, Abus, virent que aultre chose ne povoient gaigner, s'en retounerent tous courroussez et moy toute joyeuse, en leur disant comme par Abuz ny Auctorité n'avoys peu estre vaincue:

Et pour Dieu, dames, n'arrestons plus en ce lieu mais tirons oultre car je voy bien que le Monde quiert et querra, tant que serons en son domaine, à nous faire fourvoyer.

/Miniature n°7/•

/f.14/ Ainsi nous mismes en la voye et, pource que jà commençoit d'anuyter, avyons desir de nous retirer pour nous loger. Bon Vouloir vit de loing une maison et pensoit que ce fust bien le cas des pellerines, va davant sans appeller la guyde, Congnoissance. Quant il fut arrivé au lieu, luy sambla bien qu'il estoit convenable pour loger ceste nuyt. Il vint hurter à la porte, si vint ung grant hermite qui luy vint ouvrir à tout sa grant barbe et ses patenostres en la main, en luy disant:

Frere, que quiers tu?

Je quiers, dist Bon Vouloir, quelque petit lieu pour loger l'Ame devote et sa compaignie qui tout le jour ont bien travaillé en traversant les peynes du monde.

L'ermyte

Amy, tu seras ceans pour meshuy bien logé car l'enseigne que tu portes est celle que nous servons. Va querir l'Ame devote et sa compaignie.

Bon vouloir va hastivement à ses pellerines, en leur disant que, à son cuyder, avoit trouvé lieu pour estre meshuy bien herbregés.

• Miniature n° 7: Devant une chapelle, dame Cognoissance, vêtue d'une robe rouge foncé, converse avec un personnage portant habit religieux et tenant des patenôtres, tandis que s'avance, vers l'Ame dévote et ses compagnons, qui attendent devant une maisonnette, une mendiante appuyée sur des béquilles.

L'Ame

Bon Vouloir, où esse et quelles gens sont ce qui y demeurent?

Bon Vouloir

Sans doubte nulle, je me suys tant hasté de revenir à vous que je n'ay heu loisir de le demander, mais tant y a que celuy qui m'a ouvert là la porte a bien samblance de homme de grant devotion.

Force

Bon Vouloir, commant y es tu allé sans nostre guyde, Congnoissance? S'il vous plaist, dame Congnoissance, vous irez affin que sachons quelz gens habitent en ce lieu.

Congnoissance et Bon Vouloir s'i en vont tous deux ensamble. Quant furent là, trouverent encores l'ermite à la porte. Quant la guyde le vit, incontinent le recogneut en luy disant:

A Faincte Devotion, et as tu tendu jà tes raitz pour attraper les pauvres ames devotes. Va, malheureux, à ton maistre le Monde et luy dy que tu as failly et que ta faulce et desloyalle fainctise a esté par moy descouverte[1].

Sans aultre chose dire, le paillard s'en va en sa caverne bien courroucé, et nous en tournasmes avec noz */f.14v°/* pellerines ausquelles moy, Bon Vouloir, commençay à dire:

Helas mes dames, si n'eust esté Congnoissance, nous eussions aujourduy esté en la prison de Faincte Devotion, fille, comme je croy, de la faulce vielle traistresse, Ypocrisie, qui fut cause de nous mectre en ceste perilleuse voye. Congnoissance, suyvez moy, car j'ay esperance de vous trouver logeis bon et loyal.

---

1 On trouve la même attaque contre les faux dévots et les hypocrites, qui cachent sous habits religieux leurs mauvaises intentions, chez Jean Bouchet, *La deploration*, p. 77, v. 569-581, et le même personnage allégorique, représentant Hypocrisie, dans *Les Regnars traversant les perilleuses voyes*, ch.7.

Congnoissance n'alla guere loing qu'elle nous mena à une petite maison, pauvre estoit elle et la bonne dame qui demouroit dedans pauvrement habillée et aussi deux servantes qu'elle avoit.

Ame devote, voyci ung lieu où vous serez meshuy bien logée et l'enseignement que vous donnera la bonne dame vous pourra beaucop valloir. La portiere de ceans se nomme Pauvreté voluntaire[1], et la dame, Mesprisance des biens mondains, et l'une de ses damoiselles, Vie solitaire, et l'autre, Austerité de vie.

Leans fusmes logés en toute sainctetė, et sur la table de Pauvreté, moy, pauvre Ame devote, desploye ma pannetiere de devotion et fismes collation de sainctes pensées et de devotes meditations. Le vin de la sapience divine ne fut oblyé qui tellement nous enyvra que n'eusmes vouloir de dormir mais tousjours mediter la vertuz d'icelle divine sapience où desire d'aller l'Ame devote. Et en celle devote meditation, fusmes jucques au jour, tant qu'il fut heure de desloger.

Congnoissance, la guyde, nous dist:

Sus, pellerines, mectez vous en chemin.

Jà prismes congé de nostre hostesse, Mesprisance des biens mondains, et nous mismes en chemin à la façon acoustumée, Bon Vouloir et la guyde, Congnoissance, davant.

Au despartir, l'ostesse dist à l'Ame devote:

Je te prie, Ame devote, mamye, que toutes heures tu vueillez considerer que tous les biens, honneurs, et richesses mondaines sont plus de petite durée beaucop que n'est la fumée et qui, pis est, sont causes d'engendrer regretz, douleurs et plainctz qui sont sans fin. A l'estat que j'ay choisi, qui est mesprisance des biens mondains, n'acquerront */f.15/* tresors, joyes et biens sans fin. Au partir de toy, aultre chose ne te dis, et est assez, mais qu'il t'en souviegne.

---

[1] Cf. Jehan Henry, *Livre de vie active*, *op.cit.*, p. 48: «Comment Povreté voluntaire accueille et persuade les novices qui arrivent dans la maison d'hospitalité».

L'Ame

Dame, bien fort je vous remercie de vostre bonne charité que m'avez fait en me logeant, si fais je de voz bons salutaires enseignemens.

Sy fine la seconde journée et commance la tierce.

L'Ame devote

/Miniature n°8/•

Ainsi que nous en allasmes tousjours desirant de povoir eschapper les seigneuries et puissances du faulx et desloyal Monde, traverssames mains pays sauvaiges où eusmes de la peyne plus grande que ne saurois dire. Toutesfoys avecques l'aide de ceulx qui estoient en ma compaignie, aussi considerant le */f.15v°/* bon enseignement que m'avọit donné mon hostesse où nous avyons esté ceste nuyt logés, travaillay à plaisir avecques mes gros soulliers d'austerité qui ne craignoient pierres tranchans ny espines poignans, ainsi que traversions le monde sans y prendre plaisir, tousjours allant devisant de la joye que esperions avoir au bout de noz travaulx, trouvans en nostre chemin gens de toutes manieres. Les ungs prenoient plaisir à edifier chasteaux et villes si belles que si n'eust esté que aultrefoys avoye esté transportée avecques le Cueur contemplatif, eusse pensé qu'il n'eust point fait plus beau en la noble cité de Bon Repos que je voys querant, tant y avoit d'or et d'azur et ouvrages qui riens ne servoient, et croy que ceulx qui les font faire pencent y demourer à jamais. En passant davant ces belles maisons et sumptueux edifices environnés de jardrins et de toutes choses plaisantes, qui souvant sont causes de la dampnation des pauvres creatures[1], je vy saillir de l'ung de ces chasteaux une grant compaignie de gens, tant hommes que femmes, qui

• Miniature n° 8: Au milieu du chemin, s'avancent une dame et un damoiseau, Plaisir Mondain et Barat, vers l'Ame devote et ses compagnons; à l'arrière plan, on aperçoit trois dames — Mesprisance des biens mondains, Vie solitaite et Austerité de vie— devant une maisonnette.

[1] Luc 6, 24; Jacques 5, 1.

Barat et Plaisir mondain
Ms. 978 (f.15)

venoient tout droit à nous. Je commançay à dire à Congnoissance:

Va, s'il te plaist, veoir quelz gens ce sont et puys nous en viens advertir.

Et je me retireray auprès de mes deux dames et aussi de Bon Vouloir, et tous quatre ensamble nous tinsmes coy en actendant le rapport de nostre guyde, laquelle gueres n'arresta et quant fut à nous, nous dist ainsi:

O Ame devote, tu as bien besoing de l'aide du Sainct Esperit et aussi de celle de mes deux dames qui sont icy car ces gens que tu voys venir sont messagiers dyabolicques, car le Monde par la terre duquel tu as desjà passé deux grans journées sans pouvoir estre vaincue, quelque promesse qu'il t'aye fait faire par ses messagiers en te faisant promectre honneurs, richesses, auctorités et biens mondains, à ceste heure ceulx qui viennent à toy sont: le premier messagier qui vient */f.16/* se nomme Barat[1], auquel fault que viennes escouter qu'il voudra dire, et premier demandes le conseil de ma dame Force et Esperance, et en ta compaignie ayez Bon Vouloir tousjours.

Force

Dis moy, qui est ceste dame qui vient après Barat?

Qui elle est? C'est Plaisir mondain qui donnera mains aguillons à la pauvre Ame devote, et fault bien que, par toy et ta seur, elle soit bien advertie commant elle s'y doit gouverner.

---

1 Ce personnage et ce thème, venus du *Roman de la rose*, occupent une grande place dans la littérature érotique comme dans la littérature de spiritualité. Voir, par exemple, *Notable traitté pour cognoiste que c'est de fragilité humaine*, Bibliothèque municipale de Poitiers, Ms. 95 (350), *Recueil de traités de piété,* XVe siècle, fol. CXVIIIv°: «de la doulceur de paradis: quelle forsennerie doncques et folye nous fait boire par delectation l'amertume de peché, ensuir le monde qui est tout plain de peril et de faulceté de male fortunes, de barat, tricherie et deshonnesteté par quoy nous mectons en la main du diable».

Force

Ma fille, Ame devote, tu voys bien que les assaulx du Monde ne sont encores passez, mais entends bien que le Monde fait et fera tous ses effors pour essayer de toy retirer à luy. Je te prie, ma fille, mamye, n'aye point tant prins de payne que tu as faict jucques icy que pour Plaisir mondain tu habandonnes ton Dieu et ton seigneur; ne te chaille du Monde ny de sez abus mais que tu ayez en moy fiance, je combatray pour toy contre tous vices.

Esperance

Helas, ma fille, je te requiers que tu gardes bien ceste belle robbe blanche d'innocence, laquelle jucques icy point n'a esté souillée, et si avons passé mains guetz perilleux. Mais toute la peyne que tu as passée ne sera rien si en icelle tu seuffres avoir une seulle tache. Et si tu veulx adjouster foy aux parolles de Barat et de Plaisir mondain, tantost ta belle robbe sera souillée et plus ne te fauldra porter la divise que t'ay baillée et ton escherpe et saincture, c'est *Espoir en Dieu.* Garde toy bien, ma fille, je t'en prie, de changer ton bon propos, ne tien mains de parolles que tu pourras à ceulx qui à toy viennent car il n'y a rien si dangereux.

L'Ame

Mes dames, je vous remercie de vostre bon conseil. A l'ayde de mon enseigne, davant laquelle je propose que jamais ne changeray mon bon vouloir et l'esperance que j'ay en luy, avecques voz bonnes aydes, parviendray à chief de mon entreprinse saincte.

Et sur ce, je vois avecques Congnoissance et Bon Vouloir sçavoir que veult dire ce mensongier */f.16v°/* messagier. Incontinant que fus là, Barat le desloyal me vint faire ung grand recuieil, en me disant:

O belle fille, tu soyes la bien venue au pays et seigneurie de nostre grant seigneur le Monde, lequel m'envoye par devers toy, bien desplaisant que tu ne veulx prendre de ses biens et auctorités en sa court, desquels il desire bien t'en departir plus que à nulle. Voy là ceste dame, nommée Plaisir mondain, qui est l'une des principalles de sa court, qui vient elle mesme à toy; tu oiras, s'il te plaist, qu'elle te dira.

Plaisir mondain

Je te prie que tu me dies, Ame devote, dont te vient ceste grant follie de refuser les grans biens et honneurs qui t'ont estez presentés de par mon souverain seigneur le Monde? Tu dois bien sçavoir qu'il ne fait ainsi à chascun, car il a pitié de ta belle jeunesse qu'il veoit que tu veulx perdre sans premier avoir le loyer que ont ceulx qui le veullent servir, et du mestier de quoy bien le serviras, si tu veulx, car il est adverty de ta beaulté, de ton savoir et de ta doulceur et tout cela logé avecques jeunesse. Tu ne sçauroys demander si gros estat en sa maison là où tu fussez refusée. Tu seras cherie et de luy bien amée, et de moy, Plaisir mondain, toute prochaine; cueur ne sçauroit penser, ne bouche exprimer, les plaisirs et passetemps que tu recepvras en ceste court. Cependant que tu es jeune, regarde ces beaux lieux de plaisance dedans lesquelz tu te soulageras avecques ces belles dames que tu voys en ma compaignée. Et telles y en a qui avoient voulu prendre la voye telle que tu prens mais despuis que à elles j'ay parlé, ne se sont point voulues tenir à leur folle oppinion et bien s'en sont trouvées. Regardes commant elles sont bien empoint, testes levées sans crainte, parolles hardies, et sans estre de nul reprises, rire, chanter, bancqueter, aller jouer chascune à son plaisir, habitz de toutes sortes ainsi qu'il leur vient à gré, seigneurs, gentilz hommes qui rien ne querent que à leur complaire. Et si tu veulx */f.17/* avecques moy venir, en ung jour auras plus de plaisir que ne sauroys pencer. Si tu as envie de voyager, tu le pourras faire et ne seras pas ainsi comme tu es, car tu sambles une pauvre coquine[1]. Laissez ce mestier, mamye, à ceulx de qui nostre maistre le Monde n'a que faire, et t'en viens à luy et tu seras bien requeillie. Voyci Pensée

---

[1] Plaisir mondain engage la pèlerine à jouer un rôle de grande dame, qui est celui de l'auteur. On voit ici combien le cheminement spirituel de Gabrielle l'éloigne de cet équilibre entre vie sociale et vie intérieure, prôné par les *Enseignements d'Anne de France*.

vayne qui t'en pourra dire quelque chose. Aussi fera peu d'arrest qui scet que c'est du plaisir qu'on reçoit en ma compaignée qui n'est point moingdre, s'il estoit perpetuel, que celluy que quiers trouver que tu appelles de Bon Repos.

L'Ame

Ta parolle est si meschante que je m'esbays que nul n'y peult adjouster foy. Si tu as deceu, par ton affecté langaige, quelques pauvres pellerines qui seront tard à repentir, de moy n'en ira pas ainsi et je suys soubz l'enseigne de celluy qui toy, tes faictz ny ton maistre le Monde, n'a point aggreable. Je m'en voys soubz mon enseigne ayant ferme propos d'arriver, par son moyen, en la court souveraine où je recepvray loyer tel qu'il sera sans comparaison aux vostres, non pareils en toutes joyes parfaictes[1]. Je ne veulx plus escouter tes dangereux langaiges, ny de ceulx de ta compaignée. Je m'en voys à mes bonnes pellerines qui là m'atendent et ne cesseray que n'aye parfaict mon voyage.

Lors, Vayne pencée me print par la main disant:

Ma seur, ne me veulx tu ouyr parler, je ne suys de nul refusée, soient roys ou roynes et toutes manieres de gens, je suis tousjours bien receue. Pences tu, pauvre assotée, pour porter tes gros solliers si austeres ne prendre nul plaisir au commancement de ta jeunesse, estre plus hault montée en la cité où tu veulx aller que la Magdelaynne egyptienne, sainct Paul et tout plain d'aultres qui ont passé leur jeunesse en ce monde en toutes joyes et plaisirs, et après n'ont pas perdu d'avoir la gloire que tu pences avoir pour faire ainsi la bigote.

L'Ame

O perilleuse et decepvable compaignée, pleyne de venyn qui tant */f.17v°/* de maulx avez faiz et ferez encores! De moy, plus icy me arresteray.

---

[1] Cf. Jean Le Fèvre, *op.cit.*, p.97, v. 2644-2648: «L'amour du monde si est telle/ que, qui a mauvais prince sert,/ tres mauvais loyer en desert./ de bon maistre vient bon loier,/ si com on dit sans fabloier.»

Et tant que je peu m'en allay à mes dames, bien fort travaillée des assaulx que j'avois heuz de ceste dangereuse et malheureuse gent. Et dis aux dames qui me conduysoient:

Je loue le Sainct Esperit de toute mon affection de ce qu'il luy a pleu m'avoir fait ceste grace d'estre eschappée de ceste dangereuse compaignée, sans avoir esté esmeue de leur donner nul consentement à toutes leurs mauvaises et si dangereuses parolles, car aujourduy, par le moyen de Plaisir mondain et de Pensée vayne, desquels me suis tresfort travaillée, toutesfois la joye que j'ay d'estre eschappée de leurs mains sans avoir souillée ma belle robbe blanche qui me donne tant de joye que j'ay oublié le travail.

A celle heure, Force et Esperance vindrent acoller leur pellerine, en luy disant:

Ha bien heurée fille, louée soit la vertus divine qui t'a donné le povoir de resister contre les tentations du Monde, lequel en toutes sortes te veult decepvoir. Passons oultre et plus icy n'arrestons. Congnoissance, il fault bien que tu nous quieres quelque bon logeis affin que nostre fille devote puisse estre consolée, car elle me fait grant pitié de la veoir tant endurer par les assaulx donnez du malheureux et mauldit Monde. Ne te chaille, fille, prens bon couraige car bientost tes peynes auront fin et tes joyes qui commanceront, à toutes heures, renouveleront sans jamais avoir fin.

Après le confort donné à l'Ame devote par les deulx nobles vertus, se sont mises en la voye et jà estoit bien tard. Congnoissance, qui davant estoit allée pour querir logeis, vint aux pellerines en leur disant:

Sus, mes dames, marchez grans pas car j'ay trouvé logeis tel que vous, Ame devote, serez aujourduy consollée.

L'Ame devote

Je te prie, Congnoissance, dis moy qui est le logeis que tu nous as trouvé et qui sont ceulx qui demeurent dedans.

Congnoissance

Qui c'est? C'est ma dame Perseverance */f.18/* laquelle tu trouveras bien acompaignée de gens de ta sorte: c'est Virginité la belle qui a en sa compaignée, pour la servir, deux damoyselles, l'une s'appelle Honte et l'autre Honnesteté. Et affin que tu saches le nom de la portiere, c'est Crainte, à laquelle Perseverance a grand amour car toutes ses œuvres sont par elle conduites. Perseverance gouverne Virginité, si fait elle Chasteté et aussi Viduité et tous, par le conseil de Crainte, vont avecques Perseverance[1].

L'Ame

O benoiste soit l'heure que Humilité te bailla à moy car, par le moyen de ta saige conduicte, aurons aujourduy consolation[2].

Quant nous fusmes à l'huys venues, Bon Vouloir hurte. Pour la premiere foiz, Crainte n'ouvrit la porte mais à la seconde ouvrit l'huys et regarda l'enseigne que Bon Vouloir portoit, cogneut bien qu'estions gens pour leans loger. Après reverée et honnorée ladicte enseigne du crucifix, nous demanda quelz gens nous estions, et Cognoissance luy dist que c'estoit l'Ame devote qui alloit querant la cité de Bon Repos, et mes dames Force et Esperance qui la conduisoyent, et celuy qui porte la noble enseigne, c'est Bon et Sainct Vouloir. Quant Crainte eut ouy parler Congnoissance, incontinant va querir dame Perseverance qui gueres n'arresta avecques sa fille, Virginité, et fit ung bon recueil aux pellerines, disant à Virginité:

Fille, prens ta seur, l'Ame devote, et la mayne en sa chambrete, tant pure, tant necte, toute blanche, sans nulle tache.

---

1 Cf. Jehan Henry, *Livre de vie active*, *op.cit.*, p. 49, «Virginité».

2 Cf. Jehan Henry, *Le Jardin de contemplation*, *op.cit.*, Première partie, «La premiere est de humilité qui deprime le courage du contemplatif et en ce faisant le prepare et dispose à querir le chemin et conduict et meine au jardin de contemplation divine».

u matin qui estoit bel et cler partismes de la
maison de dame perseverance mon ame
devote bien edifiee de son bon conseil et aussi
de celuy de ma seur virginite commencay a aller joyeuse
ment disant a mes dames Resjouyssez vous quant et
moy car les bonnes paroles que jay ouyes de nre hostesse
mont tellement esveillez mes esperitz et fortiffiez mes
vertus me sentant approcher du lieu ou est toute mon

Le combat contre les brigands du Monde
Ms. 978 (f.19)

Là commencerent à deviser, les deux vierges ensamble, de la gloire que auront ceulx qui seront en la cité de eternel repos et ont passé les desers du monde, combatu contre les aguillons de la chair, sans estre vaincues ny macullées.

O seur, se dist Virginité, ceste consideration nous devroit estre si plaisante que nulles peynes mondaines ne nous sauroient grever. Il n'est rien si plaisant à Dieu que virginité, comme le preuve */f.18v°/* la descendue qu'il luy pleut de faire dedans le ventre virginal de sa sacrée mere, Marie, qui est vray exemplaire et la guyde de toutes celles qui veullent par ladicte voye aller.

Ainsi que estions en ceste devote meditation, voyci venir dame Perseverance qui commença à me faire feste en me disant:

O bien heurée pellerine, qui es venue loger chex moy en continuant tousjours ton bon vouloir, te requerant tant que je puis, chere fille, que ne te vueilles lasser de ton bon propos car aultrement tes peynes par cy devant endurées seroient nulles, et quant tu continueras, je te prometz me rendre avecques toy en la noble cité de Bon Repos où tu vas pour porter tesmoignage à la saincte Trinité de ta perseverance, et te verray couronner de la couronne de gloire.

L'Ame

Après toutes ces parolles devotes, à mon esperit tant recreatives, prins congé de dame Perseverance aussi ma compaigne, en les remerciant de leur bonne charité. M'en vins à Bon Vouloir et Congnoissance et aussi à mes deux dames, lesquelles trouvay toutes prestes pour parfaire nostre entreprinse.

Cy fine la tierce journée. Et commence la quarte.

/f.19/
/Miniature n°9/•

• Miniature n° 9: L'Ame devote et ses compagnons sont arrêtés sur le chemin, en lisière de la forêt où l'on voit dame Force—en rouge— frapper de son bourdon un homme à terre, portant des chausses rayées jaunes et

Au matin qui estoit bel et cler, partismes de la maison de dame Perseverance. Moy, Ame devote, bien ediffiée de son bon conseil et aussi de celuy de ma seur Virginité, commençay à aller joyeusement, disant à mes dames:

Rejouysses vous quant et moy, car les bonnes parolles que j'ay ouyes de nostre hostesse m'ont tellement esveillez mes esperitz et fortiffiez mes vertus, me sentant approcher du lieu où est toute mon */f.19v°/* affection, que je ne crains rien le povoir du Monde. Tousjours ay heu ma parfaicte fiance en vous mes dames.

En ces parolles et plusieurs aultres que devote affection faisoit dire, traversasmes montaignes, vallées, boys et estranges pays, trouvans tousjours gens tous plains de mauvais vouloir envers ceulx qui desirent de faire leur salut. En ung petit destroit où il nous falloit passer, trouvasmes brigans qui nous voulurent conduire en leurs fosses et cavernes, desquels fusmes advertiz par Congnoissance qui dist à dame Force:

Dame j'entends que avez en garde le tresor de l'Ame devote, il est besoing que à ceste heure monstrez vostre povoir car je suys certaine que serez assaillie de tous coustez.

Quant l'Ame ouyt parler Congnoissance, elle commança à trambler de peur de perdre son tresor que si chierement avoit tousjours gardé, pensant en faire presant, quant seroit arrivée en la noble cité de Bon Repos, au roy de gloire. Toute piteuse s'en vint à dame Force, en luy disant:

Helas, dame, vous sçavez que dès la premiere journée que je vous vy, je euz si parfaicte fiance en vous que je vous baillay tout mon tresor en garde, et, comme j'entends par Congnoissance, le Monde nous fait icy guetter pour me desrober mon tresor. Ha pour Dieu merci, dame, ne me laissez vaincre mais combatez pour moy comme m'avez tousjours promis.

---

noires; derrière eux, des hommes, dont un porte un vêtement rayé, jaune et rouge, observent la scène. En haut de l'image, on voit une maisonnette devant laquelle se tiennent deux dames.

Force

Ma fille, mamye, n'ayes peur. A ce matin, tu estoys si asseurée et en si bonne deliberation, veulx tu à ceste heure changer propos? Je voys devant avecques Bon Vouloir, et Congnoissance avecques. Vous, ma seur Esperance, demourez avecques nostre fille, luy donnant tousjours espoir de vaincre le Monde et de parvenir au lieu de toute joye et repos.

Ainsi sont deliberées les bonnes pellerines de combattre le monde, le diable et la chair, tous troys ensamble si besoing est, car la banniere soubz laquelle */f.20/* elles vont leur donne ung si bon courage que rien ne leur peut nuyre. Ainsi en ordre que vous ay cy devant dit, s'en vont les pellerines bien deliberées d'elles deffendre. Quant furent en ce destroit et mauvais chemin, sortit des cavernes gens tous prests et à mal faire, disans:

Où vont ces paillardes, faignans d'estre pellerines? Elles ne viennent que pour guecter le pays de nostre prince le Monde. Vous ne passerez point plus avant. Puisque ne voules estre en son service, fault que vous payez le peage.

Force

Qui es tu qui demandes ainsi à l'Ame devote le peage, laquelle n'en doibt point car elle n'est nullement subjecte à ton prince, le Monde?

Le brigant

Demandes tu qui je suys? Je te dy que je suys sergent du lieutenant general de nostre maistre le Monde, et m'appelle Faulx Rapport. Et si tu ne veulx payer le peage, je mets la main en toy, Ame devote, de par nostre roy.

Quant Force vit qu'il mectoit la main en sa bonne pellerine, commança à monstrer son povoir et haussa son bourdon et donna tel cop à Faulx Rapport, le sergent dampnable, qu'il demoura par terre, et prend sa pellerine par la main et, maulgré tous ceulx qui là estoient venuz pour la cuyder ravir, la gecta hors du perilleux destroit[1]. Quant ainsi fut eschappée, eussiez veu les gens qui avoient failly de la mener en prison faire deul bien grant, et de deul et de desplaisir qu'il avoient se tuoient l'ung l'autre, voyres eulx mesmes; se desesperoient que plus ne seroient en auctorité de court puisqu'ilz avoient failly à faire ce que leur maistre leur avoit commandé. Quant nos pellerines se virent estre eschappées, jaçoit ce que lassées et travaillées estoient, toutesfoiz ne vouloient elles là arrester, tousjours allant le grant pas après Congnoissance et Bon Vouloir, et par le chemin ne cessoient de trouver gens qui leur disoient tout plain de villennies et d'opprobres, et tousjours adroissoient à l'Ame devote leurs langages, luy reprochant lascheté */f.20v°/* d'avoir reffusé les grans biens et honneurs que le Monde, par tant de moyens, luy avoit fait promectre, en luy disant:

Va, folle, musarde, qui as tant apris à cocquiner que jamais ne t'en sauroys garder, vuyde tost dehors le territoire de nostre maistre le Monde, car tu doys savoir qu'il te hait mortellement.

Toutes ces parolles, et plusieurs aultres ensamble, mains ennuyz et villennie sans la povoir courrousser, tousjours rendant graces audict crucifié, soubz l'enseigne duquel elle alloit faire son voyage.

Tant ont exploicté de chemin qu'ilz sont venus près d'une petite maison, et quant Congnoissance la vist, dist à l'Ame devote:

Je voy là une maison en laquelle me samble que serez pour meshuy bien logées; moy et Bon Vouloir allons savoir que c'est.

Quant fusmes à la petite maison arrivez, Congnoissance hurta à l'huys, la portiere luy vint ouvrir, Congnoissance luy dist:

---

[1] Bien avant que Rabelais fasse, entre les mains de frère Jean (*Gargantua*, ch. XXV), du bâton de croix une arme redoutable, le bourdon est, dans cette psychomachie, le symbole de la force active des vertus.

Mamye, va dire à ta maistresse que l'Ame devote est icy, ensamble mes dames Force et Esperance, qui desirent pour meshuy estre herbergez.

La portiere, nomée Sillance, va vistement querir sa maistresse, dame Pascience. Et quant elle fut venue à Congnoissance, elle l'enquist de l'estat de l'Ame devote et fut bien informée de ses vertus. Elle mesmes va, avecques Bon Vouloir et Congnoissance, au devant des pellerines en leur faisant ung doulx gracieulx requeuil, et surtout conjouyst et festoya l'Ame devote, estant advertie par Congnoissance de la continuation de son bon vouloir. Ainsi s'en vont en la maison en laquelle Sillence, la portiere, les actendoit à l'huys[1]. Quant furent à la maison, Pascience conforta et tracta tellement l'Ame devote que de sa peyne qu'elle avoit heue de tout le jour ne se sentoit plus, l'asseurant qu'elle avoit passé tous les plus grans assaulx et que bien aiseement et de brief */f.21/* elle viendroit au port de Salut:

Aujourduy, tu as si bien bataillé que tu as vaincu Yre qui avoit appellé à son ayde sa seur, Detraction, pensant elles deux si bien te faire trebuscher que, par force de te faire mal et desplaisir, te feroient murmurer contre Bon Vouloir qui ce sainct voyage t'a fait entreprendre, et aussi contre ses bonnes dames qui t'ont tenu compaignye, leur enseignant que Perseverance t'a bien servie et voy bien que tu veulx faire ainsi qu'elle t'a conseillé.

Après beaucop de devotes parolles entre Pascience et l'Ame devote, lesquelles donnoient à ladicte Ame aussi bon repos que si elle eust dormi toute la nuyt entiere sans soy esveiller, et se trouva aussi fortiffiée et aussi en bon propos de parfaire son pellerinage qu'elle estoit à la premiere journée. Parquoy, après avoir prins congé de dame Pascience, vint à ses compaignes qui l'atendoyent, prestes d'elles mectre à chemyn.

---

1 La troisième maison où fait halte l'Ame devote complète ainsi l'allégorie des trois vœux de religion qui se trouve déjà chez Jehan Henry.

Cy fine la quarte journée. Et commance la cinquiesme.

/f.21v°/
/Miniature n°10/•

Quant fusmes parties de l'ostel de dame Pascience, moy, l'Ame devote, toute confortée et en deliberation de tout parachever nostre sainct voyage, nous mismes à aller à la façon acoustumée, tousjours traversant les dangereuses voyes du Monde, et allasmes longtemps sans trouver nul qui nous feist desplaisir, qui nous fut ung grant allegement. Assez trouvions gens par les champs, cultivant la terre en grant travail */f.22/* et peyne, labourant la vigne et, à mon cuyder, ceulx qui plus y travailloient en avoient moins de jouyssance car, de tous coustés, l'on veoit gens d'armes piller la poulle et prendre les provisions faictes par le bon homme pour passer son année; d'aultre cousté, sergens pour la taillee, lesquelz ainsi qu'il me semble se pevent nommer pillars[1]. Quant fusmes plus avant, trouvasmes gens par les carrefours des grans chemyns, qui avoient droissé tables où ilz avoient vins et viandes de toutes les sortes que l'on les sçauroit demander, et vismes venir gens au davant de nous. A l'heure, dis à Congnoissance:

Dame, congnoys tu point ces gens qui viennent droit icy?

Congnoissance

Ame devote, sont encores les serviteurs du Monde qui ne pevent cesser de toy donner destorbe pour te faire desvoyer. Voys tu, là devant, tables droissées, remplies de viandes et vins de toutes sortes. Je te dis, mamye, que la bride de sobrieté que t'a donnée Bon Vouloir te aura, à ceste heure, bien besoing.

• Miniature n° 10: Au travers du chemin, face à l'Ame devote et à ses compagnons, se dresse une table couverte où sont installés trois gentilshommes richement vêtus; en haut de l'image à gauche, au dessus de l'Ame devote, on aperçoit une maisonnette et deux dames assises, et à droite, au-dessus de la table du banquet, trois soldats devant des maisons, chacun tenant une lance d'une main, et de l'autre portant une volaille.

1 Cette évocation des malheurs du peuple peut être inspirée par de nombreux textes du XVe siècle; par exemple, Alain Chartier, *Le quadrilogue invectif*, *op.cit.*, p. 20-21.

Vant fusmes parties de lostel de dame pasce
et moy lame devote toute confortee et en deli
beracion de tout parachever nre sainct voyage
nous mismes a aller a la facon acoustumee tousjo[ur]s
traversant les dangereuses voyes du monde et allasmes
longuement sans trouver nul qui nous feist desplai
sir qui nous fut ung grant allegement assez trouvasmes
gens par les champs cultivant la terre en grant travail

Le banquet et les rapines du Monde
Ms. 978 (f.21v)

Presumption de soy
Ms. 978 (f.23v°)

Et non seullement te servira pour toy garder de trop boire et menger, mais aussi de dire parolles de quoy tu te puisses repentir. Retire toy auprès de tez bonnes dames, tousjours usant selon leur conseil.

L'Ame fait ce que Congnoissance luy dit, en disant aux bonnes dames:

Voycy nouvelles gens qui se veullent essayer de moy destourner de ma bonne voye et me veullent presenter vin, viandes, de quoy ilz s'abusent car je ne suys point affamée. La vostre mercy, dame Esperance, car au partir me proveustes si bien ma pannetiere de toutes viandes appetissans, dont ma norriture est telle que je la demande. Le vin qui est dedans le baril de bonne doctrine que m'a donné la sapience divine, une seulle goutte d'icelluy me donne plus de nourrissement à moy, pauvre Ame, que ne feroient tous ceulx qui sont au monde.

Esperance

Ma fille, mamye, puisque tu as trouvé goust aux */f.22v°/* viandes espirituelles dont ta pannetiere est bien porveue, je ne fays point de doubte que celles que le Monde te fait apprester ne te viengne contre cueu[r]; quelque bonne saveur ny odeur que trouvent les mondains, à toy sera toute amertume. Et si ainsi estoit que l'on te voulist arrester, voicy ma seur Force qui te deffendra bien.

Force

Ma fille, n'aye peur de rien. Si fault il que toy, Congnoissance, nous dies le nom de ces gens.

Congnoissance

Celuy qui vient le premier est l'ung des maistres d'ostelz du Monde, nommé Gormandise, et celuy qui a la serviete sur le col, c'est l'escuyer tranchant, nommé Friandise[1].

---

[1] Cf. *Le Pelerinage* de Guillaume de Digulleville, *op.cit.*, v. 10305, «Gloutonnerie, la mere de Epycuri».

L'Ame devote s'en va, avecques Congnoissance et Bon Vouloir, au devant de ceulx qui venoient à elle. Quant le maistre d'ostel du Monde fut auprès de l'Ame devote, après l'avoir saluée à visage plaisant et à bonne chere, luy dist:

Viens, pellerine, prendre la refection au noble bancquet que le Monde, mon maistre, t'a fait aprester. Et m'a icy envoyé, avecques son escuyer Friandise, pour toy festoyer et bien tracter de viandes, saulses, pour toy donner appetiz, que son bon maistre queulx qui tous les jours le sert, lequel se nomme Discipleur de biens //[1]

Quant l'Ame devote l'oyt parler, hardyement luy respondit:

Va à ton maistre le Monde et luy rapporte tous ses biens, et luy dy hardyment, de par moy, que je n'en faiz extime nulle, et que je suys si repeue et resasiée de tous biens espirituels dont ma pannetiere est toute pleyne.

Et sur ce point, ma compaig[n]e et moy hurtasmes de noz bourdons si lourdement que ruasmes tables, treteaux et viandes par terre et nous en alasmes le grant pas de peur d'estre arrestées. Et fismes tant que trouvasmes une petite maisonnete. Si dismes à Bon Vouloir et à Congnoissance:

Pour Dieu, allez au devant pour savoir si en ceste maison pourrions en seureté estre pour meshuy logiés.

Bon Vouloir et Congnoissance */f.23/* vont davant, et les pellerines vont après. Quant furent auprès de la maison, Congnoissance hurte à l'uys. La portiere vint ouvrir, quant Congnoissance la vit, bien la congneut, en luy disant:

Je te prie, Abstinence, va savoir à ta maistresse, Sobrieté, s'il luy plaira loger l'Ame devote qui va querant la cité de Bon Repos, avecques mes dames Force et Esperance.

Incontinent, la portiere fit diligence d'aller querir sa maistresse, laquelle receut l'Ame devote et les pellerines en moult grant joye. Et les mena en une petite maison et, sur la table de pauvreté, desploya l'Ame devote sa pannetiere, disant ainsi à son hostesse:

---

[1] Erreur du copiste; il manque un ou plusieurs mots.

Dame, faisons ici collation des biens qui sont dedans ma pannetiere, c'est assavoir devotes pensées et sainctes meditations. Le Monde m'a aujourduy voulu donner de ses biens, lesquelz j'ay refusez, et suis bien aise d'estre arrivée en ta maison.

Sobrieté

Ha fille devote, tu es moult tenue à Dieu de ce qu'il t'a faict la grace d'avoir passé les deserts de ce monde et d'estre venue jucques icy. Prens courage, car tu ne travailleras plus gueres que n'arrives en la noble cité de Bon Repos.

Après la saincte reffection et repos d'esprit prins, fut heure de desloger et, après le congé prins de mon hostesse et ma compaigne, nous mismes en la voye.

Cy fine la cinquiesme journée. Et commence la sixiesme.

/f.23v°/
/Miniature n°11/•

Au departir de cheux la bonne dame Sobrieté, en bonne deliberation, à l'aide du conducteur de toutes bonnes œuvres, de venir au port de Salut, congnoissant à mon esprit que m'aprochois du lieu car riens ne m'estoit impossible, traversant montaignes et vallées, voire en si grant diligence qu'il sembloit que ce fust le premier jour qu'avoys entreprins mon voyage, car lassée ne travaillée nullement ne me sentoye[1]. Me resjouyssant en */f.24/* moy mesmes, disoye chansons à la louenge de celuy qui estoit mon Dieu, mon seigneur et mon amy.

• Miniature n° 11: Sur le chemin, l'Ame devote et ses compagnons font face à un personnage drapé de noir auquel une femme ôte son capuchon; de sa soutane sort un dragon noir. Au fond, s'élèvent une église et son clocher, et dans le lointain les tours d'une ville.

[1] Cf. Jean Gerson, *La montagne de contemplation*, *op.cit.*, 13 «Exemple gros comment une personne peut delaisser l'amour mondaine».

Bon Vouloir

Ame devote, mamye, je ne me puys assez resjouyr congnoissant que le voyage que tu as, par mon conseil, entrepins t'est sur la fin aussi aggreable qu'il estoit au commancement. Dame Force et vous aussi dame Esperance, escoutez commant nostre pellerine se resjouyst, vous n'avez cause de plaindre voz peynes qu'avez heues pour elle.

Force

Tu dis verité, Bon Vouloir, je prens ung bien grant plaisir à ouyr ces doulx chants tousjours glorifiant la divine bonté. Ma seur, Esperance, je croy que aussi tu ne plaings point ta peyne et aussi n'as regret de luy avoir donné ta livrée, car l'espoir qu'elle a de veoir son amy Jesus la fait travailler à plaisir.

Esperance

Sans doubte nulle, oncques ma livrée ne fut mieulx assise. De brief serons au bout de nostre voyage.

Après que l'Ame devote eut finé ces doulx chants, tant plains de doulceur qu'il n'estoit rien plus, commença à parler, disant:

Mes bonnes dames, mon esprit commence tresfort à soy resjouyr et congnoys bien qu'il est vray que ceulx qui ont espoir en Dieu le createur ne seront confondus eternellement. En vous, mon Dieu, est toute mon esperance. Fy du monde et de ses alliences car à la fin n'est rien que deul. Por Dieu, dames, faisons diligence de nous gecter hors de ceste malheureuse terre. Congnoissance, mamye, et vous, Bon Vouloir, allons en la plus grande diligence qu'il nous sera possible.

Après que eusmes longuement allé, tousjours en trouvant gens de toutes sortes qui sans fin travailloient, serchant les adventures du monde qui sont sans doubte bien perilleuses, vismes une eglise de loing. Oyant sonner là, tirasmes celle part pour veoir quelz gens y estoient. Quant fusmes là, vismes que c'estoit ung hospital où toutes manieres de gens estoient receuz. Le maistre dudit hospital vint à nous, nous */f.24v°/* presentant ledit lieu, si nous voulions refreschir et que nous serions là bien tractez car surtout pellerins et pellerines y estoient bien venus. Je demanday à Bon Vouloir s'il congnoissoit point ce preudehome qui nous presentoit sa maison.

Certes, se dist Congnoissance, je ne vous en sçauroys bien dire car son habit luy cueuvre si fort le visage que ne vous sauroys pour ceste heure que dire, mais à l'ouyr parler sçaurons nous qui il est.

L'Ame devote, après qu'elle eut mercié celuy qui luy avoit presenté sa maison, luy dist:

Preudehomme, point ne veulx icy arrester et ne fineray jamais que je ne soye en la cité de Bon Repos; pour l'acquerir me suys mise en chemin et y a desjà grant piece.

L'ospitallier

Ame devote, mamye, s'il te plaist de venir en ma compaignye, je te feray service et honneur comme il t'apartient, car bien congnoys que c'est à toy à qui gloire est deuhe. Et quant Dieu ne t'en departira autant ou plus comme à saincte Catherine qui estoit si saincte, il fauldroit dire qu'il ne seroit pas juste. Tu as reffusé tous les biens et honneurs qui par le Monde t'ont esté presentés. Luy et tous ses servans te devroient adorer comme unes relicques. N'ayez plus de peur que tu n'ayes de la gloire en la cité que tu vas querant, si auras autant ou plus que nulle qui soit. Et pource, Ame devote, ne travaille plus tant, arreste toy hardyment car tu ne peulz faillir d'avoir ce que tu demandes. Et si tu veulx fouyr les mondains, viens t'en avecques moy et je te mectray en compaignye qui est toute devote, et là tu seras honnorée comme ta sainctetė le requiert.

Quant l'Ame devote ouyt toutes ces parolles, se tourna devers Congnoissance et aussi devers les bonnes dames, en leur disant:

Helas, qu'est cecy? Je cuydoys estre dehors des assaulx dyabolicques et mondains mais je voy bien que encores n'en suys gectée, car cestuy ci m'en livre ung si estrange que ne sçay que dire.

A l'heure, l'Ame devote se mect à genoulx devant l'enseigne du crucifiz que tenoit Bon Vouloir, en disant:

O Dieu qui en croix pour moy vouluz prendre mort, plaise toy de moy deffendre de */f.25/* l'ennemy de nature, gouverneur du Monde, en la terre duquel je suis à present. Et te plaise, mon Dieu, ne vouloir permectre que les tentations ne me soyent livrées plus grandes que ma pauvre fragilité ne les puisse porter. O Sainct Esprit, ne me vuelles à mon grant besoing habandonner.

Après l'oraison de l'Ame devote faicte, elle dist à dame Force:

O dame, pour Dieu, ostez le chapperon de ce faulx decepver, car tel le croy je estre.

Quant Force luy eut deffublé son chapperon, Congnoissance si bien le recongneut qu'il luy dist:

O Presumption de soy, guesteur de chemins pour decepvoir les pauvres pellerins, faignant de tenir saincte hospitalité[1]! O beste venimeuse, plus dangereuse q'un loup estrange, plus plain de venyn que n'est ung aspic ne une serpent! Va, mauldit, aux abismes toy desesperer car tu as failli à ton intention à ceste foiz, et tousjours feras. Mais que les bonnes pellerines se mectent soubz l'enseigne du crucifix comme ceste cy.

Quant Presumption vit que descouvert estoit, s'en alla bruyant comme la fouldre, et la pauvre Ame demeura demye pasmée, disant:

---

[1] Pour Gabrielle de Bourbon donc, la dernière et la plus dangereuse attaque est celle de l'orgueil qui peut se cacher sous l'habit religieux; elle rejoint en cela Jean Gerson (*Six sermons, op.cit.*, p. 305-309: adulation et superstition sont deux des habits que porte Male voulenté) et Catherine de Sienne (*Dialogue, op.cit.*, ch. XLIV «Le démon trompe toujours l'âme sous l'apparence de quelque bien», p.106).

uant eusmes bien longuement alle vismes
une grosse assamblee de gens. May pauure
ame tant lassee et trauaillee tant que plus ne
pouoie demanday a congnoissance quelz gens cestoient.
Certes ma fille dist congnoissance. Cest le monde cy en
personne qui vient a toy veoir sil pourra faire mieulx

Le Monde
Ms. 978 (f.25v°)

Le navire de Salut
Ms. 978 (f.26v°)

Helas, à ce matin j'estoys si joyeuse, chantant louenges à celuy à qui elles appartiennent, pensant n'avoir plus de peyne et passant mon chemin. Mais l'assault qui m'a esté à ceste heure donné par le faulx hospitallier, lequel loge toute traison, faulceté et deception, m'a esté si grand que, sans l'aide de mon Dieu, ne l'eusse peu porter. Je vous supplie, mes dames et Bon Vouloir, n'arrestons plus icy, faisons si grand diligence que aujourduy puissons passer la terre de toute penalité et douleur. Et vous, vivans en icelle, je vous requiers, congnoisses que si au matin avez joye, au soir aurez douleur. Il n'y a nulle asseurance, tout n'est que abus et deception.

En ces parolles, tousjours tirions en avant.

/f.25v°/
/Miniature n°12/•

Quant eusmes bien longuement allé, vismes une grosse assemblée de gens. Moy, pauvre Ame, tant lassée et travaillée, tant que plus ne povoie, demanday à Congnoissance quelz gens c'estoient.

Certes, ma fille, dist Congnoissance, c'est le Monde, cy en personne, qui vient à toy veoir s'il pourra faire mieulx */f.26/* que ses suppotz. Ne voys tu pas commant il est abillé, ne sa robbe si changeante qu'il n'est possible de le savoir congnoistre? Visage de tous coustez, aux ungs faisoit beau semblant et ès aultres la mouhe. Plusieurs mains, les unes doulces et emmyellées, les aultres rudes et rapineuses, les aultres tenans dagues et espées pour faire guerre et discention, les aultres seches et mesgres remonstrant famyne et pauvreté. Voylà la figure du monde qui n'est pas pour y prendre plaisir à gens de bon entendement[1].

• Miniature n° 12: Sur le chemin, au loin, arrivent l'Ame devote et ses compagnons. Au premier plan, ils apparaissent à nouveau, face à un immense personnage à trois faces, richement vêtu. Entre l'Ame devote et le personnage, on voit, allongée sur le chemin, la figuration, plus petite, de l'Ame devote.

[1] Cf. Christine de Pisan, *La mutacion*, *op.cit.*, VI «Ci devise la figure de Fortune», p. 74-75.

Quant à moy, pauvre Ame, vy ce monstre tant diffiguré, me mis auprès de mes dames et de Bon Vouloir, sans avoir povoir de dire que ung seul mot, c'est:

Helas, ayez de moy pitié.

Lesquelles me dirent:

Fille devote, mamye, n'ayes peur, la fin de tes douleurs est venue et tes joyes sont de toy prochaines.

Alors le Monde s'avança en disant:

O malheureuse personne, oppiniatre plus que nulle, mesprisant moy et ma puissance qui tant t'ay voulu faire de honneurs et de biens, te pourveoir en dignités toutes telles que tu les eusses voulu demander. Auctorisée et prisée plus que nulle, tu as esté si mesprisante que de moy tu n'as tins compte, qui suys le souverain sur la terre. Ne penses point, faulce musarde et assotée, de passer ainsi mon pays sans payer tribut[1].

L'Ame qui estoit fortiffiée par la vertus du Sainct Esperit, parla au Monde bien hardyment, en luy disant:

Faulx Monde, decepvable traistre et desloyal, de toy ny de tous tes biens, ne tiens compte ny estime nulle. Et au regard de payer le tribut que tu demandes avant que sortir hors de ton pays, ne veulx reffuser. Voicy le corps, prens et le convertiz en ton heritage, c'est la terre, car au lieu où je voys, ne peult pour ceste heure aller.

Ainsi la bonne Ame, payant le tribut de nature au Monde, s'en va, les mains joinctes, avecques ses deux vertus qui l'avoient conduicte. Sainct Vouloir et Congnoissance de Dieu, ensamble son bon ange qui à ceste heure s'apparoissoit, vont hurter à l'uys de ma dame Charité qui estoit au */f.26v°/* bord du port de Salut. La portiere, qui avoit nom Diligence, leur ouvrit tost l'uys et les mena à la noble dame Charité laquelle les receut en si grand joye, comme bien faire le sçavoit, en actendant le jour pour passer le port de Salut.

---

1 Cf. Jean Le Fèvre, *op.cit.*, p.21, v.502-503: «Car en la fin convient paier/ de nature tous les treüs (tributs)»

Cy fine la VIe jornée. Et commance la VIIe et derniere

/Miniature n°13/•

Quant la saincte Ame devote fut chex dame Charité, la nuyt luy fut bien longue pour le desir qu'elle avoit de veoir la noble cité de Bon Repoux, pour laquelle querir avoit enduré */f.27/* tant de peynes, voire jusques au mourir. La nuyt se passa en toute consolation donnée à l'Ame devote, tant par dame Charité que du bon ange. A l'aube du jour qui bel et clair estoit, Charité prend sa fille, l'Ame devote, par la main, en luy disant:

Viens, bien heurée Ame qui as mesprisé le Monde et tous ses biens, et as suyvi la bonne voye en passant grand peyne et travail qui, à ceste heure, te seront convertis en joye, veez cy le port de Salut par lequel il te fault passer avant que venir en la noble cité. Tu n'as garde de perir car dame Foy mayne le gouvernail du navire, Diligence est passagiere qui gueres n'arrestera à toy avoir mise à bort. Sainct Vouloir, avecques son enseigne, servira de voille[1].

Ainsi que fusmes auprès du navire, Foy, la saincte dame, vint prendre l'Ame devote par la main, luy faisant chere, en luy disant:

O fille bien aymée qui nulle foiz ne t'es deffiée de la misericorde de celluy qui à ceste heure te recuillera en son noble palays de Bon Repos! Tu as tousjours creu son incarnation, sa conception au ventre virginal, sa nativité sans corruption, sa mort et passion, après sa glorieuse resurrection, son assencion en ceste noble cité où desires d'aller, mais jamais ne ignores que c'est celuy tout seul qui de tout à pouvoir et que une foyz le monde fin aura, et que par luy chascun selon sa desserte payment aura. Toutes ces choses,

• Miniature n° 13: Une nef, toute voile dehors, emporte l'Ame devote et ses compagnons

1 L'image de la nef, traversant une mer périlleuse avant de toucher au port, est un lieu commun de la littérature allégorique; il est possible cependant que Gabrielle de Bourbon ait vu la représentation de la nef abordant la cité dans *Le livre de vie active* de Jehan Henry (*op.cit.*, fol. 1)

fille, en ton entendement imprimées, ont esté cause, avecques l'aide du sainct Bon Vouloir et aussi de mes deux seurs, Force et Esperance, et Congnoissance qui bien t'a secourue, tu es près du repos eternel. Et pour porter bon tesmoignage à la divine Trinité, voicy toutes mes seurs, les vertus, qui se sont rendues en ce passage pour tesmoigner les fortes batailles que t'a livrées le Monde, desquelles as obtenu victoire comme il appert.

La bonne Ame devote qui à genoulx estoit si ravie de joye en actendant sa souveraine, que à grand peyne pouvoit elle parler. Toutesfoys, commença elle à dire:

O dame Foy qui tenez le gouvernail du port de Salut, à vous me recommande, si foys */f.27 v°/* je à vous toutes, mes dames, qui cy estes venues pour porter de moy tesmoignage envers le souverain juge, sachant mes merites non dignes pour recepvoir le loyer qui est eternel, si par voz moyens ne m'est impetrée grace. Aultre chose ne vous puis dire, fors qu'il vous plaise avoir pitié de la pauvre pellerine, et vous plaise commander à Diligence de faire son office.

Ainsi s'en va la pellerine, acompaignée de toutes les nobles vertus. Quant eurent passé le port et arrivés au pié de la noble cité, de la beaulté de laquelle tant de sainctes escriptures sont plaines que de plus en parler avant ne seroit que alonguement de propos. Toutesfoys, si fault il que je dye que si tous ceulx qui ont eu la grace de mectre par escript, et n'eussent ilz jamais fait aultre chose de mectre la beaulté et plaisirs qui sont en icelle, si ne pourroyent ilz satisfaire, disant ainsi comme je le cuyde. Si toutes les personnes qui sont descendues d'Adam avoient chacun la grace de savoir aussi bien mectre par escript et en aorné et paré language que oncque fit poete, si ne sauroient ilz satisfaire à descripre la beaulté de la noble cité[1]. Et combien pensez vous que mon esperit estoit ravy, combien de peur j'avoye que la porte ne me fust ouverte?

---

1 L'indicible de la beauté céleste est un thème cher aux mystiques; voir, par exemple, Marguerite Porete, *op.cit.*, ch. 18, p. 79.

Bon et Saint Vouloir qui congnoissoit mon affection vient à dame Force et Esperance, et aussi à Congnoissance, en leur disant:

Mes dames, par vostre bonne ayde et conduicte l'Ame devote a traversé le monde, non sans grant peyne comme vous savez. A present est au pied de ceste belle et noble cité, trouvez moyen que huys luy soit ouvert, et qu'elle aye remuneration de ses peynes. Il me souvient bien que vous, ma dame Esperance, au partir luy promistes que, au parfaict de son voyage, elle gaigneroit ung espoux qui la couroneroit royne. Et vous, dame Force, qui prinstes la charge de garder son tresor, disant qu'il en seroit fait present au roy de ceste noble cité, tenez promesse à la bonne Ame devote.

/f.28/
/Miniature n°14/•

Lors Force et Esperance vont aux aultres vertuz, en disant:

Mes seurs, veez la bonne pellerine qui desire estre remunerée de ses labeurs comme c'est raison, si seroys je d'avys que vous, dame Charité, avecques ma seur Esperance, alissiez en embassade devers la divine Bonté luy supplier que la porte fust ouverte à l'Ame devote.

/f.28v°/ Le conseil de Force fut trouvé bon, et s'en allerent Charité et Esperance en embassade devers la Trinité, en luy disant:

Dieu eternel, à ta porte est arrivée l'Ame devote, qui a traversé tous les desers du monde sans avoyr foy ne esperance aultre que à toy, qui te supplie treshumblement la recepvoir en la cité car, pour en icelle avoir lieu, elle a reffusé et mesprisé tous les biens et honneurs mondains et point n'en a voulu avoir au monde, remectanct le tout à ta parfaicte bonté.

• Miniature n° 14: L'Ame devote, à genoux, est présentée par deux dames à la Trinité, trois personnages en majesté, sous un dais entouré de quatre anges.

Alors la divine Bonté commanda à Misericorde de ouvrir la porte à l'Ame devote, aussi à Justice luy bailler et rendre ce qu'elle devoit avoir. C'est assavoir la robbe d'immortalité, la couronne de laurier comme victorienne, la palme en la main comme vierge. De la couronne de gloire, je la luy bailleray en la faisant royne et mon espouse, disant à la benoiste Vierge Marie, ma mere:

Commandes aux vierges d'aller recuillir la bonne Ame devote.

Lors la glorieuse Vierge commanda à saincte Ursulle, vierge, qu'elle menast toutes ses compaignes[1] au davant de la bonne Ame devote. Si fist elle à saincte Catherine, saincte Barbe et saincte Marguerite et aultres, en leur disant:

Mes filles, allez recuillir une de voz seurs pour estre votre compaigne en gloire, ainsi qu'elle a esté en vertus en traversant les penalitez du monde.

Lors, toutes les nobles vierges, au commandement de leur souveraine maistresse, vont au davant de l'Ame devote qui jà estoit entrée, car Misericorde avoit ouvert l'huys, et Justice qui fasoit son office, c'est de rendre à chascun ce qu'il luy appartient — c'est assavoir: aux bons gloire, aux mauvais peyne et douleur —, en luy vestant ceste belle robbe d'immortalité envoyée de par le souverain roy, couronnée comme victorienne de la couronne de laurier, le palme comme vierge en la main, le tout resplandissant qu'il n'est pas œuil corporel qui le peust regarder. Ainsi la saincte Ame devote est habillée et acompaignée de toutes les nobles vertus et aussi des benoistes vierges, qui toutes chantoient canticques */f.29/* si mellodieux qu'il n'estoit possible de ouyr rien plus consollable. En cest estat fut menée l'Ame devote davant le trosne divin, là où tous les benoistz esperitz sont sans fin à

---

[1] L'Ame devote est ainsi accueillie par sainte Ursule et les onze mille vierges qui, elles aussi, ont fait un long pèlerinage et traversé une mer avant d'arriver au lieu de leur triomphe; voir *La vie des saints*, *op.cit.*, fol.CCLIv° «Des unze mille vierges».

contempler la beaulté et bonté de la Divinité. Et à icelle rendent graces sans fin.

Quant Dieu vit l'Ame devote qui davant luy estoit à genoulx, estoit acompaignée de toutes lez vertus, chascune en son endroit portant tesmoignage de sa sainctеté et perfection, et sur toute Force et Esperance qui tousjours l'avoient conduite. Force commença à dire:

O Dieu eternel, voyci l'Ame devote qui a ses tresors qu'elle a acquis, elle estant au monde, de quoy elle vous veult faire present.

Celuy qui tout congnoist, quant il vist les tresors de l'Ame devote qui n'estoient pas petiz, desquelz elle luy avoit fait present, commença à luy dire:

Ma chere fille, je estime tant les tresors que tu m'as acquis au monde, de quoy tu m'as fait present, que du moingdre je t'en donneray telle recompense que ton sainct vouloir, qui jusques icy t'a conduicte, sera content.

Et sur cela, il luy fist abiller siege royal et là il la couronna de la couronne de gloire, en la faisant royne et son espouse, luy mectant l'anneau au doy qui tant riche estoit, et s'appelloit ledit anneau Augmentation de gloire[1].

Cy fine la septiesme et derniere journée du sainct voyage espirituel que a fait l'Ame devote pour parvenir à la noble cité de Bon Repos.

L'acteur

Quant j'euz ouy racompter de mot à mot le sainct voyage espirituel de par la saincte Ame devote, laquelle, par permission divine, ladicte saincte Ame c'estoit à moy apparue,

---

[1] Pour l'anneau, symbole du mariage mystique, cf. Katherine d'Amboise, *op.cit.*, VII «Epistre de mon trespuissant seigneur et sauveur Jhesuscrist». Selon Jehan Henry, Gabrielle de Bourbon a déjà reçu un gage de cette alliance. Voir *Le livre de meditation*: Meditation prie l'Archange Gabriel de lui remettre un «salut d'estrenes pour mettre en l'escuelle d'icelle tres noble damoiselle»; «le joyau est en forme d'une piece d'or en laquelle d'un costé est imprimé le nom de Jesus et de l'autre costé le signe de la croix».

combien que je n'aye pas le sens ne le savoir pour avoir le tout bien retenu, toutesfoys, le mieulx qu'il m'a esté possible, l'ay mis en memoire et en ay fait ce petit traicté qui pourra à gens simples, qui n'entendent la saincte escripture en plus */f.29v°/* que moy, valloir pour eulx mectre en la bonne voye[1]. Et en chemynant par les deserts du Monde, trouveres partie des cautilleuses tentations que donne le Monde pour garder de parvenir en la cité de Bon Repos, où est à present l'Ame devote, à laquelle plaise au createur nous faire la grace de faire si bon pellerinage que nous puissons arriver au port de Salut. Amen.

Explicit.

---

[1] Gabrielle de Bourbon justifie ainsi la forme de son traité, à la manière de Jean Gerson: cf. *La montaigne de contemplation*, I «La cause d'escripre en françois et aux simples gens de la matiere de contemplation».

/f.31/

Le fort chasteau pour la retraicte de toutes bonnes ames fait par le commandement du glorieux Sainct Esperit.

Sy commance ung petit traicté par lequel l'on pourra veoir l'edifice d'ung chasteau pour la retraicte et consolation de toutes bonnes ames faictes à la samblance de Dieu, lequel chasteau a esté faict par le devis et commandement du grand ouvrier, c'est le benoist Sainct Esperit, lequel voyant ladicte ame creé à la samblance de la Trinité, dont il est la tierce personne, pour la grant amour qu'il leur porte a edifié ce beau et fort chasteau[1], et affin que en plus grand seureté lesdites ames se logent dedans. Sera cy après desclairé le logis dudit chasteau, depuys le fondement jusques au parfait, après l'acoustrement qu'il apartient à veoir dedans, aussi la fortification qu'il y aura, tant en fossez, boulevers, que ponts leveis, canonnieres, cappitaynes, porti[er]s, servans et servantes, jardrins et lieu de recreation pour les ames commencenstes, proffitantes et parfaictes. Laquelle chose nous pourrons tous congnoistre l'amour grande que iceluy benoist Sainct Esperit, conducteur de toutes bonnes euvres, a à nous quant il mect peyne de nous ediffier ung lieu de si grand seureté. Et si ne fault pas dire que ce lieu soit comme ung lieu de prison, car nous avons nostre liberal arbitre de en sortir quant il nous plaira.[2] Mais tant y a que mauldit sera celuy qui n'y vouldra faire sa demeure, tant qu'il sera en ceste vallée de misere, car mieulx ne sçauroit estre ne en meilleurté.

---

1 Sur l'allégorie du château, tellement utilisée par les prédicateurs et les poètes, voir R. D. Cornelius, *The figurative castle. A study in medieval allegory of the edifice with especial reference to relogious writings*, Bryn Mawr College, Penns., 1930; et *Dictionnaire de spiritualité,* T. I, col. 310 art. Allégorie.

2 Voir supra p. 158, note 1.

Comment Humilité fait les fondemens du chasteau de l'ame.

/f.31v°/
/Miniature n°15/•

Pour donner à entendre la seureté du noble chasteau de l'ame, il fault commencer aux fondemens, lesquels faire a eu la charge Humilité, laquelle les a cherchés si bas qu'elle est venue jusques au roch car plus bas elle ne pouvoit aller, et fault jecter à pierre perdue pour diligemment hausser le fondement[1]. Et pour vous donner à entendre que j'appelle pierre perdue, qui ainsi est nommée en faictz d'edifices, nonobstant que perdue n'est elle pas mais bien servant, c'est à enten */f.32/* dre d'aulmosnes qui sont gectées à toutes manieres de gens qui pour l'honneur de Dieu la requerent. Nonobstant que telz y en a qui bien s'en passeroient mais pour l'honneur de Dieu, au nom duquel il la requiert, elle est gectée comme perdue à celuy qui sans necessité la demande, mais bien proffitable et de bon fondement à celuy qui la donne. La pierre sans matiere pour la lier ne seroit rien, mais fault avoir bon cyment fait de chaulx vive et eau. Pour la chaulx vive, qui est dangereuse si elle n'est amortie, fault entendre une temptation qui vient à ceulx qui gectent aulmones pour la gloire du monde plus que pour l'honneur de celuy par qui est demandée. Mais la maistresse de l'œuvre du fondement gecte par grand habondance, sur ceste chaulx vive, [l'eau] de compunction laquelle vient de la douleur que a la bonne creature de soy estre mescongneue envers celuy qui l'a faicte et formée, et de qui elle tient tous les biens

• Miniature n° 15: Devant une grande croix dressée au milieu d'un lac, formé par la fontaine jaillissant du cœur fiché en son centre, quatre dames s'affairent à la construction d'un château fort: tandis que l'une prend de l'eau dans le lac, les autres taillent des pierres ou préparent la chaux. A droite, juchée sur un promontoire, une autre dame observe la scène.

[1] Cf. Jehan Henry, *Le Livre de meditation*, «comme la premiere porte de paradis est humilité», et *Le Livre de vie active*, p. 21. Le symbolisme de l'œuvre à bâtir sur de solides fondements est aussi utilisé, dans un registre plus profane, par Christine de Pizan (*La cité des dames*, éd. T. Moreau et E. Hicks, Paris, Stock, 1986, XIV, p. 68)

Pour donner a entendre la seurete du noble chas
teau de lame il fault commencer aux fonde
mens lesquelx faire a eu la charge humilite
laquelle les a cherches si bas quelle est venue iusques
au roch car plus bas elle ne pouuoit aller et fault jeter
a pierre perdue pour diligemment haulser le fondement
Et pour vous donner a entendre que lappelle pierre per
due qui ainsi est nommee en faicts dedifices nonobstant
que perdue nest elle pas mais bien servant. Cest a enten

La construction du Fort chasteau
Ms. 978 (f.31v°)

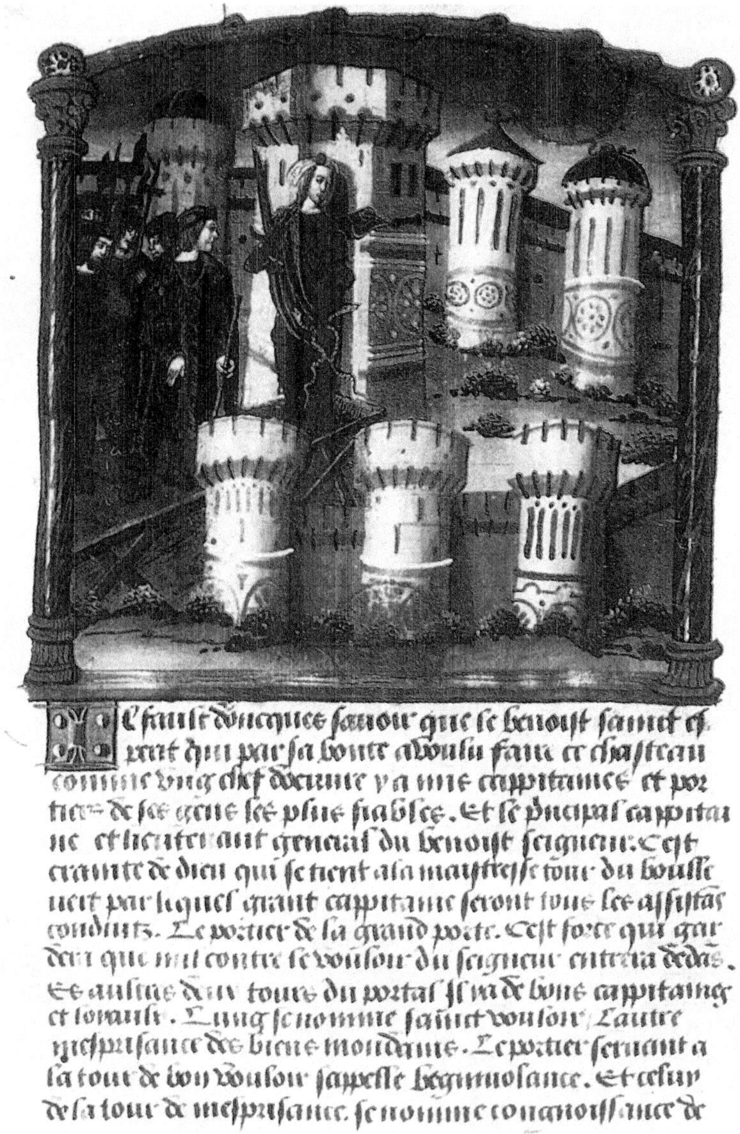

Il fault doncques savoir que le benoist sainct esperit qui par sa bonte a voulu faire ce chasteau comme ung chef deuvre y a mis cappitaines et portiers de ses gens les plus fiables. Et le principal cappitaine et lieutenant general du benoist seigneur c'est craincte de dieu qui se tient a la maystresse tour du boullevert par lequel estant cappitaine seront tous les assistans conduitz. Le portier de la grand porte c'est force qui garde que nul contre le vouloir du seigneur entrera dedans. Es aultres deux tours du portal il y a de bons cappitaines et loyaulx. L'ung se nomme sainct vouloir, l'autre mesprisance des biens mondains. Le portier servant a la tour de bon vouloir s'appelle begninosance. Et celuy de la tour de mesprisance se nomme congnoissance de

Force, le portier de la grande porte
Ms. 978 (f.33v°)

espirituelz et corporelz, sans soy estre reclamée seulement amynistraresse pour les departir à ceulx qui, de par luy, les requierent[1]. Et cela a si bien frappé au cueur de la pauvre ame, avecques la souvenance de la passion par laquelle ont esté rachaptez tous le[s] vivans des peynes pardurables, que ung fleuve de larmes en court par si grant abundance qu'il servira à parfaire les fondemens et le demourant de l'ediffice. Encores fault il le sable, aultrement la liayson ne seroit pas bonne. Le sable, c'est une recongnoissance comme de terre suysmes faictz et que en icelle nous retournerons. Ce sable, avecques l'eau de compunction, sera si subtil et fort qu'il admortira la chaulx vive de vaine gloire et la fumée de presumption, et tout cela sera converti en ung si fort et bon cyment que le fundement, et murailles bien parfaictes avecques les pierres d'aulmosnes et biens faictz, sera si fort qu'il ne craindra artillerie aulcune que les ennemys anciens de nature humaine puissent tirer encontre.

Cy est l'ordonnance du chasteau.

/f.32v°/ Après que le fondement fut faict, de l'ouvrage de la bonne dame Humilité par le commandement du grant ouvrier, voyans lesdits fondemens si bons et si seurs que tous edifices y peuvent seurement asseoir dessus, commença à ordonner quatre corps de maison dont le portal est l'ung et la chappelle est l'autre. Et les autres deux sont chambres et salles pour logier. Et y aura sept grosses tours, et à chascune desdites tours y aura ung bon et seur cappitaine, lesquels auront la charge de garder la place et de nuyt et de jour. Et pource que la place est en forte frontiere, et fort enviée des ennemys anciens qui sans fin ne font que guectes, avecques leur puissance qui est bien grande de prendre ladicte place par amblee, car par force ne l'auroient ilz pas, et de mectre en leurs prisons les bonnes ames qui s'i sont retraictes, pensant y estre en seureté. Or fault il doncques faire bon guet au

---

1 Pour l'importance du motif des larmes de componction, voir supra p. 57, note 3.; p. 59, note 3, et *Dialogue de Catherine de Sienne*, *op.cit.*, XLV «du fruict des seconde et troisième larmes», p. 256.

boullervert qui est du tout la fortiffication de ladicte place. Et y demoure le cappitaine general en la maistresse tour. En chascune tour y a une porte et à chesque porte a ung bon et seur portier; nulles fenestres y a par le dehors car elles sont trop dangereuses, par le dedans bien pour donner consolation aux assistans; pont levis bon et seur qui n'est point avalé que à bonne cause, canonnieres bien garnies d'artillerie bien affustieez et prestes à tirer quant il sera besoing; de foussez à fonts de cuve, ne fault doubter s'ilz sont beaulx, plains de l'eaue de la vive fontaine; gens propres pour donner la refection telle que les bonnes ames la demandent; jardrins tant beaulx, tant delectables, plains de tous bons fruitz, fleurs odorantes qui donnent tant de joye et consolation aux assistantes que plus n'en pourroyent avoir. Et rien n'approche de la haulte et souveraine joye que cela. Il ne fault pas oublier que, au plus hault de l'une des tours du portal, l'eschauguete y est logée qui n'est pas endormie mais sonne sa cloche quant elle voit ses ennemis soit de nuyt ou de jour, qui est bien aidant de garder d'estre */f.33/* surpris. De tapisserie, la maison est garnie comme il appartient et de toutes aultres choses necessaires.

Puysque vous ay donné à entendre coment est ediffié le noble chasteau, qui est la retraicte en bonne seureté des bonnes ames, il fault que je die, ainsi que j'ay de commandement de celuy qui l'a fait faire, qui est le vray consolateur et conduicteur de tous ceulx qui en luy ont fiance, ausquelx il baille sa propre maison en leur donnant à congnoistre l'amour qu'il a à eulx. Il fault que je vous die les noms des capitaines qui sont dedans les tours, et des portiers, après des troys corps de maison et pour quoy ilz sont ordonnez, et le nom de ceulx qui sont pour les servir. Après sera dit de la chappelle et commant elle est aournée et servie, de quelle façon sont les tappisseries et lictz, et ceulx qui en ont la charge du tout tenir net. Après sera divisé des jardrins et quelz fruitz y sont, et fleurs, sans oblier la belle fontaine pour les arrouser. La guette qui est hault montée, point ne sera mise en obly, canonnieres, artillerie, foussez plains d'eaue vive[1]. De chascun, en ce petit tractié, parlé sera scelon mon entendement qui n'est pas tel qu'il sceult bien le tout desclairer. Mais saichent tous ceulx qui le liront qu'il est fait d'œuvre femmenine, seront excusées les faultes[2].

Cy commance le noms des cappitaines et portiers qui sont aux entours du chasteau.

/f.33v°/
/Miniature n°16/•

Il fault doncques savoir que le benoist Sainct Esperit, qui par sa bonté a voulu faire ce chasteau comme ung chef d'œuvre, y a mis cappitaines et portiers, de ses gens les plus fiables. Et le principal cappitaine et lieutenant general du benoist seigneur, c'est Crainte de Dieu qui se tient à la maistresse tour du boullevert, par lequel grant cappitaine seront tous les assistans conduitz. Le portier de la grand porte, c'est Force qui gardera que nul, contre le vouloir du seigneur, entrera dedans. Es aultres deux tours du portal, il y a de bons cappitaines et loyaulx. L'ung se nomme Sainct Vouloir, l'autre Mesprisance des biens mondains. Le portier servant à la tour de Bon Vouloir s'appelle Begnivolance. Et celuy de la tour de Mesprisance se nomme Congnoissance de */f.34/* de soy mesmes. Je vous ay dit le nom des cappitaines et portiers des deux tours du portal, parquoy, en poursuyvant nostre matiere, il fault que je vous nomme les aultres capitaines des

---

1 Dans la tradition de l'allégorie, où la description de la Jérusalem céleste par Hugues de Saint-Victor occupe une grande place, tout est symbolique. Aussi comme le *Voyage* comptait sept étapes, le château a sept tour. Dans l'iconographie, la Jérusalem céleste est souvent représentée comme un château; voir S. Kobielus, «La Jérusalem céleste dans l'art médiéval», in *Le Mythe de Jérusalem du Moyen Age à la Renaissance*, Saint-Etienne, 1995, p. 117, fig. 2.

2 Voir , voir supra p. 55, note 2.

• Miniature n° 16: Le château est représenté avec six tours rondes sur les remparts; devant une septième tour, celle du pont-levis —la plus importante et la seule hexagonale— se tient Force, femme en armure, une épée levée à la main droite, et dans la main gauche deux serpents. Sur le pont-levis, on aperçoit une troupe de soldats, lance au poing, conduite par un personnage portant manteau fourré et bonnet — Crainte de Dieu.

aultres quatre tours et les portiers. Le premier se nomme Discrection et le portier Attrampence. Le segont s'appelle Magnanimité et le portier Constance. Le tiers s'appelle Raison et le portier Fermeté. Le quatriesme et dernier capitaine s'appelle Moderation et le portier Bon Conseil. Or vous ay je dit les noms des bons capitaines et portiers, lesquels sont bien suffisans pour garder la place, et tous sont obeyssans au cappitaine general, Crainte de Dieu, et par luy se gouvernent car sans celuy là en si grand dangier seroit la place et tous ceulx qui seroyent dedans. Mais aiant en grand reverance ce vaillant capitaine, ne fault doubter que tout ira droit selon le sainct desir du conduyter de toutes bonnes œuvres.

Cy commance le devis du dehors de la saincte chappelle

/Miniature n°17/•

Pour parler des corps de maison, premierement commancerons à la chappelle saincte[1], laquelle le glorieux */f.34v°/* Sainct Esperit a retenue pour y faire son repoux, et non de luy seullement mais du Pere et du Filz, parquoy est bien raison que ledict sainct lieu soit beau et nect. Le portal est si beau et bien fait qu'il n'y fault rien. En pierre de marbre, jaspe, cassidoyne, pourfille, cristal, beril, esmeraude, et tant d'aultres pierres en œuvre[2]. Et là est taillé le mystere de la penthecoste, comme le glorieulx Sainct Esperit descendit sur les apostres et sur tous ceulx qui estoient en la compaignie. Il nous donne bien à entendre qu'il ne tiendra que en nous

---

• Miniature n° 17: Deux dames, en habits religieux, l'une tenant un livre ouvert —Meditation—, l'autre tenant les mains jointes —Devotion—, sont devant une porte à colonnes et avec un fronton décoré de la sculpture du pélican; à droite de la porte, une fenêtre qui laisse voir, à l'intérieur du bâtiment, un groupe de personnages, les mains jointes, recevant les rais lumineux de la colombe du Saint-Esprit.

1 Comme dans le *Petit traicté*, la narration suit l'ordre d'une contemplation, aussi est-ce l'élément essentiel du tableau qu'on observe d'abord: ici la chapelle.

2 Les pierreries sont celles qui ornent la Jérusalem messianique (Apocalypse 21, 19).

de soy mesmes. Je vous ay dit le nom des capitaines et
portiers des deux tours du portal parquoy en poursui
uant nre matiere Il fault que je vous nomme les
aultres capitaines des aultres quatre tours et les por
tiers. Le premier se nomme discretion et le portier attra
pener. Le segont sappelle magnanimite et le portier con
stance. Le tiers sappelle Raison et le portier fermete. Le
quatriesme et dernier capitaine sappelle meditation et le
portier bon conseil. Or vous ay je dit les noms des bons
capitaines et portiers lesquelz sont bien suffisans po
garder la place et tous sont obeyssans au capitaine
general crainte de dieu et par luy se gouvernent Car san
celuy la en si grand dangier seroit la place et tous ceulx
qui seroient dedens. Mais ayant en grand reuerance
ce vaillant capitaine ne fault doubter que tout ira
droit selon le saint desir du conducteur de toutes bonnes
oeuvres. Cy co mance le devis du dedans de la sainte chappelle

Pour parler des corps de maison premierement com
mancerons a la chappelle sainte la quelle le glorieux

La sainte chapelle
Ms. 978 (f.34)

ditation ma compaignie et par ce moyen metterez que la
porte de ce sainct sacré lieu vous sera ouverte de moy qui en
ay la clef. Apres maintes devotes parolles dictes de la
dame devotion a sa grand requeste et supplication des bon
nes ames la porte fut ouverte mais certes mon entendement
nest nest assez suffisant pour mettre en escript tout ce q
je y veis toutesfois avecques laide de celuy qui ma coman
de faire ce petit traictie et iray en avant le saichant si begn
nin quil ne demande de ses creatures que bon vouloir de
luy offrir par ainsi doncques le feray je.

La divise du dedans la saincte chappelle.

Je dis que ceste saincte chappelle qui estoit tant par
faictement belle et si bien paincte et doree come si ne

Le Tabernacle
Ms. 978 (f.35)

qu'il ne descende sur nous, puysqu'il veult estre nostre hoste et nous loger en son noble chasteau. Et au dessus de la porte est sa devise, c'est le beau pellican lequel voyant ses petitz soub luy morts, et qu'il n'y a remede qu'ilz resussitent sans estre baignés de son sang, de sa propre voulenté, donne de son bec contre son cueur duquel sort si grand habondance de sang que ses petitz en resussitent, et luy, il en meurt. Ceste hystoire, et aultre plusieurs qui sont audict portal, est donnée à entendre à toutes bonnes ames qui veullent entrer en la saincte chappelle de par deux dames qui ont la garde du sainct lieu. C'est Meditation et Devotion.

Meditation nous est dit:

Ce bel pelliquan nous signifie Dieu, filz de Dieu le pere, engendré au ventre virginal par l'operation du Sainct Esperit, lequel nous a tant aymés que de sa propre voulenté a respandu tout son precieulx sang pour nous ressusciter[1].

O saincte Meditation, comme tu faiz bien ton devoir d'imprimer en nostre entendement toutes les peynes et labeurs que le doulx Jesus a pour nous souffertes! Despuys l'heure de sa naissance, il ne cessa d'endurer jucques que son tant digne et precieulx sang fust tout respandu pour nous resussiter.

Ainsi signifie ce, dit saincte Meditation, sa noble devise du pellican.

Après que la dicte dame eut dit et donné à entendre la bonté et doulceur de nostre Dieu, Devotion commença à dire:

O mes bonnes seurs, ames devotes, n'obliez le bon enseignement de saincte Me */f.35/* ditation, ma compaigne, et, par ce moyen, meriterez que la porte de ce sainct, sacré lieu vous sera ouverte de moy qui en ay la clef.

Après maintes devotes parolles dictes de la dame Devotion, à la grand requeste et supplication des bonnes ames, la porte fut ouverte, mais certes mon entendement n'est assez suffisant pour mectre en escript tout ce que je y veis,

---

1 Sur le symbole du pélican, ses sources (le *Speculum ecclesiae* d'Honoré d'Autun) et son évolution au début du XVIe siècle, voir Claude Blum, *La représentation de la mort dans la littérature française de la Renaissance*, Paris, Champion, 1989, T. I, p. 183-184.

toutesfoys, avecques l'aide de celuy qui m'a commandé faire ce petit traictié, tireray en avant, le saichant si begnin qu'il ne demande de ses creatures que bon vouloir de luy obeir, par ainsi doncques le feray je.

La divise du dedans la saincte chappelle

/Miniature n°18/•

Je dis que ceste saincte chappelle qui estoit tant parfaictement belle et si bien paincte et dorée comme il me */f.35 v°/* samble pour le dire en general, car en particulier ne le saurois faire[1]. Il y avoit en paincture toute la vie de Jesucrist; il y avoit sept aultiers, c'est assavoir, le grand ou cueur et six aultres en la nef, troys de chascun cousté du grand aultel. Je ne sçay comment je doys commancer à en parler car c'est une chose confuse entendement, toutesfoys en diray je quelque chose affin que ceulx qui liront ce livre ayent cause d'eslever leurs esperitz en Dieu[2]. Au cueur de ce sainct et digne lieu, qui est le lieu où se repouse la Trinité, Pere, Filz et Sainct Esperit, il fault bien entendre qu'il est et doit estre moult digne. Autour avoit pilliers sans nombre, les ungs d'aymeraudes enrrichis de grosses perles, les aultres d'or enrrichis de dyamans et de rubis, les aultres d'argent enrrichis de balays et saphirs. Aultres plusieurs y en avoit de cristal, de jaspe, d'agates, de jacintes et de touppasses, tous

• Miniature n° 18: Au centre de l'image, devant un autel surmonté de la Trinité et entouré de quatre fines colonnes, est assis le grand prêtre; de part et d'autre de l'autel, les stalles où sont installés les douze apôtres. Au premier plan, un lutrin: le Livre ouvert est tenu par les serres de l'aigle, juché sur une colonne.

1 L'importance symbolique de chaque élément n'échappe certes pas, mais on peut remarquer aussi qu'au moment où Gabrielle de Bourbon rédige ce traité, elle fait construire, sur le modèle de la Sainte-Chapelle, la collégiale Notre-Dame du château de Thouars, en accordant un soin particulier à la décoration; voir H. Imbert, *Histoire de Thouars*, Niort, L. Clouzot, 1871.

2 La répartition des autels —un central et six latéraux— pourrait correspondre à l'architecture de la collégiale du château de Thouars dont l'intérieur formait en effet trois nefs séparées par de nombreux piliers à nervures.

enrrichis d'or et de fin esmail. Le tabernacle, qui est le repositoire de la Trinité, estoit de fin or garny d'escarboucles qui rendoient si grande clarté qu'il n'est possible de la savoir à nulle comparer. Le grand prebstre qui n'en bouge, prest de bailler le sainct sacrement à tous ceulx qui le veullent recepvoir, lequel fait le service divin sans cesser. Et s'appelle ledit grant prebstre Fervante Oraison. Et ne fault oublier de dire qu'il y a une si grand melodie de chantres et instrumens organisés que ce n'est rien à comparer à ceulx qui sont au monde. Aussi, comme je croys, ce sont voix angeliques. De lampes, il y en a sans nombre, toutes plaines de l'uyle de la misericorde divine. Oraison fait monter la fumée de l'ensens si hault qu'elle penetre les voultes de la saincte chappelle. Douze sieges y a où sont les douze apostres, juges principaulx qui portent tesmoignage de la saincte foy catholique, qui font assistance sans fin louant la divine bonté. Lesdits sieges estoient tant riches que de plus il n'en fault querir, car ils estoient tous de fin yv[o]ire, de coural bien vermeil. Le cedre ne lynon, aloes, n'y estoient espargnés */f.36/*[1]. Du pavé ne de tout le demorant, je m'en tays pour cause de briefveté. Mais il fault entendre que tout y estoit en perfection. Toutesfois, quelque prolicité de quoy je puisse estre reprinse, si fault il que je die que la belle aigle, qui est le noble oyseau qui si hault volle, estoit devant le tabernacle precieux, ses elles ouvertes où estoit assis le livre de vie, en belle lectre d'or escript[2]. O saincte Trinité, plaise que mon nom y soit trouvé!

Comme par si devant vous ay dit, impossible me seroit dire la centiesme partie des choses consollables, riches et plaisantes, qui au cueur de ceste saincte chappelle estoient. Toutesfoys ne fault laisser en arriere que au dessus de ses riches piliers, de quoy par cy devant ay fait mension, estoient les prophetes et les sibiles qui tenoient rolletz en leurs mains, tant bien dictez sur l'incarnation, nativité du redempteur, aussi

---

1 Cantique des Cantiques 1, 17 «Les poutres de notre maison sont en cèdre»; 4, 14 «La myrrhe et l'aloès, avec les plus fins arômes».

2 L'aigle, qui peut regarder le soleil en face, signifie la contemplation des choses célestes (voir Jean Gerson, *op. cit.*, p. 91); il symbolise alors l'Ascension.

de la mort et passion, lesquelx pour en avoir tousjours fresche memoire sont enregistrez en la saincte escripture, parquoy plus n'en diray.

Or venons à dire de la nef de ladicte saincte chappelle où il y a troys aultierz de chascun cousté, comme vous ay dit, lesquelx estoient tous bien aornez selon le cas de quoy ilz servoient. Et devez savoir qu'il y avoit personnes dignes et bien diligentes pour bailler et administrer les sacremens de saincte eglise. C'est assavoir, le septiesme est le tant digne et precieulx, c'estoit celuy qui reposoit au tant riche tabernacle. C'est le pain de vie, la joye des bienheurez. O que bien heureux se pourra nommer qui aura esté regeneré au sacrament de baptesme, bien asseuré et fortiffié par celuy de confirmation, bien netoyé et lavé par celuy de penitence, et qui après acompaigne la dame Devotion qui dedans la saincte //[1] la mys vient au digne oratoire, o precieulx repositoire requerir avoir la tant proffitable refection, c'est le pain des anges, la medicine contre toutes maladies, le remede contre toute poison qui te sera administré, par la vertu duquel tu auras toute joye et consolation, */36 v°/* augmentation de vertus, force contre toutes tentations.

Après ceste reception faicte et que le grant prebstre, Fervante Oraison, aura voulu prandre recreation en visitant les saincts lieux, le Cueur contemplatif qui a tousjours prins la charge de conduire l'Ame devote, ainsi que l'on pourra voir par deux petis livres, l'ung sur les douleurs de la benoiste vierge Marie et de son enfant, et l'autre des joyes[2], est venu aux bonnes ames et leur a dit:

Or sus, mes bonnes filles, allons visiter les saincts lieux. Ma seur Meditation veult venir quant et nous, allons joyeusement.

Vous devez savoir et entandre que autour de ladicte saincte chappelle y avoit plusieurs oratoires. Premierement

---

1 Erreur du scribe; «qui dedans la Saincte» est copié une deuxième fois, à la place d'un autre groupe de mots.

2 Encore une fois, Gabrielle de Bourbon marque ici sa volonté de présenter comme un ensemble inséparable ses œuvres spirituelles. A propos de cette intervention du Cueur Contemplatif, voir Introduction, p. 45.

Apres que les bonnes ames eurent bien et en
grand devotion visitez les sainctz lieux ou nr̄e
bon dieu ihs a endure peyne et a la fin sa mort
pour nous donner vie toute plaine de consolation. Sen
retournerent prendre refection corporelle car de la spirituel
le avoient elles ce que leurs esperits en povoient compren
dre sen vont les bonnes adong des corps de maison en une
grand salle laquelle estoit bien nette car ceulx q̄ avoient

Le réfectoire
Ms. 978 (f.37)

vont visiter le sainct lieu de Nazareth et voient la sacrée vierge qui en grand humilité repçoit le salut qui, de toute la Trinité, luy est envoyé par l'archange Gabriel. Et en soy reputant indigne, se conscent de faire leur voulenté.

Meditation dit:

Hee mes bonnes filles, recognoisses les graces que recepves à toute heure par le moyen de ceste humble dame, ne soiez ingrates mais luy rendes action de graces.

Après s'en vont en Bethleem. Là voient, par devote meditation, la dame adorant son petit enfant qui estoit vray Dieu et, en cest endroit là, le Cueur contemplatif fait merveilles de consoler les bonnes ames avecques l'aide de saincte Meditation. L'adoration des roys et des pauvres pastureaux mise en avant en ce lieu fut. Il ne fault remetre en doubte que grant habondance de lermes furent espandues des bonnes ames devotes, car les tant devotes admonitions des deux bonnes dames ouvroit tellement les bons esperits de ceulx qu'elles conduysoient aux saincts lieux, où l'œuvre de nostre redemption fut faicte, que joye et douleur bien entremeslée ensamble faisoit distiller l'eau de vie qui sera cause à ceulx qui ainsi le feront d'avoir la vie eternelle[1].

Cy est la divise du corps de la salle et des bonnes viandes de quoy furent repeuez les bonnes ames.

/f.37/
/Miniature n°19/•

Après que les bonnes ames eurent bien et en grand devotion visitez les saincts lieux, où nostre bon Dieu Jhesus a enduré peynes et, à la fin, la mort pour nous donner vie toute plaine de consolation, s'en retournerent prandre refection

---

[1] Cet oratoire consacré à la Nativité correspond à l'un des oratoires de la collégiale de Gabrielle de Bourbon à Thouars, décoré d'une «Nativité Notre-Seigneur avec les anges et les pastoureaux».

• Miniature n° 19: Le réfectoire, décoré d'éléments architecturés et de peintures murales; on y voit quatre dames à table; devant elles, se tiennent deux autres dames en habit religieux tenant un livre; à l'arrière, un personnage assis est en train de lire.

corporelle, car de la spirituelle avoient elles ce que leurs esperits en pouvoient comprandre.

S'en vont les bonnes à ung des corps de maison, en une grand salle, laquelle estoit bien necte car ceulx qui avoient */f.37 v°/* charge de ce faire, c'est assavoir Remords de conscience et Honnesteté de vie, y avoient besoingné, non seullement en ladicte salle mais par tout le chasteau où il en estoit besoing. La tapisserie de quoy elle estoit, c'estoit la vie des saincts. Et ainsi, comme il est de coustume aux devotz convents, il y avoit ung lecteur qui lisoit, qui se nommoit Entendement, qui donnoit à entendre par sa lecture aux bonnes ames les vies parfaictes de saincts, dont la tappisserie en faisoit recongnoissance. Et si estoient les tables mises, et la viande et le vin tel qu'il estoit mestier. A la table se sont mises. Le maistre d'ostel, Suffisance, vient et baille à chescune sa porcion en telle façon que toutes en sont contentes. En la premiere assiete, elles furent servies de sallades, lesquelles avoient esté cuillies au beau jardrin duquel sera faicte mention en ce livre. Lesdictes sallades estoient faictes de plusieurs herbes, je n'en nommeray que quatre. La premiere sont lectues ameres pour souvenance que le bon Jesus en voulut faire son dernier bancquet, à souper avecques l'aigneau paschal. La sicorée n'y fut obliée qui tousjours se tourne devers le souleil[1], aussi doit estre nostre entendement en le voyant contemplant le vray souleil de justice. De l'isope il y aura qui mondifiera et netoyera toutes mauvaises pensées et cogitations, le cresson qui verdoye dedans la clere fontaine de pitié; y sera mis de l'uile de la misericorde divine, qui ramplist les lampes de la saincte chappelle, baillée par Devotion. Le bon fort vin aigre y sera meslé qui aguisera l'appetit des bonnes et devotes ames, et si aidera à digerer toutes aultres grosses viandes, en rememorant comme nostre Dieu en fut abreuvé en l'arbre de la croix. Le sel que le bon

---

1 Cette propriété n'est pas habituellement attribuée à la chicorée. Faut-il penser à cette espèce sauvage, *hedypnois*, que d'aucuns, selon Pline, confondent avec la dent de lion, dont la fleur effectivement recherche le soleil? (voir *Histoire du monde de C. Pline second*, trad. A. du Pinet, Jacob Stoer, 1608, p.172)

cappitaine, nommé Discrection, a baillé y sera mis. La sallade bien maschée et par loysir y vauldra beaucop. Après l'on servira de potaige faict de la bonne herbe de pascience, laquelle se doit menger par loysir. Elle a si grand vertus qu'elle garde */f.38/* de monter les fumées au cerveau, lesquelles sont causes de mettre les creatures en dangier et de corps et d'ame. Après la chair bien mortiffiée sera mise sur la table, et si bien sera cuyte que nul empeschement elle ne donnera au cueur mais le norrira. Car celuy qui a la charge d'aprester les viandes, qui s'appelle Abstinence, il n'en part aulcunes de ses mains qui ne soient medicinalles[1]. Et puys l'escuyer trenchant, nommé Sobrieté, n'en baille point plus que ce qu'il scet que mestier en est. Mais celuy qui a la charge de servir de vin, que Sapience divine luy a baillé pour en departir en grant habondance, il s'appelle Largesse, et bien souvant en baille tant de ce delicieux vin de divine bonté que les devotes ames sont tellement enyvrées en l'amour d'icelle qu'elles ne demandent, pour toutes choses, que le repos espirituel après la tant proffitable refection prise[2]. L'aumosnier, nommé Recongnoissance des benefices de Dieu receuz, dit les graces, ensamble les bonnes ames devotes.

Cy est la divise de l'autre corps de maison où sont les petites chambretes pour le repos des bonnes ames.

En l'autre corps de maison, qui est le troisieme, sont les petites chambretes où sont les repositoires des bonnes ames, lesquelles chescune en son endroit mect peyne de tenir nectes, sans nulle infection ne ordure il y ait. Car le balay de discipline y a passé tellement qu'il y pert que une seulle tache ne ordure il n'y a. Le petit grabast tant simple par Humilité, tant pur par Virginité et Chasteté. Et ne doubtez que la bonne servante, Diligence, y est bien embesoignée de la bien tappisser des misteres de la passion. Et la cause pourquoy

---

[1] A la manière de Jehan Henry, dans *Le Livre de vie active*, Gabrielle de Bourbon se complaît à énumérer les éléments d'une matérialité qui, jusqu'aux moindres détails, est symbolique.

[2] Cantique des Cantiques 5, 1: «Mangez, amis, buvcz, enivrez-vous, mes biens-aimés».

elles sont si ardantes de bien parer leursdictes petites chambretes, c'est que leur sainct desir et parfaicte intention est que leur amoureux Jhesus et tant leal espoux, à la requeste du Sainct Esperit, viendra */f.38 v°/* les visiter[1]. La chaisre parée de verité est aprestée pour luy.

O quelle joye recepvra à l'heure la bonne ame! En verité, elle sera bien telle qu'il n'est entendement humain qui sceut comprandre et non sans cause. Car quant ceste bienheurée heure viendra qu'il luy plaira venir prendre son repox, l'ame saincte pourra dire:

Je suys de toute joye ramplie en vous voyant, mon seigneur, en ma petite chambrete, seoir en vostre chaisre de verité. Et de rien ne me mechauls, fors de vous complaire et obeyr, rien ne me sauroit courrousser que le doubte de partir, parquoy vous supplie, mon Dieu, qu'il vous plaise de plus n'en partir. Tous voz commandemens seront par moy acomplis, servy serez de devotes pensées, resjouy de doulx chants à vostre louange. Les entremais que portera Pureté de conscience seront de saincts desirs, couverts de fleurs de la jalousye de l'amour que je vous porte, mon Dieu, mon seigneur et mon maistre[2].

Tant de doulces et amoureuses parolles dira la bonne ame, quant seulle sera avecques son souverain seigneur et amy loyal, car ardeur d'amour qui luy fait croistre la joye, aussi fait elle les doulces et consollables parolles. Et puisque pour tenir la maison necte et bien parée, l'ame y repsoit tant de joyes et de honneur que de y veoir son seigneur et createur, il ne fault pas doubter que le plus grand de ses passetemps sera celuy là. Et de rien n'aura plus grand soing que de faire tousjours de mieulx en mieulx pour tousjours augmenter la gloire qui sera sans fin.

---

1 Pour cette image de la chambre parée, qui attend le «bon hôte», voir Jean Gerson, *Six Sermons*, *op.cit.*, «Sermon pour la Pentecôte», l. 41.

2 La jalousie ou crainte d'amour, thème très classique dans la littérature courtoise, est souvent exprimée chez les mystiques. Voir, par exemple, Hadewijch, *Lettres spirituelles*, Genève, C. Martin-Gay, 1972, Lettre VIII «La double crainte».

Le portail de Foy, Esperance et Charité
Ms. 978 (f.39)

Cy divise du portal où sont les troys docteurs qui tiennent les escolles pour enseigner les bonnes. Et commence Foy le docteur.

/f.39/
/Miniature n°20/•

Et puysque je vous ay dit à quoy est ordonné pour servir le troisiesme corps de maison, il fault parler du quatriesme. C'est le portal auquel a troys chambres servans d'estudes. Et en chascune a ung docteur qui list à toute heure, quant les bonnes filles et hostesses du Sainct Esperit y veulent aller. Le nom des venerables docteurs ne fault oublier de dire. Le premier c'est Foy, le second, Esperance et le tiers, Charité[1]. Ces */f.39v°/* troys notables docteurs font merveilles de enseigner les bonnes dames. Et pource que au commancement de ce petit traictié vous ay dit qu'il y avoit troys manieres d'ames pour lesquelles le glorieux consollateur a fait ediffier ce noble et seur chasteau, c'est assavoir, les commensantes, les perseverantes et les parfaictes; les commensantes vont à l'escolle de Foy, les perseverantes à celle d'Esperance et les parfaictes à celle de Charité. Il y a une noctable dame qui les conduict, c'est Perseverance sans laquelle tout n'est rien[2].

Or disons quelque chose de ce grand docteur Foy, la tant belle vertus car, par elle et ses bons enseignemens, l'on peut venir à toutes les vertus. Et qu'il fut possible à beaucopt plus

• Miniature n° 20: Dans un décor architecturé, en trois compartiments, sont représentées les allégories des trois vertus théologales: Foy entoure de son bras droit une croix levée tandis qu'à ses côtés deux dames agenouillées sont en prière; Espérance, drapée dans une robe bleue, a les mains jointes et des ailes, comme Charité qui est vêtue d'une tunique rouge et dorée.

[1] Après avoir été guidée, dans le *Voyage* de vie humaine, par les vertus cardinales et théologales, l'Ame reçoit l'enseignement des trois vertus théologales.

[2] L'expression des trois étapes de la méditation, pour les «commançantes», les «perseverantes» ou «profitantes» -voir supra fol.31- et les «parfaites», vient directement de Jean Gerson, *Le jardin amoureux de l'Ame*, *Œuvres*, *op.cit.*, ch. XV «Des ames et des amans qui joyeusement apprennent l'art d'aimer», p. 144.

sçavante que moy de rediger par escript les tant proffitables leccons que le sainct docteur list aux devotes ames, qui sont en propos deliberé de si bien proffiter en ce sainct estude que toutes seront du nombre des parfaictes, combien que ne suys sachante pour ce faire, toutesfoys à l'ayde de celuy soubz la main duquel je besoigne, car à chascun il depart de ses graces: aux grans entendemens bien fondés en science, il les conduit à mettre par escript les haultes et proffitables matieres, et aux simples personnages et femmenins entendemens, leur fait ceste grand grace de leur donner sçavoir et pouvoir d'escrire quelques petites contemplations, qui seront plus plaisantes à ouyr à pauvres femmeletes et simples gens que les haultes et profundes escriptures des saincts docteurs[1].

Foy commance sa tant belle leccon, laquelle il fault non tant seullement ouyr mais croyre sur une peyne qui est la plus grande des aultres, c'est d'estre forclus de la vision de Dieu[2] et à jamais estre en tenebres, parquoy toutes ames crestiennes qui veullent commencer à bien faire est de necessité de salut de venir en ceste escolle.

Dit doncques, le sainct docteur:

Mes filles, qui estes ici à mon escolle, il fault que vous ayez parfaicte creance ad ce */f.40/* que ne povez veoir mais ouyr le povez, c'est que Dieu tout puissant a créé le siel et la terre, et toutes creatures raisonnables, irraisonnables, sensibles et incensibles. C'est ung euvre que ne povez veoir car il y a longtemps qu'il fut faict, toutesfoys si fault il fermement le croire. Après ne fault doubter que pour rachapter nature humaine, laquelle estoit forcluse du royaulme eternel pour la desobeissance de nostre premier pere, Adam et Eve, il luy pleut envoier son benoist filz Jhesus sabas prandre chair humaine dedans le sacré ventre de la glorieuse vierge Marie, par l'operation du benoist Sainct Esperit et non d'aultre. Il fault doncques, mes filles, croire ceste incarnation, aussi la

[1] Voir supra , p. 198, note 1. A propos de la prudence de Gabrielle de Bourbon, lire le témoignage de Jean Bouchet, *Le Panegyric*, *op.cit.*, fol. LXXXVIIIv°. Dans ce passage, elle se contente de rappeler les principaux articles de la foi, sans entrer plus avant dans la doctrine.

[2] Voir infra p. 220, note 1.

nativité de Jesus et la benoiste Marie tousjours vierge. O combien il vous ayme de vouloir estre vostre frere en voulant estre homme, et comme tel a porté peynes grandes, et en la fin est mort en la croix par sentence du faulx juge Pilate. Après, au tiers jour, de sa propre puissance, il est ressuscité. Et bien le pouvoit faire puisqu'il ressuscite les aultres. En toutes ses choses ne fault faire nulle doubte, mes bonnes escollieres, mais croyre fermement. Aussi son ascension par sa digne vertus: en grand gloire s'en monta au trosne Dieu, et là siet à la dextre de Dieu le pere, et de là ne partira qu'il ne viengne tenir le jugement grant general où toute creature raisonnable se rancomperra. Helas, mes bonnes filles, commant dernier article vous doit bien faire trambler de peur car ce juge souverain, à qui rien ne peut estre incogneu, ne usera plus que de justice toute rigoureuse. Mais je vous asseure que si vous adjoustes bonne creance, ainsi que je vous ay dit et diray encore, que serez du nombre des bienheurées. Car ainsi là il dit, en parlant à sainct Thomas, luy disant, *bien heureux sont ceulx qui croient sans le voir veu ce que dit est.*[1] Or doncques n'est il possible que le puissez veoir, croyez le donc, mes filles, et vous serez bienheureuses. Escripves */f.40 v°/* ceste leccon en vostre entendement et il vous deslivrera de toutes peynes, ainsi qu'il fist les saincts peres qui estoient aux limbes quant, après sa mort, il y descendit. Tout ce qui est dessus escript ne fault mectre en oubly mais à toutes heures le remorer et ce vous sera grand consolation. Après, mes bonnes filles, il fault que je vous die plus avant ma doctrine. C'est qu'il est de necessité de salut de croire que, sans estre lavé de l'eaue du sainct baptesme, l'on ne pourroit aller au lieu de beatitude, aussi fault il, quant le cas le requiert, venir soy humilier en requerant le sacrement de penitence, lequel fault qu'il soit acompaigné de parfaicte contriction et de entiere satisfation. Tout cela mis à excecution au mieulx de son pouvoir, vous vous pourrez venir presenter devant la table du souverain roy, en le suppliant treshumblement de vous refectionner de ceste tant precieuse viande, laquelle il donna,

---

[1] Jean 20, 29.

le jeudi après la sene à ses apostres, c'est ce sacré pain soubz lequel est contenu, sans nulle difficulté, le precieux corps et sang. Et ne fault pas que y faictes doubte mais le debvez ainssi croire que fait vostre mere saincte eglise. Tout plain d'exemples familiers sont de ce sacrement escriptz en la saincte escripture, parquoy de plus vous en dire n'est besoing mais bien vous dis que, quant bien penserez à la leccon qui vous est leue et y mectres vostre ferme creance, vostre commancement sera bien fondé et bien y proffiterez, tant que en la fin serez de la compaignie des parfaictes. Et sans venir à mon escolle ne le povez estre. Quant vous croirez que c'est le grand et souverain seigneur qui de neant à tout faict, l'aurez en grant reverance et honneur, aussi en grant crainte. Et pour ceste heure, mes bonnes filles et loyalles escollieres, mectray fin à ma lecture, ayant ma fiance //[1] sans voz saincts desirs que serez bonnes clergesses et que n'auray perdu temps de vous avoir monstré.

Atant se taist le sainct docteur, vray Foy. Helas, qui eust veu la contenance des bonnes */f.41/* ames, l'on pouvoit bien dire que la leccon leur avoit esté bien aggreable. Et pource que ledict sainct docteur leur avoit si bien imprimé en leurs cueurs la fermeté des œuvres de Dieu, vont en la compaignie des proffitantes au lieu où l'autre docteur, nommé Esperance, devoit lire. Lequel commance ainsi:

Cy fine la leccon de Foy et commance celle d'Esperance.

O mes bonnes et devotes escollieres, qui avant que venir icy ouyr ma leccon avez esté à la tant proffitable escolle de nostre grant maistre Foy, car c'est le principe de tous sciences, après que estez bien fortiffiées en la saincte foy et croire toutes les grandes et admirables choses que Dieu a faictes, despuys le commancement du monde jucques au jour du grand jugement, qui sera la grand et parfaicte joye des bons et le contraire pour les mauvais. Mais tenez vous certaines que celuy qui tant vous a aymées que de mectre son filz l'espace

---

1 Mot effacé.

de neuf moys en prison au ventre virginel pour vous, et puys quant il a esté mys hors de prison, au bout de trente et deux ans et demy, après qu'il eut beaucop porté de peynes et douleurs, l'a abandonné à la mort. C'est Dieu le pere, mes bonnes filles, qui a voulu son filz ainsi estre tracté pour froissir les portes de paradis qui estoient clouses. Mectez doncques vostre fiance ad ce bon pere et à son enfant, car il ne prent à rien plus grant plaisir fors que ne vous meffiez point de sa misericorde qui est infinie. Combien pensez vous qu'il eut de desplaisir quant son desloyal apostre, Judas, me chassa hors de sa compaignie? Parquoy Desesperance, la traistre, le vint acuillir, et jamais ne laissa qu'il ne fust pendu et estranglé, et la malheureuse ame abismée au profond d'enfer[1]. Or doncques, mes filles, je vous prie que vostre espoir en Dieu se repouse, qui est souveraine bonté. Cest espoir ne sera poinct faulx ne decepvable, servez hardiement, mes filles, ce bon maistre et ayez parfaicte fiance en luy et foy sans varier, et il vous recompensera d'ung heritaige lequel sera à jama[i]s, c'est du royaulme de tous delices auquel n'a */f. 41 v°/* nul deffault de joye, richesses et inestimables consolations. Mais que vostre fiance soit du tout en luy, n'aurez deffault de nulle rien, ne en ce monde ne en l'autre. L'on dit, en commun langage mondain, que *Esperance paist le chetifz*[2]. Vous devez entendre, mes bonnes escollieres, que nous suymes deux qui nous nommons de ce nom. Mais la mondaine est faulce et decepvable, et paist par ses affectez langages les chetifz et mondains, et telz se pevent ilz nommer quant ilz s'y fient. De moy, je ne vous diray rien qui ne soit veritable car au lieu où je vous dis que deves avoir votre espoir, c'est le bon et loyal qui point ne fauldra. Ne creignez peines ne labeurs en ce monde endurer pour celuy qui pour vous les a endurées, car vostre recompence sera telle que voz saincts desirs le souhaittent[3]. Et en cest endroit finera ma

---

1 Voir supra p. 60, note 2.

2 Proverbe cité par Jean Molinet, *Les faictz et dictz*, éd. N. dupire, Paris, Picard, 1936-39, I, 174, 352; II, 577, 240.

3 Cf. *L'Internelle Consolacion*, éd. A. Pereire, Paris, E. Pelletan, 1926, ch. XII «de la roial voie de la sainte Croix», p. 42 et sv.

lecture, congnoissant voz devots esperitz si eslevés à croire ce que par ma Foy vous a esté enseigné, si affectionnées de faire œuvres dignes de recepvoir la retribution de laquelle vous ay icy leu.

Et plus n'en dit le sainct docteur Esperance. Et ses sainctes ames, qui estoient fermes et bien enseignées en la saincte Foy, ayant du tout en tout leur espoir en Dieu, vont à l'escolle des parfaictes où le devot docteur Charité lisoit. Auquel lieu, la devote compaignie estoit assamblée, car les commensantes avoient si bien exploicté qu'elles estoient avecques les perseverantes, et toutes ensamble vont à ladicte escolle de Charité, avec les parfaictes.

Cy fine la leçon d'Esperance et commance celle de Charité.

Cheres filles, dist Charité, qui estez venues à mon escolle, premierement avez esté à celle de vraye Foy, le hault et sainct docteur, auquel, comme je voy, avez si bien proffité que estez si bien confirmées en sa saincte doctrine que aultre chose ne vous en fault dire. Après Esperance, la tant consolable, vous a si bien asseurées de remuneration qui vous est ap */f.42/* prestée que je me tiens certaine que ne demandez rien tant que savoir faire œuvres à Dieu aggreables, pour estre participantes de la grand joye qui est sans fin. Et à bonne cause devez, sur toute rien, aymer celuy qui tant vous a aymées comme le tesmoigne le traicté d'appointement qu'il luy a pleu faire entre Dieu son pere et nature humaine, et, en faisant cest appointement, le royaulme de paradis vous est acquis. Et la chartre du bon et proffitable appointement a esté seellée de cinq grans et tant proffitables et dignes seelz autenticques, en cere rouge, ce sont les cinq principalles plaies. Et si a esté escripte ladicte chartre en peau de parchemin vierge, c'est en la precieuse peau du pur aigneau, dedans lequel fut fait six mil six cens soixante et six traictz de plume, tous de fin vermeillon[1]. Les noteres se sont les quatre

---

1 Le six, nombre de l'Hexaemeron biblique, est par excellence le nombre médiateur entre la divine puissance et l'humanité (voir saint

evangelistes et sur tous le bien aymé Jehan qui en a parlé comme celuy qui l'a veu. Plusieurs tesmoins y avoit, mais sur tous la glorieuse mere de Dieu, la Magdalene tant aymée de luy et aussi ses tantes. Helas, ames devotes, et que pourroit l'on plus faire pour avoir l'amour des personnes que ce a fait vostre seigneur, vostre Dieu et loyal amy, pour vous? Je ne le sauroys dire. Or doncques, mes bonnes filles, aymes le de toute vostre force et de toute vostre affection. De dire que l'aymes autant que il a fait vous, il ne seroit possible. Et si vous l'aymes bien parfaictement, vous le craindres et pour nulle rien ne ferez chose qui luy desplaise, mais prendres singulier plaisir de luy obeir à tous ses saincts comandemens, desquelx suis certaine que n'estes ignorantes. En les acomplissant, vous fuyres tout vice et peché qui sur tout luy est desplaisant, acquerres vertus et acomplires les œuvres de misericorde qui sera vostre passetemps, contemplerez sans cesser l'amour que vostre Dieu vous porte. Et serez jaleuses l'une de l'autre, de la bonne jalousie, */f.42 v°/* c'est laquelle sera le mieulx aymée de son Dieu et aussi laquelle le saura mieulx aymer[1]. Après, serez esleveez en esperit en regardant sa grant beauté et du lieu là où il se tient qui est aux aultres non pareil. Après, quant en icelle vous serez bien consollées et resjouyes, viendrez à regarder contre bas les mondains abusés, qui tant sont mescongnoissans des benefices qu'ilz recepvent de luy dont tout procede. Et aurez d'eulx grant compassion et, pour eulx, prieres Dieu. Après, mectrez vostre ymagination si bas qu'elle persera toute la terre et voyerez tant de mauldītz dannés, et les peynes qu'ilz endurent pour avoir estés ingratz et desobeissans à la souveraine bonté. Ceste contemplation, bien par loysir veue, fera beaucop de bien à toutes creatures. En une des chambres d'enfer, verrez comme les pauvres ames qui n'ont fait suffisante penitence en ce monde la font là, en

Augustin, *de genesi ad litteram*, *P.L.* 34, 296-297, 301; *de trinitate*, *P.L.* 42, 893-894). Le six est aussi en relation avec le chrisme (voir Honoré d'Autun, *P.L.* 172, 666). Faut-il voir ici dans les quatre six une figuration du chrisme? Sur le sens de la couleur vermillon, voir supra p. 95, note 1.

[1] La «bonne jalousie» de l'amour de Dieu vient du Cantique des Cantiques (8, 6). Voir aussi supra p. 212, note 2.

grant peyne et douleur[1]. Parquoy fault bien que soyez soingneuses de souvant les visiter et leur faire l'aumosne, laquelle sans fin ilz vous demandent sans fin. Et pource, mes bonnes filles, qu'il me samble que vous voy si parfaites et voz devotz esperitz tant afflambez en l'amour de Dieu qu'il n'est besoing de vous lire pour ceste heure plus longue leccon, moy offrant, à toute heure que vouldrez, vous enseigner et consoller.

Atant se taist le tant devot docteur Charité, et les bonnes ames demeurent toutes raviez en l'amour de Dieu. Dame Perseverance, qui à ses escolles les avoit menées, prand grand plaisir de veoir leurs devotes contenences. Après maintes elevations d'esperit par elles faites, ladicte Perseverance les maine au beau jardin pour les recreer.

Cy fine la leccon du dernier docteur Charité et commance le devis du jardin.

/f. 43/
/Miniature n°21/•

Il fault doncques en m'acquitant que je die quelque chose de ce beau jardin car le tout dire ne sauroys, mais pour en parler vous dy qu'il y avoit une bonne portiere, nommée Misericorde, laquelle avoit la clef du jardin de delices[2]. Quant

---

1 On remarquera que Gabrielle de Bourbon, qui se complaît dans les longues descriptions symboliques, n'évoque ici que de manière abstraite les peines d'enfer. Rejoint-elle ici les mystiques pour lesquels la souffrance d'enfer est la privation du bien aimé? Voir, plus haut, f. 39v°

• Miniature n° 21: Le jardin clos est représenté avec des allées droites et des arbres dont l'un, derrière une fontaine, est plus haut et porte des fruits. Au premier plan, deux dames agenouillées tiennent des couronnes; plus loin, trois dames sont debout les mains jointes. A l'arrière, entre deux tours rondes, on aperçoit dame Misericorde, les mains jointes, avec des ailes.

2 Développant le motif de *l'hortus conclusus*, Gabrielle de Bourbon a pu s'inspirer de très nombreux textes. Voir, par exemple, *Le jardin amoureux de l'Ame* de Jean Gerson (*op;cit.*, p. 144) ou *Le Manuel des dames*, Paris, A. Verard, s.d., dont le prologue explique le sens allégorique des «cantiques d'amour».

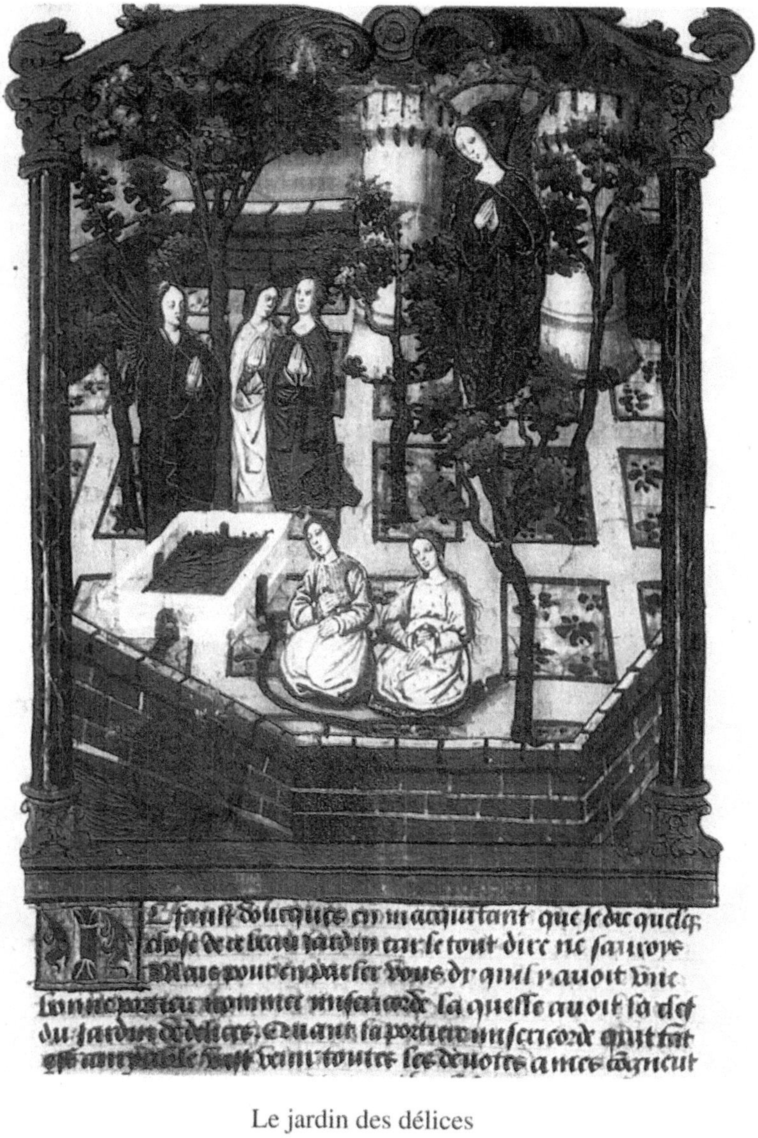

Le jardin des délices
Ms. 978 (f.43)

la portiere Misericorde, qui tant est amyable, vist venir toutes les devotes ames, congneut bien à leurs contenances et aussi à la dame qui les conduysoit que c'estoit à elles à qui la porte devoit estre */f. 43 v°/* ouverte. Parquoy leur dit:

Mes bonnes filles, je congnoys bien que avez si bien exploité le temps aux escolles des tant grans et venerables docteurs que meritez que la porte de ce tant delictable jardin vous soit ouverte. Car celuy qui m'a commandé le garder l'entend ainsi, c'est le maistre et seigneur de ce chasteau.

Alors les bonnes ames, par le moyen de Misericorde, entrent dedans ce tant plaisant jardin, dedans lequel s'en vont esbatant. Et chescune prent son cartier pour cuillir les belles fleurs dont il y en avoit tant qu'elles ne sçavoient desquelles cueillir. Chescune ame devote s'efforsoit de faire chappeaulx pour estre plus belles et plaisantes quant il plaira à leur doulx amy de les venir visiter. En ses chappeaux, elles mectoient fleurs blanches et vermeilles, en signifiance de la pureté et tant excellante virginité de la parfaicte vierge, mere de Dieu. La fleur du liz n'y estoit oubliée, ne la blanche rose, aussi la girofflée blanche avecques l'erminée, la viollete blanche de mars[1]. De ses cinq fleurs faisoient chappeaulx, et cinq belles vermeilles y mectoient parmy qui fort embellissoit le chapellet faict en l'honneur de la vierge. Lesdictes roses vermeilles donnent recongnoissance des cinq principalles playes de Jhesus, lesquelles roses estoient tant resplandissantes et plus cent foiz que le solleil. Et avecques ses belles fleurs blanches, il n'y a chappeau ne couronne qui tant soit belle ne plaisante. Chascune ame en faisoit à sa devotion. Ad ce jardin sentoit si bon car toutes les senteurs aromaticques du monde n'en approchent point[2]. Les bonnes ames là se rejouyssoient en pensant à la joye qu'elles pretendoient de voir en cest tant beau, noble et pardurable jardin de beatitude. En allant par les alleez de petites sentes, toutes verdoyantes et odorantes, chantoient en chants doulx le *veni creator,* en apelant celuy benigne seigneur qui ce tant plaisant lieu leur avoit donné.

---

[1] Pour la symbolique des fleurs, voir *Le Manuel des dames, op.cit.*: «la rose de charité», «le blanc lys de chasteté», «les violettes d'humilité».

[2] Cantique des Cantiques 4, 12-15.

Graces à leur possible, */f.44/* luy rendoient, graces avecques louenges sans fin. Après, elles s'aloient reposer soubs les beaulx arbres desquelz asses y en avoit. Les unes prenoient des branches de ce bel arbre, nommé palme, duquel le fruict en est plaisant, et comment leur appartenoit en leurs mains comme vierges. Aultres, chappeaulx de cest tant odorant arbre, nommé laurier, mectoyent en leurs chiefz comme victoriennes contre les tentations. Aultres avoient de belles branches d'ollivier en signe de paix entre Dieu et elles. Tout plain d'aultres fruictz y avoit que je delaisse, car enuyer pourroit aux lisans veu le langaige si mal acoustré. Mais il fault dire que, après que les bonnes ames avoient bien visité le beau jardin, toutes assoifées de la soif spirituelle, c'estoit de l'ardeur qu'elles avoient de veoir le beau jardin celeste, dont cestuy jà leur signifioyt la beaulté et doulceur, s'en vont courant à la fontaine de pitié qui au dedans dudict jardin estoit[1]. Et contentes ne sont seullement d'en boire mais se baignent et, au sortir, sont toutes refreschiez, ayans vouloir et pouvoir d'endurer toutes peynes et travaulx pour l'honneur de celle dont la source de ceste fontayne vient, c'est la glorieuse mere de Dieu. De ceste dicte fontaine, issoit si grand source que plusieurs ruysseaulx faisoit qui arrousoient les fleurs et fruicts du beau jardin, et puys tous lesdicts ruisseaulx tumboient dedans les foussez à fons de cuve qui tournoient le chasteau. Et si à grand habundance y en descendoit qu'ilz estoient tous pleins, à cause de quoy nulle estant audict lieu n'avoit disete de ladicte eaue. O glorieux Sainct Esperit, comme tu as bien prouvu à tout ce qui est necessaire à tes pauvres hostesses et bien aymées filles!

Auprès de ladicte fontaine, il y avoit ung arbre en beaulté, bonté, grandeur, fructiffiant envers les aultres non pareil, soubz lequel toutes ensamble s'en vont assoir, en le regardant, faisant grant admiration de la beaulté dudict arbre. Et ne */f.44 v°/* pouvoient penser quel arbre c'estoit. Alors la dame Perseverance qui les conduysoit, laquelle avoit prins bien grand plaisir à veoir leurs devotz excercices et

---

[1] La fontaine de pitié est attribut de la Vierge, assimilée à la Sulamite, source qui féconde les jardins du Cantique des Cantiques (4, 55).

passetemps qui tant estoient à l'honneur et gloire de Dieu et de sa benoiste mere, est à elles venue. Saichant que ce bel arbre leur estoit incogneu et que bien desirantes estoient d'en sçavoir le nom, leur dist:

Mes bonnes filles et parfaictes amyes, je congnoys que vostre desir est de sçavoir quel arbre est celuy soubz lequel vous estez, et, à veoir à voz admirations, samble que n'ayez aprins d'en veoir de telz. Et pour satisfaire à voz saincts desirs, vous dis que ce bel arbre qui auprès de ceste belle fontaine de pitié, c'est l'arbre de vie qui porte le doulx fruict de toute joye. Car le goust en est tel que à nul ne se peult comparer. La manne aux enfans d'Israel fut envoyée, en laquelle tous gousts à leur saveur ilz trouvoient, n'est rien à comparer au goust qui sera trouvé au fruit de l'arbre de vie. Mais comment vous povez veoir la haulteur de l'arbre, laquelle est à voz yeulx corporelz incomprehensible, parquoy ne povez en ce lieu du fruict cueillir mais vous sera gardée, quant vostre bien [heurée] heure sera venue de ce lieu qui est beau aller en l'autre qui est sans comparaison plus beau. A l'heure mangerez de ce tant doulx et amyable fruict[1].

Quant les bonnes ames ouyrent parler ceste bonne dame, ses tant contemplatives parolles leur fait doubler et augmenter le desir d'aller en ce beau lieu et tant delectable pays où est ce bon fruict qui engendre joye sans fin.

Après plusieurs parolles consolables dictes aux bonnes ames de par ladicte bonne dame, chescune en son endroit se retire en ses petites chambretes, toutes chargées de beaulx chappeaulx, couronnes, boucquetz, palmes et branches d'ollives, pour les embellir et aussi pour faire present à leur seigneur et amy qui souvant les visite et consolle[2].

---

1 Sur cet arbre de vie difficile à atteindre, voir Genèse 2, 9 et Apocalypse 22, 14.

2 Les «bonnes ames», dans cette dernière contemplation, semblent avoir surmonté toute jalousie. Gabrielle de Bourbon suit ici la leçon de Jean Gerson: «Quant la sainte ame voit ceste belle compaignie qui est de son

Cy fine le devis du jardin et parle de l'eschauguete de l'artillerie et comment elle tire.

/f.45/
/Miniature n°22/•

Or doncques, puysque je tire si avant, fault que pour parachever je parle de l'eschauguete qui est hault montée sur une des tours du portal. Lequel se nomme, ainsi qu'il me samble, Saincte Inspiration, laquelle fait si bon guet que nulz ennemys ne pevent si secretement venir qu'il ne les aparçoyvent bien, et tout incontinent sonne la cloche, nommée Prompte Admonition. Et soudain chascun se mect sur ses gardes, tant capitaynes que */f.45 v°/* portiers. L'artillerie qui est aux canonnieres est exploitée.

Il fault dire quelque chose de ceste artillerie et de l'affust qui est l'arbre de la saincte croix, qui est si fort qu'il ne peut reculler. Le canonnier se nomme Parfaicte Amour qui mect le feu que Charité luy a baillé et pousse la grosse pierre qui est le nom de Jhesus, lequel fait si grant bruyt que tous les ennemys flechissent jucques à terre et s'en vont vaincus, et par ce moyen demourent en repos de conscience les hostesses du tant glorieux Sainct Esperit[1].

O quelles suffisantes graces l'on ne sauroit rendre, car à luy ne tiendra que toutes ames faictez à la samblance de la Trinité, Pere et Filz, et le glorieux Sainct Esperit, ne soyent des bienheurées, comme il appert par ce beau et fort chasteau qu'il a fait pour elles retraire en bonne seureté, prouveu de toutes choses necessaires pour le salut d'elles, duquel chasteau

---

amy ainsi enamourée, moult lui plaist et moult lui delecte car elle n'est pas pleine de fole jalousie; ains desire que son amy soit aimé de tous et que tous soient de luy amez comme soy mesmes.» (*Le jardin amoureux de l'Ame*, ch. XVI).

• Miniature n° 22: Le château fort est représenté, pont-levis fermé. Des soldats surveillent, derrière les remparts et sur une des tours. Sur la haute tour centrale, hexagonale, on aperçoit, sous un portique, une dame, Sainte Inspiration, avec des ailes et les mains jointes.

[1] Gabrielle de Bourbon, qui a bien lu l'épître de *Triple Paix* que Jean Bouchet lui a offerte, achève son œuvre, parvenue à la «paix interieure», garantie par Charité.

L'échauguette de la tour, Saincte Inspiration
Ms. 978 (f.45)

j'ay dit non pas le tout car, comme j'ay par cy davant dit, mon entendement n'est assez suffisant pour ce faire. Toutesfoys ma fiance est si grande en celuy par le commandement duquel je l'ay escript que, par sa bonté, il permectra que ceulx où celles qui le liront et bien le gousteront, suys certaine qu'ilz y profiteront. De laquelle chose, treshumblement je le supply qu'il luy plaise de moy faire ceste grace singuliere que en ce monde icy tousjours luy puisse complaire et en l'autre avoir gloire. Amen.

GLOSSAIRE

N.B. Les chiffres renvoient aux feuillets des manuscrits; a. désigne le *Petit traicté* (1 AP 220) et b. *Le Voyage* et *Le fort chasteau* (ms.978)

— A —

A: avec, a.14bis, b.39v° – A tout: avec tout, b.14
Abismer: précipiter, b.41
Abondant (d'): en outre, par surcroît, a.19
Accuillir: accueillir, b.41
Acorder (s'): consentir à, a.4v°
Acoustumer (avoir acoustumé de): avoir l'habitude de, a.26v°
Acoller: embrasser, prendre dans ses bras, a.10, a.13v°, a.16, a.17, a.18v°; b.17v°
Acomparer: comparer, a.20v°
Acoustrer: préparer, b.2v°; arranger, b.44
Acteur: auteur, b.29
Actrait, attrait: établissement, b.13; aspect, b.7v° – attraire: attirer, b.9
Ad: en, dans, b.41, b.43v°
Admonition: exhortation, b.36v°
Adoubé: déguisé, maltraité, malmené, a.6v°
Adroisser: guider, renseigner, b.7, b.7v°
Adviser: considérer, penser, b.3v°, 7v°; informer, b.11v°
Affaire: besoin,(avoir affaire de) a.31, b.9; difficulté (avoir affaire à), b.12
Affecté: habile, trompeur, b.17, b.41v°
Affection: ardeur, a.7v°, b.23v°, b.27v°; passion, a.27v°, a.37v°; attachement, b.19v° – de toute mon affection: de toute mon âme, a.25v°
Afflambé: enflammé, b.42v°
Afflict: affligé, a.4, a.8
Affustié: disposé, mis en place, b.32v°
Aguillons: provocations, tentations, b.16, b.18
Agut: pointu, a.11v°

Amblee (emble): ruse – prendre une ville d'emblée: la prendre par surprise, b.32v°
Amender: changer en bien, améliorer, a.34
Amoderer: modérer, a.3v°
Amonicion: avis, conseil, a.25
Amont: vers le haut, a.41
Amynistraresse: dispensatrice, b.32
Ancelle: servante, a.13, a.39v°
Ancienne, ansienne: vieille, âgée, qui inspire le respect, a.23v° – ancien, b.32
Angel: ange, a.25
Anuyter: faire nuit, b.13v°
Apparoir: apparaître – apert, appert (comme il): apparaît évident, a.18, a.28v°, b.27
Appartenir: convenir, b.33
Applicquant: compagnon, b.12v°
Appointement: accord, conciliation, b.42
Armé: garni, b.6
Arrester: tarder, b.18; faire halte, rester dans un lieu, b.20, b.24v°, b.25
Asouager: adoucir, soulager, a.22
Aspre: dur, rude, b.2v°, 9v°
Assis: placé, établi, b.24
Assistance: présence, b.35v°
Assoté: sot, b.17, b.26
Atant, A tant: alors, a.21, b.5, b.40v°, b.42v°
Atourner: mettre en tel état, a.7
Attrempé: tempéré, modéré, a.24
Attrempence: tempérance, a.24, b.34
Aultier: autel, b.35v°, b.36
Autant (par autant que): d'autant que, a.18v°
Assez: beaucoup, b.21v°
Avaler: descendre, b.32v°
Avefvé: rendu veuf, a.18v°

— B —

Bailler: donner, a.6v°, a.14, a.24, a.26v°, a.29v°, a.44v°; b.3v°, b.10, b.12v°, b.13, b.16, b.18, b.19v°...
Balays: variété de rubis, b.35v°
Baptu: fréquenté, b.5v°
Barat: tromperie, fourberie, b.16
Benoist: béni, b.6, b.6v°, b.18...– benigne, b.43v°

Beril: aigue-marine, b.34v°
Bers: berceau, a.32
Besoigner: œuvrer, agir, a.35; b.2v°, b.37v°, b.39v°
Bien: beaucoup, b.32v°
Bigarré: de diverses couleurs, disparate, b.8v°
Boulever, boullervert: rempart de terre, fortification, b.31, b.32v°, b.33v°
Brief (de): sous peu, aussitôt, b.20v°, b.24

— C —

Ca bas, sa bas: ici en bas, b.4v°, b.40
Canonniere: meurtrière, b.32v°, b.33
cartier: coin, b.43v°
Cas: affaire, b.14
Cause (à cause de): pour, afin de, a.29v°
Cautelle: piège, rouerie, ruse, a.35v°, b.11–cautilleux: malicieux, b.29v°
Ceans: dans cette maison, b.14; de cette maison, b.14v°
Ceaulx: sceaux, a.25v°
Celer: cacher, b.8
Celle: selle, a.43
Cere: cire, b.41
Chair: viande, b.38
Chaisre: siège à dossier, b.38v°
Chaloir: s'inquiéter, se préoccuper; ne te chaille: ne t'inquiète pas, b.9, b.17v°
Chalymie, chalemie: flûte champestre, a.34
Chambariere: chambrière, a.24v°, a.26v°
Chambellain, chamberlant: chambellan, a.10; b.10v°
Change: échange, a.13bis, a.40v°
Chapellet: coiffure, couronne, b.43v°
Cheminée: chemin, voyage, a.34
Chere: visage, b.6, b.10v°, b.22v°, b.27
Chetif: petit, pauvre, misérable, b.41v°
Cheux: chez, b.23v°
Cheville (cheval de cheville): cheval attelé devant un limonier, a.43
Chief: tête, a.15v°–à chief: au bout, b.16
Chierement: soigneusement, attentivement, b.19v°
Choete: couette, couverture, a.32
Clame: manteau de pèlerin, a.34
Clerc: savant, a.12v°–clergesse: savante, b.40v°

Comment, commant: comme, a.32, a.33v°, b.40, b.44...
Compagnée, compaignée: compagnie, a.25; b.2, b.9, b.9v°, b.11, b.16v°, b.17, b.18
Complaindre (se): se plaindre, a.14v°, a.15v°, a.16
Complaincte: plainte, a.22
Complaire: plaire, b.10
Comprendre en soy: concevoir, a.11v°
Conforter: réconforter, fortifier, b.9 – conforté: réconforté, b.21v°– confort: réconfort, appui, a.3v°, a.4v°, a.13v°, a.14v°, a.18, a.18v°
Conduyteur, conduicteur: conducteur, guide, a.41, b.33, b.34
Congié (donner congié): permission, a.3v°
Congnoistre, cognoistre: reconnaître, b.18, b.23, b.26, b.31; s'apercevoir, b.23v°, b.24; connaître, b.24v°
Conjouyr: faire bon accueil, b.20v°
Conseillé (pas bien conseillé): mal avisé, b.9v°
Consentir (se): se laisser, accepter, a.32
Consolable: qui console, a.22, a.30, a.46, b.29, b.36, b.38v°, b.44v°
Consumé: consommé, achevé, accompli, a.9v°
Contre bas: en bas, b.42v°
Contriction: contrition, repentance, b.40v°
Convent: couvent, b.6, b.37v°
Cop: coup, a.20
Cocquiner, coquiner: mendier, b.20v° – coquine: misérable, mendiante, b.17
Courgee: fouet, a.6v°
Couvrechef: voile de toile fine, a.10
Creance: croyance, confiance, a.3; b.5v°, b.9v°; croyance, foi, b.39v°, b.40v°
Cueuvrir: couvrir, b.24v°
Cuider, cuyder: croire, a.8v°, a.10
Cuyder + inf. essayer, s'efforcer de, a.10v°, b.20 – cuyder, subst. (à mon, à son cuyder): à mon, à son avis, b.14, b.22

— D —

Da (Dea): exclamation, particule de renforcement, a.22v°, a.37
Davant: devant, b.5, b.6, b.8v°, b.10...
De (de moy): quant à moi, b.17v°
Debonnaire: bon, doux, a.12
Debouter: repousser, a.8v°

Decepvoir: tromper, a.35v° – deception: illusion, tromperie, a.22v° – decepvable: trompeur, b.8, b.9, b.10v°, b.11v°, b.12v°, b.17– decepver: trompeur, imposteur, b.25
Dès ce que: depuis que, a.23v°
Decourir: couler, a.4, a.13v°
Decraché: couvert de crachats, a.5
Deffault: manque, b.41v°
Deffubler: décoiffer, découvrir la tête, b.25
Degecter: rejeter, 13v°
Deliberer (se): se décider à, a.41, b.2v° – deliberé: décidé, b.2v°, b.13v°, b.19v° – en deliberation de: avec l'intention de, décidé à, a.24, b.21v° – en bonne deliberation: avec bonne intention, b.19v°, b.23v°
Delitter (se): pendre du plaisir, a.25 – delictable, delectable: plaisant, agréable, b.12, b.32v°, b.43v°
Demourer: tarder, a.37v°; rester, subsister, b.3v° – demourant (subst.): reste, a.4v°, a.10v°, a.29v°, b.32
Departement, departie, departir, (subst.): séparation, départ, a.3v°, b.14v°, b.23v°
Departir, deppartir: partir, a.18; distribuer, a.37, a.45, b.16v°, b.24v°, b.32, b.38, b.39v°
Deppendent: résultant, procédant de, b.3v°
Derrompu: brisé, rompu, a.10v°
Descendue,(subst.): descente, b.18v°
Deschasser: chasser, a.19, a.22v°
Desclairer: exposer, b.33
Desconforter: se décourager, perdre courage, a.13bisv°
Deserts, desers,(subst.): lieux sauvages, incultes, b.2v°, b.4v°, b.6v°, b.11v°, b.12, b.18, b.23, b.28v°
Desjoinct: disjoint, a.11
Desloger: partir, b.23
Desmerite: démérite, a.13
Desplaisir: douleur, affliction, a.14v°, b.20... – faire desplaisir: faire du mal, a.17 – desplaisant: irrité, mécontent, b.13, b.16v°
Despescher: envoyer, a.25v°
Despoillé: dépouillé, a.9v°
Destroit: passage étroit, b.19v°, b.20
Desservir: mériter,a.8, a.13, a.26 – desserte: merite, b.27
Dessiré: déchiré, a.11
Destourbe, destorbe: empêchement, ennui, b.12v°, b.22
Destresse: détresse, rigueur que l'on subit, angoisse, a.12

Desvoyer: égarer, b.4v°, b.13v°, b.22 – desvoyable: impraticable, inaccessible, où il est facile de s'égarer, b.7v°
Deull, deul: affliction, a.40v°, b.24–faire deul: montrer des signes d'affliction, b.20
Devers: du côté de, b.24v°
Devis: plan, b.31; récit, explication, b.34, b.44v°
Dicter: écrire, rédiger, b.36
Dient: ind.pr. 6. de dire, a.20v°
Distiller: couler, a.16
Diviser: deviser, parler, s'entretenir, b.2
Divise, devise: devise, b.2v°, b.16, b.34v°; description, explication, b.35, b.36v°, b.38, b.38v°
Douloir (se): se lamenter, a.27v° – dolu: p.p. de douloir, a.20v°
Dont: d'où, a.24v°, b.6, b.16v°
Doubter, douter: se douter, a.4v°, a.14v°, a.18v°, b.7; craindre, redouter, b.10v° – doubte: crainte, peur, appréhension, a.26, b.3, b.38v° – doubté: respecté, a.37v° – ne faut douter que: il est certain que, b.34
Doulouser (se): s'affliger, se plaindre, se désoler, a.13bisv° – Doulant, doulent: douloureux, pénible, a.3v°; affligé, a.5v°, a.10v°, a.12v°, a.13v°, a.14, a.16, a.18, a.18v°

— E —

Ediffice (par): par sa construction, a.23v°
Efforce: effort, a.10v°
Embesoigné: occupé, a.37v°, a.44v°, a.45v°, b.38
Emprès (d'): auprès, a.19
Emprunte: empreinte, a.35v°
En: sur, b.20
Encloses: enfermées, a.18v°
Enffances: naïvetés, enfantillages, a.35v°
Engin: habileté, adresse, a.12
Engoisse: douleur, affliction, a.10, a.11v° – engoisseusement: a.9
Enhardier (s'): s'enhardir, a.3v°
Ennuit: cette nuit, a.18
Enquerir: interroger, b.20v°
Ensamble, ensemble: (prép.) avec,b.2, b.20v°, b.26, b.38; ensemble, b.41v°
Enseignes: marques de reconnaissance, signes, b.2v° – enseigne: bannière, étendard, b.3, b.10v°, b.11v°, b.14, b.17, b.18

Entendre: comprendre, b.1v°, b.35v° – entendement: intelligence, compréhension, a.2v°, a.19, a.21, b.35v°; sens, jugement, b.26 – entente: pensée, soin, effort, a.16 – ententifvement: attentivement, a.30
Entour (aux entours): à l'entour, b.33
Entremais: entremets, b.38v°
Envers: en comparaison de, a.12v°; vers, a.19
Erres (être sur ses erres): faire ses préparatifs, être sur le point de se mettre en chemin, a.39
Esbair (s'): s'étonner, se troubler, a.9, a.25, a.25v°, a.29, a.32
Escarboucle: pierre précieuse, rubis, a.45
Eschauguette: guetteur, sentinelle, b.32v°, b.45
Escherpe: écharpe, sacoche, bourse de pèlerin, b.2v°, 12v°, 16.
Esconduire: refuser, b.2v°
Escuyer tranchant: serviteur chargé de couper les viandes, b.22v°, b.38
Esjouir: réjouir, a.22v°, a.23
Esmouvoir: mettre en mouvement, exciter, provoquer, a.2
Especial (par): spécialement, particulièrement, a.17, a.39
Esse: est-ce, b.8, b.14
Essemer, essimer: terme de fauconnerie; faire maigrir le faucon pour lui permettre de mieux voler, a.28
Estins: instinct, a.31v°
Estrange: étranger, bizarre, b.19v°; extraordinaire, b.24v°
Etachant: attachant, a.11v°
Euffre: offre, b.8
Exemplaire: exemple, modèle, b.18v°
Exploicter: employer, mettre à profit, a.21, a.26v°, a.35v°, b.10, b.43v°, b.45; avancer, progresser, b.20v°, b.41v°

— F —

Faillir: ne pas réussir, échouer, b.20, b.25, b.34v°
Fainctise: hypocrisie, tromperie, b.14
Fantasier, fentasier: imaginer, – Fantasie: inquiétude, b.1; produit de l'imaginaire, b.8, b.11; imagination, chose imaginée, b.9v°
Fantasticque: bizarre, chimérique, a.21
Felonneusement: méchamment, cruellement, durement, a.10
Ferme: cage pour mettre les éperviers, a.28, a.29
Fiance: confiance, a.25, a.40, b.11v°, b.16, b.19v°, b.33, b.40v°...
Fine (p.p.; ind.pr.3 de finer): finir, terminer, a.24v°, b.24
Flagoux: flageol ou flageolet, a.34
Fondement, fundement: fondation, b.31, b.32, b.32v°

Fond de cuve (à): à fond plat, b.32v°, b.44
Force (à): par contrainte, malgré soi, a.9
Forche: qui fourche, qui se divise en deux, b.2
Forclus: exclu, b.39v°, b.40
Fors: sauf, excepté, a.14bisv°, a.16, a.16v°, a.20v°, a.37, a.41, a.44v°, b.38v°...– fors que: sinon que, b.41
Fort(e): difficile, a.8, a.14, a.18; dangereux, b.32v°
Fourvoyer: se tromper, b.5v°, b.6, b.6v°, b.8, b.10
Fouyr: fuir, b.11, b.24v°
Freschement: récemment, a.29
Froisser, froissir: briser, a.14bisv°; forcer, b.41

— G —

Garder: protéger, préserver, b.2v°
Geayne: géhenne, torture, a.13
Gecter: délivrer, b.24v°; lancer, repartir, b.32
Gent: troupe de gens, race, b.17v°
Gorgias: beau, élégant, a.26, a.42v°
Gourre (faire sa gourre): avec vanité et vantardise, b.13
Gouster: sentir, apprécier, a.31
Grever: affliger, tourmenter, b.18
Grief: douloureux, pénible, lourd, a.9, a.18v°
Guecter: épier, b.20 – guecte: action d'épier, b.32v° – guecteur de chemin: espion, voleur de grand chemin, b.25
Guerdonner: récompenser, a.33

— H —

Hanté: fréquenté, b.6
Hardiement, hardyment: sans hésiter, a.24, a.30, b.22v°, b.24v°, b.41
Hee: (interj.) eh!, b.36v°
Heritez: disposant de biens hérités, a.43v°
Herbreger: loger, b.14
Heure – à l'heure: aussitôt, sur le champ, b.2v°, b.24v°, b.38v° – assez à heure: assez tôt, b.9v°, b.10v° – à celle heure: alors, b.17v° – à cette heure: à présent, b.19v°, b.25 – toutes heures: cependant, b.17v°
Honteuse: réservée, gênée, a.29v°
Hurter à l'huys: frapper à la porte, b.20v°, b.23, b.26

— I —

Impetrer: obtenir, a.27v°, b.27v°
Incontinant: immédiatement, sur le champ, a.23v°, b.14, b.16v°, b.23
Increable: incroyable, a.15v°
Infection: immondices puantes, b.38
Innumerable: innombrable, b.9v°
Isope: hysope, b.37v°
Issir (issoit, ind.imp.3): sortir b.44

— J —

Jà: déjà, b.17v°
Jaçoit, Jassoit: bien que, quoique, a.29, b.20
Juger (à qq. de qqc.): permettre de préjuger, de penser qqc., b.2
Jusnes: jeûnes, b.3v°

— L —

Laisser (lairra, lairray, ind.futur): cesser, a.9v°, a.36; laisser, b.10 – laisser arrière: abandonner, a.37v°; négliger, oublier, b.36
Langages, langaiges: discours, paroles, propos, b.17, b.20, b.41v°
Las(se): malheureux, affligé, a.13v°, a.18v°...
Leal: loyal, fidèle, b.38
Leans: en cet endroit là, là dedans, a.18v°, b.14v°, b.18
Leccon: lecture édifiante, enseignement, b.39v°, b.40v°, b.41, b.42v°
Legacion: mission, a.26
Lieu: place, a.27, a.32v°, b.9v°
Limonnier, lymonnier: cheval qui tire entre les deux limons, a.43, a.43v°
Logette: petite hutte, a.32v°
Loisir: permission, faculté, a.9 – par loisir: à loisir, b.37v°, b.42v°
Longuement: longtemps, b.25v°
Lourdement: rudement, méchamment, 9v°; rudement, violemment, b.22v°
Loyer: récompense, a.19, a.34, b.16v°, b.17, b.27v°

— M —

Maculle: tache, a.12v°, a.40v°
Maindre: moindre, b.11v°
Mandement: commandement, b.9
Maniere: sorte, a.34v°, b.15v°, b.17, b.24, b.39v°...
Matiere: cause, raison, a.30...

Matras: matelas, a.10
Maulgré: malgré, a.10, b.20
Mercy: pitié, a.14bis, a.26v°; remerciement, a.27v°, b.2, b.4
Mercier: remercier, a.24v°, a.25v°, a.36, b.4v°, b.6, b.24v°
Mescognoistre (se): se tromper, faillir, b.32–mescongnoissant: ignorant, ingrat, b.42v°
Mescroire (p.p. mescreu): soupçonner, mettre en doute, a.34
Mesel: lépreux, a.7
Meshui (pour meshui): pour aujourd'hui, b.8, b.14, b.14v°, b.20v°, b.22v°
Mesprendre: mésestimer, faire du tort, transgresser une loi
Mestier: besoin, b.2, b.7v°, b.8, b.16v°, b.37v°, b.38; occupation, b.17.
Mettre en arrière: écarter, mettre au second plan, a.32, a.37, a.37v°
Mistionner: mélanger, mêler, a.35v°
Mondifier: purifier, b.37v°
Moyen (par le moyen): par l'intermédiaire, a.39, a.43v°, b.1v°, b.18, b.36v°, b.43v°
Moult: très,b.23; beaucoup, b.23
Musarde: sotte, niaise, b.20v°, b.26

— N —

Navré: blessé, a.7
Ne: particule de conjonction, ni, a.4v°, a.5, a.7v°...; et, a.25v°...
Necessité: misère, a.11, a.29; besoin, a.33v° – de necessité de: nécessaire pour, b.39v°, b.40v°
Nonobstant: cependant, a.39v°–nonobstant que: bien que, b.32
Nourrir: éduquer, a.27

— O —

Oincture: onction, a.19
Oiseuse: oisive, a.23v°
Oncques: jamais, a.14bis, a.15, a., b.7v°, b.15v° – oncques puis, oncques depuis: jamais depuis, a.22, b.5
Organisés (instrumens organisés): qui ont un son d'orgue, b.35v°
Ostel: demeure, logis, b.21v°
Ou, on: (prép.) au, dans le, a.4, a.9v°, a.41, a.44v°, b.35v°
Ouyr: entendre,b.1, b.17, b.18, b.18v°; écouter, a.11v°
Oygnement: tout ce qui sert à oindre, a.19

— P —

Pannoncel: bannière, banderolle, a.42, a.44
Par (de): par le moyen, par l'intermédiare, b.34v°
Paravant que: avant que, b.6v°
Pardurable: éternel, b.13
Parfaire: achever, parvenir au bout, b.2, b.2v°, b.5, b.11, b.12v°, b.32 – au parfaict de: au bout de, b.3v°, b.17, b.18v°, b.21, b.27v° – parfait (subst.): achèvement, b.31
Parfond: profond, a.16v°
Parmy: dans toutes les parties, a.8, a.12; au milieu, a.14v°
Part: côté, direction, b.6
Participant (faire participant en): faire prendre part à, a.19
Partir: partager, séparer, a.12 – partir parmy: éclater – au partir: au départ, b.22, b.27v°
Parvers,pervers: dur, cruel, vicieux, a.6v°, a.7, a.10v°
Pener (se pener de): s'efforcer de
Peine (à peine que): peu s'en faut que, a.32
Peiner (se): se fatiguer, a.28v°
Penalité: malheur, souffrance, b.12, b.25, b.28v°
Per: pareil, a.18v°, a.33
Pert (ind.pr.3 de paroir): paraître, a.27, b.38
Pertuis: trou, a.12, a.16
Piece (grand piece): longtemps, b.24v°
Pitié: souffrance qui inspire la compassion, a.10, a.11 – Piteux: digne de pitié,a.12v°, a.16, a.17, a.18v°; triste, a.38v°, b.19v° – Piteusement: pitoyablement, a.8v°
Plaidoyer: plaider, a.25, a.26
Plaindre: regretter, b.24
Plaisir (à leur plaisir): à leur volonté, tout leur soûl, a.12
Poetraux: poitrails, a.43
Poignant: piquant, a.6v°, a.15v°, b.8, b.15v°
Poincture: piqure, a.15
Point (bien en point, bien empoint): dispos, bien équipé et vêtu, b.12v°, b.16v°
Poisant: pesant, a.9
Portal: corps du bâtiment où se trouve la porte, b.32v°, b.34v°, b.38v°
Porter: supporter, subir, a.20, a.20v°, b.12, b.25 – portable: supportable, a.30
Pour: à cause de, a.2v°, a.4, a.5v°... a.26v°, b.40...
Povor: pouvoir, puissance, b.2v°
Presse: foule, affluence, a.10

Preuver: confirmer, b.18
Prochaine: proche, a.24, b.25v°
Propos: dessein, intention, b.16, b.17, b.19v°, b.21
Protrecture: portrait, image, représentation, a.15
Prouffit: profit, a.22

— Q —

Quant et: en même temps, avec, b.10, b.18v°, b.36v°
Querir: rechercher, chercher, a.25, a.31, a.35, b.2, b.2v°, b.5, b.7, b.8v°, b.9, b.9v°, b.11v°... – querir à: rechercher à, a.2v°, a.19
Queulx (maistre queulx): cuisinier, b.22v°
Qui: qu'il, qu'ils, a.5, a.7, a.9, a.13bis v°, a.21, a.33v°, a.40v°.

— R —

Rachapter: racheter, a.20v°, b.32, b.40 – rachapteur: rédempteur, a.31
Raiz, raitz: rayon, a.5; filets, b.14
Ramentevoir (se): se rappeler (au bon souvenir de), a.39v°
Rancomperra: de comparer (ind.futur 3 comparra), payer cher, expier, b.40
Rapineux: ravisseur, voleur, b.26
Reaulme: royaulme, a.40, a.40v°, a.42
Rebouté: repoussé, a.9v°
Reclamer: proclamer, b.32
Recongnoissance: action de reconnaître, de prendre conscience de quelque chose, b.32; témoignage, illustration, b.37v°
Recreation: réconfort, a.22v°, b.8; repos, b.10, b.31, b.36v° – recreatif: réconfortant, b.18v°
Recouvrer: trouver, b.11v°
Recuillir, requeillir: accueillir, b.9v°, b.13, b.17, b.27, b.28v° – recueil, requeil: accueil, b.7v°, b.16v°, b.18, b.20v°
Refectionner: nourrir, réconforter, b.40v° – refection: nourriture, b.2v°, b.6v°
Refreschir: se rafraîchir, b.24v°–refreschi: rafraîchi, b.6v°, b.44
Regard (avoir regard à): prendre en considération, a.22v°
Repositoire: lieu de repos, b.38
Requerir: demander, a.2v°, a.14bisv°, a.22, a.26v°, a.28, a.33v°, b.5, b.10, b.16, b.18v°; prier, a.40, b.10v°
Revenir: revenir à soi, reprendre ses esprits, a.9, a.14bis – revenu: guéri, revenu à soi, a.9
Retenue (subst.): suite d'un prince, a.26v°

Rien: quelque chose, a.16v°, b.2v°, b.10, b.15v°, b.41v°, b.42v°
Robbes: vêtements, a.10v°
Rollet: manuscrit roulé, b.36
Ruer: jetter à terre, b.22v°

— S —

Sacre: oiseau de chasse, a.28
Saige (faire que saige): agir sagement, b.10v°
Saignit (parf.3 de ceindre): entourer, a.10
Saillir: sortir, a.13 (sauldra ind.futur 3), a.40v°
Saoullé: rassasié, a.13v°
Sapience: sagesse, b.3, b.6v°, b.14v°, b.22
Satisfaire à: être capable de, b.27v°
Satisfaction: réparation d'une offense, b.40v°
Savoir à: demander, b.23
Scelz (seelz): sceaux, a.14v°, a.45
Secret, sacret: (subst.) lieu écarté, retraite, solitude, 30v°; (adj.) écarté, solitaire, caché, a.10, a. 30v°
Sejour: repos, a.22
sembler: ressembler, a.6v° – semblance: ressemblance, b.4v°, b.31; apparence, b.14
Senestre: gauche, b.6
Senne, sene: la Cène, a.18v°, b.40v°
Sentes: sentier, a.35v°
Seraine: sirène, a.45v°
Sercher: chercher, b.24
Seureté: sécurité, b.31, b.31v°, b.32v° – seur: sûr, certain, a.2v°; solide, de confiance, b.32v° – seurement: en sûreté, b.32v°
Sicorée: chicorée, b.37v°
Sige: siège, trône, a.40
Si: (adv.) ainsi, a.6; (conj. de coord.) aussi, également ; donc, par conséquent – si tresbien: tellement, a.7
Sillance: silence, 16
Soef: soif, a.14v°
Sollicitudes: préoccupations, b.1
Soulager (se): prendre du plaisir, s'amuser, se distraire, v.16v°
Sourdre: (sourdit, ind.parf.3) venir, a.14v°
Special: particulier, intime, b.3
Suffisans: capables, a.29
Survenir à: venir en aide à, b.3v°

Sus: interjection marquant l'exhortation, b.1, b.3v°, b.7, b.12, b.14v°, b.36v°

— T —

Taillee: redevance, impôt, b.22

Tant: (intensif) si, b.39v°–tant y a que: la situation est telle que, b.14, b.31

Tard: qui vient trop tard, b.17

Tenu: obligé, b.10

Tet: étable, a.30

Terrienne: terrestre, a.26v°

Tirer: s'acheminer, b.7v°, b.24 – tirer outre, tirer en avant: continuer son chemin, b.13v°, b.25; continuer, b.35

Torment: peine, supplice, tourment, a.11, a.20v°, a.15v° – tormenté: tourmenté, torturé, a.9, a.10v°, a.13

Tourner: entourer, b.44

Tout (du tout): entièrement, b.32v°, b.41v°

Tracter, traicter: soigner, nourrir, b.20v°, b.22v°, b.24v°; traiter, b.41

Travailler: souffrir, se donner de la peine 17v°, b.24 – se travailler: s'efforcer, a.17 – travail: poutre, instrument pour maintenir le bétail, a.10v°; douleur, peine, a.14, a.29, a.39v°, a.40v°, b.4v°, b.12, b.17v°, b.22 – travaillé: fatigué, b.6v°, b.20, b.25v°

Tribulation: épreuve, souffrance, a.14v°

— V —

Valoir: servir à, être utile à, b.1v°, b.37v°

Vaquer: être vacant, n'être point occupé, a.27

Vecy: voicy, b.2, b.9v°...

Velà: voilà, a.24v°

Verité (pour verité): réellement, b.3v°

Victorien: victorieux, a.42v°, b.28v°, b.44

Viende, viande: nourriture, a.3v°, a.28, a.29, b.10, b.22, b.22v°, b.36v°, b.38

Villenies: injures, b.20

Vistement: en toute hâte, b.20v°

Voiremment: en vérité, assurément, a.37

Volenté, volunté, voulenté: volonté, a.7v°, a.10v°, a.17, b.34v°

Vollerie (haute vollerie): chasse au faucon, a.25v°

Vouloir: volonté: b.19v°, b.20v°, b.35

Voyse: subj. pr. 3 de aller, a.40

BIBLIOGRAPHIE

I. SOURCES

Manuscrits

Chartrier de Thouars, Archives Nationales, 1 AP

1 AP 201 *Comptes de la maison, pièces comptables, pièces et mandements signés par Gabrielle de Bourbon (1505-1523)*

1 AP 217 *Recueil factice de pièces concernant Gabrielle de Bourbon: contrat de mariage, comptes de sa maison, testament... (1584-1516)*

1 AP 218 *Recueil factice de lettres de Gabrielle de Bourbon (1485-1516)*

1 AP 219 *Recueil factice concernant les affaires de Louis de La Trémoille et Gabrielle de Bourbon: inventaire après décès des biens de Gabrielle de Bourbon (1516)*

1 AP 220 *Petit traicté sur les doulleurs de la passion; quittances de Quentin du Bourlabé; lettre concernant l'achat du manuscrit par le duc de La Trémoille en 1878*

1 AP 221 *Transcription partielle de l'inventaire après décès de Gabrielle de Bourbon par Paul Marchegay (1874)*

Le voyage espirituel entreprins par l'ame devote pour parvenir en la cité de bon repoux, Bibliothèque Mazarine, ms. 978.

Recueil de pièces concernant la maison de La Trémoille, Bibliothèque Nationale, ms. fr. 20 245, fol.110: *Dessin de la tombe de Louis de La Trémoille (†1525) et de sa femme Gabrielle de Bourbon (†1516).*

Recueil de pièces relatives au domaine royal de 1234 à 1618, Bibliothèque Nationale, Collection Dupuy, ms. 527, Tome 2, p. 21: *Contrat de mariage entre Louis de Bourbon, comte de Montpensier et Gabrielle de La Tour, 16 février 1442.*

Mémoires ou recueil de diplômes, chartes, notices et autres actes authentiques pour servir à l'histoire du Poitou par Dom Fonteneau, religieux bénédictin de la Congrégation de S. Maur (XVIIIe siècle), T. XXVI, fonds Dom Mazet de la Bibliothèque Municipale de Poitiers.

CHRISTINE de PIZAN, *La cité des dames,* Bibliothèque Nationale, ms. fr. 1177.

Jehan HENRY, *La Gesine nostre dame,* XVe siècle, Bibliothèque Nationale, ms. fr. 1566.

Recueil de traités de piété et de prières, en français, XV[e]siècle, Parchemin, 145 f., Bibliothèque Municipale de Poitiers, ms. 95 (350)

Estampes

Gabriele de Bourbon femme du Sire de la Trimouille, (buste), Cabinet des Estampes de la Bibliothèque Nationale, Collection Laruelle, Ne 63 Fol., Tome 105, p.115, microfilm D 0 34050

Gabrielle de Bourbon, (en pied), imp. Camus, *Id.*, microfilm D 0 34051

Gabrielle de Bourbon (?), D. Dumontier, Cabinet des Estampes, N 2 Fol, Portraits vol.195, D 0 95677

Imprimés

AMBOISE, Katherine d', *Les devotes epistres,* éd. J.-J. Bourassé, Tours, A. Mame, 1861.

ANNE de FRANCE, *Les enseignements d'Anne de France,* éd. A.M. Chazaud, Moulins, 1878.

ANSELME, saint, *Dialogus beatae Mariae et Anselmi de Passione Domini*, *Patrologie latine*, T. CLIX.

AUGUSTIN, saint, *Les confessions. Les méditations,* in *Choix d'ouvrages mystiques,* Paris, A. Desrez, 1835.

BERNARD de CLAIRVAUX, *Saint Bernard,* textes choisis et présentés par E. Gilson, Paris, Plon, 1949.

BONAVENTURE, saint, *Les méditations de la vie du Christ,* trad. H. de Riancey, Paris, 1852.

———, *Saint Bonaventure,* œuvres présentées par le R. P. V.-M. Breton, Paris, Aubier.

BOUCHET, Jean, *Les Annales d'Aquitaine faicts et gestes en sommaire des Roys de France et d'Angleterre, et païs de Naples et de Milan,* Poictiers, Enguilbert de Marnef, 1557.

——, *La déploration de l'Eglise militante,* éd. J. Britnell, Genève, Droz, 1991.

——, *Epistres morales et familieres du traverseur,* éd. J. Beard, reprint de l'édition Poitiers, 1545, Johnson Reprints Corporation, Mouton, 1969.

——, *Le Jugement poetic de l'honneur feminin et sejour des illustres claires et honnestes dames par le Traverseur,* Poictiers, à l'enseigne du pelican (1536).

——, *Le Panegyric du Chevallier sans reproche,* Poictiers, J. Bouchet, 1527.

——, *Les Regnars traversant les perilleuses voyes des folles fiances du monde,* Paris, A. Verard, s.d.

——, *Le Temple de bonne renommée,* éd. G. Bellati, Pubblicazioni dell' Università Cattolica, Milan, 1992.

——, *Les Triumphes de la noble et amoureuse dame et l'art de honnestement aymer, composé par le traverseur des voyes perilleuses,* Paris, Jean Real, 1541.

CATHERINE de SIENNE, *Dialogue de sainte Catherine de Sienne,* éd. E. Cartier, Paris, 1855.

CHARTIER, Alain, *Le quadrilogue invectif,* éd. E. Droz, Paris, Champion, 1950.

——, *Le livre de l'Espérance,* éd. F. Rouy, Paris, Champion, 1989.

CHRISTINE de PIZAN, *La cité des dames,* texte traduit et présenté par T. Moreau et E. Hicks, Paris, Stock, 1986.

——, *Le livre de la mutacion de Fortune,* éd. S. Solente, Paris, A. et J. Picard, 1959-1966.

——, *Le livre des trois vertus,* éd. C.C. Willard et E. Hicks, Paris, Champion, 1989.

——,*Œuvres poétiques,* éd. M. Roy, Paris, Firmin Didot, 1891.

GERSON, Jean, *L'imitation de Jésus-Christ par Frère Jean Gerson,* in *Choix d'ouvrages mystiques,* Paris, A. Desrez, 1835.

——, *Œuvres complètes,* éd. Mgr. Glorieux, T.VII *L'œuvre française,*Paris, 1966.

——, *Six sermons inédits,* éd. L. Mourin, Paris, Vrin, 1946.

GRAVILLE, Anne de, *Le beau romant des deux amans Palamon et Arcita,* éd. Y. Le Hir, Paris, P.U.F., 1965.

GREBAN, Arnoul, *Le Mystère de la Passion de notre sauveur Jésus-Christ,* éd. M. de Combarieu de Grès, J. Subrenat, Paris, Gallimard, folio, 1987.

GUILLAUME de DIGULEVILLE, *Le Pèlerinage de Vie Humaine*, éd. J. Stürzinger, Londres, 1893.

HADEWIJCH, *Lettres spirituelles,* BEATRICE de NAZARETH, *Sept degrés d'amour,* trad. du moyen-néerlandais par Fr. J.-B. M. P., Claude Martingay, Genève, 1972

HENRY, Jehan, *Le Jardin de contemplation. C'est le livre du Jardin de contemplation ouquel l'ame devote contemple le mistere de la passion de Jesuchrist representée en l'arbre de la croix situé ou meillieu d'iceluy Jardin,* [Paris], Jehan Petit [s.d.]

———, *Le livre de la toute belle sans pair qui est la vierge Marie,* [Paris], Jehan Petit, [s.d.].

———, *Le livre de meditation sur la reparation de nature humaine. Ensemble le livre de consolation sur la joyeuse meditation de la nativité de Jesus,* [Paris], Jehan Petit, [s.d.].

———, *Le livre d'instruction pour religieuses novices et professes,* [Paris], Jehan Petit, [s.d.].

Lettres missives originales du XVIe *siècle, tirées des Archives du duc de La Trémoille,* éd. P. Marchegay et H. Imbert, *Mémoires de la Société de statistique, sciences, lettres et arts du département des Deux-sèvres,* 2e série, Tome XIX, Niort, 1881.

[*Manuel des dames*], *Cy fine le manuel des dames composé par ung jeune celestin à la louenge de Dieu et au prouffit de celles à qui s'adresse le present escript,* Paris, Anthoine Verard, [s.d.].

HERP, Henry, *Premiere partie du Directoire des contemplatifz, laquelle traicte de la vie active donnant singuliere instruction et briefve doctrine à tous chrestiens pour parvenir à la vie spirituelle et contemplative; depuis nagueres traduicte de latin en françoys. Avec le Mirouer de la court composé par Jehan Gerson,* Paris, Poncet le Preux, 1549

———, *La seconde partie du livre appellé le Directoyr doré des contemplatifz*, Paris, Poncet le Preux, 1552.

L'Internelle consolacion, texte du manuscrit d'Amiens, publié par A. Pereire, Paris, E. Pelletan, 1926.

LEGRAND, Jacques, *Archiloge Sophie. Livre de bonnes mœurs*, éd. E. Beltran, Paris, Champion, 1986.

LE FEVRE, Jean, *Le respit de la mort,* éd. G. Hasehohr-Esnos, Paris, A. et J. Picard, 1969.

MAROT, Clément, *Œuvres complètes*, éd. G. Defaux, Tome I, Paris, Bordas, 1990.

Le Menagier de Paris, Traité de morale et d'économie domestique composé vers 1393 par un bourgeois parisien, Paris, Société des bibliophiles, 1846.

MICHEL, Jean, *Le Mystère de la Passion (Angers, 1486),* éd. O. Jodogne, Gembloux, J. duculot, 1959.

MOLINET, Jean, *Les faicts et dictz,* éd. N. dupire, Paris, Picard, 1936-1939.

PHILIPPE de MEZIERES, *Le songe du vieil pelerin,* éd. G. W. Coopland, Cambridge, University Press, 1969.

PORETE, Marguerite, *Le miroir des âmes simples et anéanties,* éd. M. Huot de Longchamp, Paris, Albin Michel, 1984.

RUTEBEUF, *La voie de Paradis, Œuvres complètes,* éd. E. Faral, Paris, Picard, T. I, 1977.

Les vies des saints, Lyon, Jean Lambani, 1529.

S'ensuyvent plusieurs balades contre Bourbon, Recueil de poésies françoises des XVe *et XVI*^e^ *siècles*, par A. de Montaiglon, Paris, 1865, T. IX, p. 206-215.

II. ETUDES HISTORIQUES ET CRITIQUES

AHSMANN, H.P.J.M., *Le culte de la sainte Vierge et la littérature française profane du Moyen Age*, Utrecht, 1930.

AVRIL, F., et REYNAUD, N., *Les manuscrits à peintures en France, 1440-1520,* Bibliothèque Nationale, Flammarion, 1993.

BERRIOT-SALVADORE, E., *Les femmes dans la société française de la Renaissance,* Genève, Droz, 1990.

———, «Figures de la séduction dans les œuvres de spiritualité féminines au début du XVIe siècle», *El Arte de la seducción en el mundo románico medieval y renacentista*, ed. E. Real Ramos, Universitat de València, 1995, p. 65-74.

———, «Le miroir des princesses, un modèle de dévotion séculière au début du XVIe siècle», *La Bible et ses raisons. Diffusion et distorsions du discours religieux (XIVe-XVIIe siècle)*, études réunies par G. Gros, Publications de l'Université de Saint-Etienne, 1996, p.77-96.

BLUM, C., *La représentation de la mort dans la littérature française de la Renaissance*, Paris, Champion, 1989.

BOISLISLE, A. de, «Inventaire des bijoux, vêtements, manuscrits et objets précieux appartenant à la comtesse de Montpensier, 1474», *Annuaire-Bulletin de la Société de l'Histoire de France*, T.XVII, 1880, p.269-309.

BRITNELL, J., *Jean Bouchet*, Edinburgh University Press, 1986.

CHAMPION, P., *Histoire poétique du quinzième siècle*, Paris, Champion, 1966.

CHAURAND, J., art. Jehan Henry, in *Dictionnaire de spiritualité*, T. 7, c. 259-263.

CANDILLE, M., *Etude du Livre de Vie active de l'hotel Dieu de Paris de Jehan Henry*, Paris, S.P.E.I., 1964.

COHEN, M., *Histoire de la mise en scène dans le théâtre religieux français du Moyen Age*, Paris, 1906.

CORNELIUS, R.D., *The figurative castle. A study in medieval allegory of the edifice with especial reference to religious writings*, Bryn Mawr College, Penns., 1930.

DEPEYRE, G., *Les ducs de Montpensier*, Paris, Champion, 1891.

DERVILLE, A., art. Gabrielle de Bourbon, in *Dictionnaire de spiritualité*, T. 6, c. 25.

DOUTREPONT, G., *La littérature à la cour des ducs de Bourgogne*, Genève, Slatkine reprints, 1970.

EPINEY-BURGARD, G. et ZUM BRUNN, E., *Femmes troubadours de Dieu*, Brepols, 1988.

FRANKLIN, A., *Histoire de la Bibliothèque Mazarine et du palais de l'Institut*, Paris, H. Welter, 1901.

GUY, H., *Histoire de la poésie française au XVIe siècle*, Paris, Champion, 1968.

HAMON, A., *Un grand rhétoriqueur poitevin, Jean Bouchet, 1476-1557, Genève*, Slatkine reprints, 1970.

HASENOHR, G., «Aspects de la littérature de spiritualité en langue française (1480-1520)», *Revue d'Histoire de l'Eglise de France*, T. LXXVII, n°198, janvier-juin 1991, p.29-45.

HICKS, E., *Christine de Pisan, Jean Gerson, Jean de Montreuil... Le débat sur le Roman de la Rose*, Paris, Champion, 1977.

IMBERT, H., *Histoire de Thouars*, Niort, L. Clouzot, 1871.

KOBIELUS, S., «La Jérusalem céleste dans l'art médiéval», *Le Mythe de Jérusalem du Moyen Age à la Renaissance*, Publications de l'Université de Saint-Etienne, 1995.

LA MURE, *Histoire des ducs de Bourbon ou des comtes de Forez*, éd. de Chantelauze, 1868.

LANGLOIS, Ch.-V., *La vie en France au Moyen Age*, T.IV, *La vie spirituelle; Enseignements, méditations et controverses d'après des écrits en français à l'usage des laïcs*, Paris, Hachette, 1928.

[LA TREMOILLE], *Les La Trémoille pendant cinq siècles*, Tome second, *Louis I, Louis II, Jean et Jacques 1431-1525*, Nantes, E. Grimaud,1897.

MALE, E., *L'art religieux de la fin du Moyen Age en France*, Paris, A. Colin, 1969.

MAULDE de LA CLAVIERE, R. de, *Vers le bonheur! Les femmes de la Renaissance*, Paris, Perrin, 1898.

[*Mémoire de la France*], *Quarante ans d'enrichissement des Archives de France. Exposition organisée par la direction des Archives de Frances*, Archives Nationales, Hôtel de Rohan, 1994.

MERINDOL, C. de, «Le livre peint à la fin du Moyen Age, support privilégié d'une politique dynastique, familiale ou personnelle», *Pratiques de la culture écrite en France au XVe siècle*, Actes du colloque international du C.N.R.S., 1992, éd. M. Ornato et N. Pons, Louvain-La-Neuve, 1995.

PASTOUREAU, M., *Couleurs, images, symboles. Etudes d'histoire et d'anthropologie*, Paris, Le Léopard d'Or, 1989.

PLATTARD, J., «Une œuvre inédite et nouvellement découverte du grand rhétoriqueur Jean Bouchet, *Les Cantiques et oraisons contemplatives de l'ame penitente*», *Revue du seizième siècle*, 9, 1922, p.80-82.

PRADEL, P., «Le premier édifice de la Renaissance en France», *Mémoires de la Société Nationales des Antiquaires de France*, neuvième série, T. IV, 1969, p.243-258.

Pratiques de la culture écrite en France au XVe siècle, Actes du colloque international du C.N.R.S., 1992, éd. M. Ornato et N. Pons, Louvain-La-Neuve, 1995.

REAU, L. et COHEN, G., *L'art du Moyen Age et la civilisation française. Arts plastiques et arts littéraires,* Paris, Albin Michel, 1935.

ROY, E., *Le mystère de la Passion en France du XIVe au XVIe siècle,* Genève, Slatkine reprints, 1974.

SAMARAN, C., *Archives de la maison de La Trémoille,* Paris, Champion, 1928.

SANDRET, L., *Louis II de La trémoille le chevalier sans reproche d'après le panégyrique de Jean Bouchet et d'autres documents inédits,* Paris, Librairie de la Société bibliographique, 1881.

VAN KERREBROUCK, P., *Nouvelle histoire généalogique de l'auguste maison de France. La maison de Bourbon 1256-1987,* Villeneuve d'Asq, 1987.

WILMART, Dom A., *Auteurs spirituels et textes dévots du Moyen Age latin. Etudes d'histoire littéraire,* Paris, Librairie Bloud et Gay, 1932.

III. DICTIONNAIRES ET BIBLIOGRAPHIES

ANSELME, P., *Histoire généalogique et chronologique de la maison royale de France,* Paris, Compagnie des Libraires, 1726.

Bibliothèques de manuscrits médiévaux en France. Relevé des inventaires du VIIIe au XVIIIe siècle, établi par A.-M. Genevois, J.-F. Genest et A. Chalandon, Editions du C.N.R.S., 1987.

CHASSANT, A. et TAUSIN, H., *Dictionnaire des devises historiques et héraldiques*, Paris, J.-B. dumoulin, 1878.

COSTE, Hilarion de, *Les eloges et vies des reynes, princesses, dames et damoiselles illustres,* Paris, Sébastien Cramoisy, 1630.

DAGENS, J., *Bibliographie chronologique de la littérature de spiritualité et de ses sources (1501-1610),* Bruges, Desclee de Brouwer, 1952.

DELISLE, L., *Le cabinet des manuscrits de la bibliothèque impériale,* Hildesheim, New York, 1978.

———, *Catalogue des manuscrits du fonds de La Trémoille,* Paris, Champion, 1889.

Dictionnaire de la Bible, éd. F. Vigouroux, 1895-1912. Supplément L. Pirot, 1928-29.

Dictionnaire de spiritualité ascétique et mystique, éd. M. Viller, F. Cavallera et J. de Guibert, 1937-1950.

DREUX du RADIER, M., *Bibliothèque historique et critique du Poitou,* Paris, Ganeau, 1754.

DROULERS, E., *Dictionnaire des attributs, allégories, emblèmes et symboles*, Turnhout, 1949.

GOTTLIEB, Th., *Über mittelalterliche Bibliotheken,* Leipzig, O. Harrassowitz, 1890.

HALL, J., *Dictionnaire des mythes et symboles,* Paris, Gérard Monfort, 1994.

LA CHENAYE-DESBOIS et BADIER, *Dictionnaire de la noblesse*, Paris, Schlesinger, 1964.

LA CROIX du MAINE, François de, *Premier volume de la Bibliothèque,* Paris, Abel L'Angelier, 1584.

MOLINIER, A., *Catalogue des manuscrits de la Bibliothèque Mazarine,* Paris, Plon, 1885.

MIGNE, Abbé, *Dictionnaire des Apocryphes*, 1856-1858.

POIRET, Pierre, *Bibliotheca mysticorum*, Amsterdam, 1708.

SAFROY, G., *Bibliographie généalogique héraldique et nobiliaire de la France des origines à nos jours, imprimés et manuscrits,* Paris, 1968-1988.

INDEX

des auteurs et des personnages historiques

TABLE DES ILLUSTRATIONS

TABLE DES MATIÈRES